绿色发展与清洁生产

主　编：陈振翔
副主编：高蓉菁　赵　浩

中国环境出版集团·北京

图书在版编目（CIP）数据

绿色发展与清洁生产 / 陈振翔主编；高蓉菁，赵浩副主编. —北京：中国环境出版集团，2023.6

ISBN 978-7-5111-5527-6

Ⅰ. ①绿… Ⅱ. ①陈…②高…③赵… Ⅲ. ①绿色经济—经济发展—研究—中国②无污染技术—研究 Ⅳ. ①F124.5②X38

中国国家版本馆 CIP 数据核字（2023）第 097541 号

出 版 人　武德凯
责任编辑　王　琳
封面设计　彭　杉

出版发行　中国环境出版集团
（100062　北京市东城区广渠门内大街 16 号）
网　　址：http：//www.cesp.com.cn
电子邮箱：bjgl@cesp.com.cn
联系电话：010-67112765（编辑管理部）
发行热线：010-67125803，010-67113405（传真）

印　　刷　玖龙（天津）印刷有限公司
经　　销　各地新华书店
版　　次　2023 年 6 月第 1 版
印　　次　2023 年 6 月第 1 次印刷
开　　本　720×1000　1/16
印　　张　13.75
字　　数　225 千字
定　　价　45.00 元

编 委 会

主　编 陈振翔

副主编 高蓉菁　赵　浩

参加编写人员（按姓氏笔画排序）

丁　霆　王　昱　王晓祎　朱增银　严　彬
杨云飞　杨　健　张　喆　周　扬　周　忻
周金金　徐　池　韩　敏　程　诚　曾　石

目　录

第一章　绿色发展、产业绿色化和清洁生产的理论基础 …… 1

第一节　绿色发展的内涵及理论研究 …… 1

第二节　产业绿色化的相关理论研究 …… 10

第三节　清洁生产的认识与理解 …… 15

第二章　绿色发展、产业绿色化和清洁生产的内在联系 …… 30

第一节　绿色发展是生态文明建设的重要内容 …… 30

第二节　产业结构调整是绿色发展的基本途径 …… 37

第三节　发展低碳经济是实现绿色发展的重要措施 …… 61

第四节　产业绿色化是绿色发展的主要组成部分 …… 66

第五节　清洁生产是产业绿色化的关键手段 …… 76

第三章　江苏省产业绿色化发展现状分析 …… 88

第一节　江苏省经济结构和产业发展特征分析 …… 88

第二节　江苏省产业经济发展与资源环境损害的矛盾分析 …… 96

第三节　江苏省推进产业绿色化发展的优势与挑战 …… 102

第四章　区域绿色发展实践研究 …… 107

第一节　宜兴：环境约束型城市建设生态引领区 …… 107

第二节　贾汪：资源枯竭型城市打造转型升级示范区 …… 111

第三节　宿迁：探索建设生态经济示范区 …… 116

第五章　产业绿色化发展模式探索 ······ 125

第一节　现代农业园区引领绿色农业
——江苏建湖国家现代农业示范区 ······ 125

第二节　资源优势壮大绿色工业——吴江经济技术开发区 ······ 134

第六章　清洁生产推动绿色发展在江苏的实践 ······ 141

第一节　江苏省清洁生产发展阶段 ······ 141

第二节　江苏省清洁生产科研成果 ······ 144

第三节　江苏省农业清洁生产发展 ······ 151

第四节　江苏省工业清洁生产发展 ······ 182

第五节　江苏省第三产业清洁生产发展 ······ 189

第七章　江苏省实现绿色发展的政策建议 ······ 197

第一节　加快推进产业结构转型升级 ······ 197

第二节　加快推进清洁生产 ······ 202

第三节　加快完善制度体系建设 ······ 206

参考文献 ······ 209

第一章　绿色发展、产业绿色化和清洁生产的理论基础

第一节　绿色发展的内涵及理论研究

当今中国，以经济高速增长铸就了世界第二大经济体的“中国奇迹”，但高投入、高消耗、高污染的发展方式使我国能源、资源不堪重负，重污染天气、水体污染、土壤重金属超标等环境问题突出。因此，从我国实际出发，加快实施以节能减排、绿色经济、生态环境保护为重点的绿色发展战略，加快国家经济发展战略转型与产业结构升级的步伐，走出一条独具特色的绿色发展之路，既是社会发展的本质要求，更是当代中国社会发展的必然选择。

一、绿色理念的提出

1962 年，美国作家蕾切尔·卡逊创作的《寂静的春天》对传统工业文明造成的环境破坏做出反思，引起各界对环境保护的重视。1972 年，罗马俱乐部发表了《增长的极限》，对西方工业化国家高消耗、高污染增长模式的可持续性提出了质疑。伴随人们对传统工业化和城市化模式存在问题的不断质疑，绿色理念提出五十多年以来，经历了从经济发展到可持续发展，再从全面综合发展到绿色发展四个阶段，这个过程是人类对自身生产方式、生活方式的反省。

经济发展。一个国家摆脱贫困落后的状态，走向社会现代化的过程即称为经济发展。经济发展不仅意味着国民经济规模的扩大，更意味着社会生活水平的提高。但它没有涉及保护环境和可持续发展。

可持续发展。这是1987年世界环境与发展委员会提出的发展战略。可持续发展，是指既能满足当代人的需要，又不对后代人满足其需要的能力构成危害的发展。形象地讲，可持续发展是“不断子孙路”的发展，当代人的发展不给后代人留下“后遗症”或不良生态资产。它还没有体现“前人种树，后人乘凉”，给后人留下更多生态资产的理念。

全面综合发展。这是1998年世界银行提出的发展思路。全面综合发展中的发展意味着整个社会的变革，是促进各种传统关系、传统思维方式、传统生产方式朝着更加“现代”的方向转变的变革过程。21世纪的发展任务就是促进社会转型，促进人类发展，不仅要提高人均国内生产总值，还将提高以健康、教育、文化水准为标志的人的生活质量，消除绝对贫困，改善生态环境，促进人类可持续发展。

绿色发展。联合国开发计划署发布的《中国人类发展报告2002年：绿色发展，必选之路》，首次提出在中国应当选择绿色发展之路。这一报告阐述了中国在走向可持续发展的“十字路口”上所面临的挑战。中国的发展对于世界的稳定具有举足轻重的作用，目前中国城市化、工业化发展速度较快，超出了人类历史上的所有阶段，中国实现绿色发展的目标将会遇到极大的挑战，需要一整套政策和实践与之相配合，其规模之宏大、程度之复杂在人类历史上前所未有。虽然我国实现绿色发展有了明确的承诺和清醒的意识，但在实现绿色发展的道路上，还需要做出正确的选择。

二、绿色发展的基本内涵

促进人与自然和谐共生、走绿色发展之路，已经成为当今世界发展的新模式。绿色发展是建立在生态环境容量和资源承载力的约束条件下，将环境保护作为实现可持续发展的重要支柱，以效率、和谐、持续为目标的经济增长和社会发展方式。绿色发展将生态环境作为经济发展的内在要素，在经济发展的同时兼顾生态效益，最终目的是实现人与自然、人与社会的可持续发展，与“高消耗、高污染、低效率、低效益”的传统发展模式有本质区别。

总结起来，绿色发展应包括以下三方面的含义：

第一，在理念上倡导生态价值观和生态伦理观。生态价值观认为，不仅人是主体，在某种意义上自然也是主体；不仅人有价值，自然也有价值；不仅人有主动性，自然也有主动性；不仅人依靠自然，所有生命都依靠自然。因而人类要尊重生命和自然界，人与其他生命共享一个地球。生态伦理即人类处理自身及其周围的动物、环境和大自然等生态环境关系的一系列道德规范，它要求人的活动要以遵循自然规律为准则，尊重物类的存在，维护生命的权利，顺应自然运行的规律，谋求人与自然世界的和谐发展，保证自然系统的良性循环和动态平衡。生态伦理观所要求的道德观念，不仅把道德的范围扩展到全人类对自然生态系统给予的道德关怀上，而且从根本上说也是对人类自身的道德关怀。在理念上，践行绿色发展要树立尊重自然、顺应自然、保护自然的生态文明理念，把生态文明纳入社会主义核心价值体系，开展绿色教育，形成人人、事事、处处、时时崇尚生态文明的社会新风尚。

第二，在生产过程中实行以生态技术为支撑的绿色生产。绿色化包括生产方式的绿色化和生活方式的绿色化。全面建成小康社会追求的是经济社会与环境的协调发展，而不是单纯的经济增长，国内生产总值（GDP）不是衡量社会进步的唯一标准。因此，“十四五”期间必须转变“高投入、高消耗、高污染”的工业化生产方式，实现以生态技术为基础的绿色发展。在生产过程中，践行绿色发展要运用生态技术和生态工艺，改造传统产业，形成生态化的产业体系，提供生态产品，采用生态技术，发展生态经济，在未来的竞争格局中占据主动地位。

第三，在生活方式上推行以低碳为基础的绿色消费。与绿色发展相适应的生活方式应倡导人们追求生活的质量，而不是简单需求的满足，反对过度消费和对物质财富的过度享受。人类个体的生活既不能损害群体生存的自然环境，也不应损害其他物种的繁衍生存，从而使整个社会的消费结构既是合理的，也是低碳的。在生活方式上，践行绿色发展要厉行节约，反对浪费，使绿色消费成为人类生活的新目标、新时尚，从而使人类过上真正符合人类本性及社会道德的生活。

绿色发展是实现生产发展、生活富裕、生态良好的文明发展道路的历史选择，是通往人与自然和谐境界的必由之路。当前，我们必须加快推动生产方式绿色化，构建科技含量高、资源消耗低、环境污染少的产业结构和生产方式，大幅提高经济绿色化水平，加快发展绿色产业，形成经济社会发展的新增长点；必须加快推动生活方式绿色化，实现生活方式和消费模式向勤俭节约、绿色低碳、文明健康的方向转变，力戒奢侈浪费和不合理消费。

三、绿色发展的理论基础

绿色发展要求既要改善能源资源的利用方式，还应保护和恢复自然生态系统与生态过程，实现人与自然的和谐共处。它是资源节约型、环境友好型、社会进步型的可持续发展，是在考虑全球气候变化及生态危机的情况下，强调经济发展、社会进步与生态文明建设的统一。我们认为，绿色发展是在可持续发展、循环经济、低碳经济等热门概念的基础上衍生的，是对以上词汇的综合归纳和高度概括。

（一）绿色发展与可持续发展

可持续发展是以保护自然资源环境为基础，以激励经济发展为条件，以改善与提高人们生活质量为目标的发展理论和战略，是一种新的发展观、道德观和文明观。它是一种注重长远发展、以生态环境保护为基础的经济增长模式，既能满足当代人的需求，又不损害后代人满足其需求的能力，能够推动人类社会发展的重要战略理论。而绿色发展的经济增长模式是把环境因素作为经济增长的内在要素，通过将环境引入发展的模式体系从而通过发展解决经济、社会和生态之间的可持续关系，推动人类文明模式的绿色转向。绿色发展的经济模式要求发展的可持续性，其内在增长结构与价值判断的精神内涵就是可持续发展的公平性、发展性与持续性，就是推进人类发展模式和发展结果的绿色化。而可持续发展就是要在经济、生态和社会这三大系统关系不断优化的前提下实现人类社会的可持续发展，从而达到经济效益、社会效益和生态效益的协调统一、和谐发展，它所追求的目标是实现人类的公平自由，从而达到社会的和谐与可持续，使人类自身得到充分发展的同时还要兼顾生态环境的保护，并且不对后代人的生存与发展造成威胁。

可持续发展的核心理念是经济发展必须建立在生态能力得以持续、与资源承载力相协调以及人类得以持续发展的基础之上。在可持续发展理念的指导下，人类开始重视经济发展同资源环境的关系，经济得以发展的基础和保障需要依靠环境和资源来实现。如果说可持续发展是对传统发展模式的修正，尚没有触及这一发展模式的本质，而绿色发展理念则是在“低消耗、低排放、低污染”这一可持续发展理念的基础上提出了“高效率、高循环、高碳汇”的要求，这是对传统发展模式的根本性变革，是对可持续发展的继承与发展。绿色发展的目的可以说是人类和经济社会的可持续发展，从代际关系的协调目标来看，绿色发展理念同可持续发展理念是完全一致的，都是反对只追求当代 GDP，追求财政收入和政府政绩工程、形象工程，而不顾子孙后代生存之时所面临的环境污染、资源匮乏和自然灾害肆虐等问题。然而，绿色发展并非仅仅以绿色、低碳或循环为衡量标准，GDP 在绿色发展中也占有相当大的分量，而经济的发展却受到科学技术、人力资本、产业结构、空间布局等一系列因素的影响。这就是说，绿色发展涉及社会发展的领域和范围更为宽广，能够为社会发展提供更为具体和完善的实现途径，最终的目的同样是经济社会的可持续发展。

（二）绿色发展与循环经济

循环经济就是在物质循环、再生、利用的基础上发展经济，是一种建立在资源回收和循环再利用基础上的经济发展模式，其原则是资源使用的减量化、再利用、资源化再循环，其生产的基本特征是低消耗、低排放、高效率。循环经济是以物质高效、安全、循环利用为外在表现形式的现代经济模式，可以大幅提高资源利用效率，减少废弃物的产生和排放，为人类健康创造良好的环境，与中国应对经济持续高速增长带来的资源可持续供给压力和生态环境保护压力的客观需求高度契合，已经成为中国转变经济发展方式、建设资源节约型社会和环境友好型社会、实现绿色可持续发展的重要实践途径。

通过循环经济模式发展经济、应用低碳技术、加强生态环境保护，人类就可以在创造经济财富的同时，降低对自然资源的开采强度，把向自然界排放废弃物的数量控制在自然界可以进行净化和修复的范围内。当然，所有的社会形态都涉及人类社会财富的分配方式，好的社会制度可以为全体人民带来公平的分配，使社会稳定。相反，存在重大缺陷的社会制度则会导致生产关系恶化甚至社会动荡。发展循环经济与生态环境保护同样需要社会制度的创新，只有在社会分配制度和谐的状态下，两者才能得到顺利发展。实践表明，循环经济使很多行业领域节约了资源，缓解了资源供给压力；减少了废弃物的排放量和最终处理量，减轻了经济增长的环境负荷，改善了居民的生活环境；直接或间接节省了大量资源成本、能源成本和末端废弃物处理成本，新增加了就业机会，促进了经济增长，对社会稳定协调发展做出了重要贡献。

（三）绿色发展与低碳经济

2003 年英国政府发布了题为《我们能源的未来：创建低碳经济》的能源白皮书，首次提出了低碳经济的概念，引起了国际社会的广泛关注。低碳经济是以低能耗、低污染、低排放为基础的经济模式，其实质是提高能源利用率、优化清洁能源结构、追求绿色发展，其核心是能源技术和减排技术、产业结构和制度创新以及人类生存发展观念的根本性转变。发展低碳经济的关键在于改变人们的高碳消费倾向和碳偏好，减少化石能源的消费量，减缓碳足迹，实现低碳生存，在推进低碳经济的过程中助推绿色发展。

21 世纪是绿色发展的时代，特别是面临生态环境的不断恶化，人们对绿色发展更为重视。从实践上看，世界各国特别是发达国家以建立碳排放交易体系、制定碳排放交易规则为主要手段，致力于低碳经济的发展，碳金融实际是这种交易体系及规则的衍生物。从理论上看，许多学者从不同角度对绿色发展中的低碳经济概念及其内涵进行了概括。其一，低碳经济是一种全新的经济发展模式。英国学者鲁宾斯认为，低碳经济是一种正在兴起的经济模式，其核心是在市场机制的基础上，通过制度框架和政策措施的制定和创新推动提高能效技术、节约能源技术、可再生能源技术和温室气体减排技术的研发和运用，促进整个社会经济向高能效、低能耗和低碳排放的模式转型。一些学者认为，低碳经济是针对新能源及可再生能源而言的，是对基于碳基能源的经济发展模式而言的一种新的能源发展模式。其二，低碳经济是一种全新的经济形态。一些学者认为，现代意义上的低碳经济是对人与自然、人与社会、人与人的和谐关系的一种理性认知，是一种低能耗、低物耗、低污染、低排放、高能效、高效率、高效益的绿色可持续经济；是继人类社会经历过原始文明、农业文明、工业文明之后的生态文明；是人类社会继工业革命、信息革命之后的新能源革命。其三，低碳经济是一种以碳排放数量变化为价值衡量标准的新经济发展模式。一些学者认为，一方面，碳排放量可以反映人类对能源、资源的利用水平及利用方式，另一方面低碳经济是涉及改变原有生产生活方式及消费方式并形成新的经济社会发展的方式。其四，低碳经济是经济社会发展的一个特殊过程。这是因为人类社会在长期经济活动中，不断利用外界环境及自然条件，通过自身劳动创造满足社会需要的物质产品和精神产品，由于自然环境是不断变化的，因而人们的经济活动在方式或形态上也是不断变化的。因此，低碳经济是人类全部经济活动历程中的一个特殊过程。

（四）绿色发展与生态文明

生态文明建设，是指人们在人与自然和谐发展理念的指导下，合理地开发与利用自然，摆脱生态危机，解决人与自然之间的矛盾，追求与创造生态文明成果的一种实践活动。为了实现人与自然、人与社会、人与人之间的协调发展，人类在认识自然与改造自然的生态文明建设过程中，不断克服负面效应，建设良好的生态环境及合理有序的生态运行机制。它表明人类对自然的态度超越了敬畏自然、征服自然，使人类最终走向与自然和谐相处、协调统一和共处、共融的理性价值取向。它涵盖了经济、政治、文化等各个领域，在经济社会的各个领域中发挥约束与引导的作用。

生态文明建设是生态文明在实践过程中力求取得的成果。它包括生态文明的软件建设和生态文明的硬件建设，其中，生态文明的软件建设包括人类生态环保意识的转变、生态素质的提高、生态文化的发展及生态文明教育等；生态文明的硬件建设包括生态环境方面法律制度与规范的制定以及生态环境保护方面的设施、设备等硬件建设。

生态文明建设是实现生态文明的操作途径和实践过程。建设生态文明是理念、过程、行动和效果的有机统一体。其中，生态文明建设是以牢固树立生态环保优先理念、生态文明理念以及绿色低碳发展理念为前提的，坚持不懈地推进这三项理念是生态文明建设的基础；采取一切有利于推进生态文明建设的政策和措施是生态文明建设的关键所在。生态文明建设的目的是使生态文明建设的可持续性达到效果的最优化。

走绿色发展道路，建设生态文明，实现人与自然和谐发展既是实现可持续发展的前提和保障，也是社会主义现代化建设的本质要求，同时也是人类社会发展的必然趋势和人类文明得以发展与延续的基本条件。因此，对我国来说，走绿色发展道路是生态文明建设的必然选择。我国为了实现经济发展在资源环境方面付出了较为惨重的代价，资源短缺已严重制约经济社会的可持续发展，而解决人类发展与环境保护之间矛盾的关键在于走绿色发展道路。严重破坏生态环境和大量消耗资源、能源的传统发展模式是不可持续的，是黑色发展，只有绿色发展，才是和谐、可持续的发展，只有实施绿色发展战略，才能引领我国经济社会不断向可持续发展之路前行，从而推进我国生态文明建设。因此，绿色发展与生态文明建设是相辅相成、密不可分的。

生态文明是人类在改造自然、促进社会进步和发展的过程中，实现人与自然、人与人、人与社会之间和谐共生关系的努力和成果，它强调人的自觉与自律，人与自然环境的相互依存、相互促进、共处共融，建设生态文明必须走绿色发展之路；实现绿色发展是提高生态文明的具体路径。

绿色发展是推动“经济—自然—社会”三大系统实现“天人互益”的良性循环。黑色发展是三大系统恶性循环的模式，黑色经济增长模式使得人类暂时得到发展的同时也背上了沉重的积累性自然债务；反过来，被破坏的大自然又以一种加倍报复的方式，不断冲击与损害着经济系统和社会系统，影响人类的健康和寿命，加剧贫困与不公，自然灾害的频率越来越高，规模越来越大，损失越来越严重。

从黑色发展到绿色发展是“经济—自然—社会”三大系统的全面转型，该转型跳出“天人对立”“天人互害”的恶性循环，进入“天人合一”“天人互益”的良性循环。从黑色增长转向绿色增长，人类从无限度地索取自然到主动地反哺自然，这使得人类的“自然账户”实现从赤字到盈余的历史性转变，使得大自然得以“休养生息”，得以“保养滋润”。这又将最终转化为大自然对人类丰厚的滋养与慷慨的馈赠，使得人类社会拥有更优美的环境，更健康长寿的人生，从生态贫困走向生态富裕，同时，也使得经济发展获得新动力，出现欣欣向荣的景象。

党的十八大报告中提出将生态文明建设融入经济建设、政治建设、文化建设、社会建设各方面和全过程的发展战略，生态文明建设也被放在更突出的位置，其目标是努力建设美丽中国，实现中国的永续发展。生态文明建设强调人类在改造自然界的同时必须尊重自然规律，自觉地保护生态环境，使人与自然和谐发展、共处共融。生态文明建设的根本就是建立以人为本和以生态为本的新型发展观，而绿色发展不但体现了公民绿色意识的觉醒，还体现了发展观在经济领域的科学转变和公民价值观逐渐向生态环保方向的转变，反映了公众对更高层次生态文明的追求，绿色发展是统筹人与自然和谐的发展，而建设生态文明是为了实现人与自然的和谐相处。因此，生态文明建设是绿色发展理念的精神内涵。生态文明建设理论的提出，标志着马克思主义绿色发展观将迈入一个崭新的境界。

生态文明为人类提供了一种社会建制、一种文明形态，但是如何达到生态文明，则需要有具体的技术支撑、理念引导、制度建设和文化推动。体系化的发展模式为实现生态文明建设提供了支撑，绿色发展能够使我国提前实现发展与污染物排放、不可再生资源消耗脱钩，大幅减少对生态环境的污染，使我国由生态赤字转向生态盈余。绿色发展是对传统发展方式的根本性变革，是经济、社会、生态三位一体的新型发展道路。绿色发展从发展理念、技术手段、价值评判、文化模式和伦理内涵上为生态文明建设提供了实现路径，绿色发展通过整合实现生态文明的理论和实践，全面系统地提出了全新的发展道路。

绿色发展为生态文明建设提供了技术支撑。绿色技术是解决环境污染的根本手段，绿色发展主张充分发挥绿色技术的先进性作用，利用绿色技术能有效预防和控制对生态环境的破坏和污染，能够有效治理并恢复已遭到破坏和污染的生态环境，利用绿色技术能够减少生态环境污染，减轻环境压力，实现物质能源减量化，从而提高资源能源利用率，更好地保护生态环境。因此，绿色技术是绿色发展的技术支撑，而绿色发展是生态文明建设的重要支撑。

第二节　产业绿色化的相关理论研究

一、产业绿色化的内涵

产业绿色化，是指各产业在各种活动中合理地、充分地节约利用包括知识与智力资源在内的各种资源，实现产业经济活动的物质消耗最小化和污染排放最小化，使各种产品和服务在生产和消费过程中对生态环境和人体健康的损害最小，达到产业经济发展的生态代价和社会成本最低的现代产业发展模式。它是把产业发展建立在生态环境良性循环的基础上，以实现生态与经济相互协调的可持续发展，使生态效益、经济效益、社会效益获得最佳有机统一的现代产业发展模式。

二、产业绿色化的特征

与传统产业发展路径相比，产业绿色化具有以下特征：

（1）可持续性。产业绿色化的核心要求是把生态文明建设放在突出位置，将生态文明建设融入产业发展的全过程和各环节，逐步实现经济社会发展与生态文明的协同提升。绿色化要求产业发展打破传统的“先污染后治理”“边污染边治理”“甲污染乙治理”的二元路径，形成经济社会可持续发展、永续发展的新路径。

（2）约束性。环境容量和资源承载力是产业绿色化发展的刚性约束条件，产业规模和增长尺度是以环境容量和资源承载力为前提条件的。在产业绿色化发展中，自然环境资源不是经济系统的子系统，而经济发展是在自然环境资源的大系统下运行的。生态环境及资源不仅是产业发展的内生变量，还是产业发展的前提条件，环境容量和资源承载力是产业发展的刚性约束。

（3）积极性。产业绿色化，一方面不同于那种造成环境污染、生态破坏的发展，另一方面也不同于基于自然中心主义的“零增长”“负增长”的消极被动发展，而是积极追求科学发展、追求新型工业化的发展。产业绿色化强调保护生态环境就是保护生产力，改善生态环境就是发展生产力。同时，产业绿色化将生态文明建设作为开发绿色资源、积累绿色资产、拓展绿色空间的发展手段和路径。因此，产业绿色化是一种积极、主动、进取的发展方式。

三、产业绿色化的相关理论基础

（一）绿色经济理论

1. 绿色经济的内涵

“绿色经济”一词是由经济学家皮尔斯于 1989 年出版的《绿色经济蓝皮书》中首次提出的。绿色经济也称为生态经济，它是以市场为导向，以传统产业经济为基础，以生态环境建设为基本产业链，以经济与环境的和谐为目的而发展起来的经济形式，是产业经济为适应人类新的需要而表现出来的一种状态。绿色经济将众多有益于环境的技术转化为生产力，并通过与环境无对抗的经济行为，实现经济的长期稳定增长。如果说传统的产业经济是以破坏生态平衡、大量消耗能源与资源为特征的一种损耗式经济，那么绿色经济则是以维护人类生存环境、合理使用能源与资源的一种平衡式经济。

世界各国对绿色经济的重视及绿色经济的发展，标志着人类从传统经济发展中追求利润最大化转向从绿色经济发展中追求福利最大化。随着研究的深入，对于绿色经济的认识，主要可以分为四种：一是绿色经济是以环境或生态要素作为生产力要素的产业，如生态旅游业、高效生态农业和现代林业。二是绿色经济是可持续发展的经济，二者是一致的。从狭义的角度来讲，绿色经济是建立在可再生、可更新的生态资源特别是绿色植物资源基础上的经济。从广义的角度来讲，绿色经济是建立在可循环利用资源不产生生态破坏和环境污染，生态、经济能良性循环、协调发展基础上的经济。三是从环境资源的角度来定义绿色经济，绿色经济是经济与生态环境协调发展的一种新的增长方式和新的经济模式，是对经济活动的过程和结果的总体评价。它是以经济增长是否符合环境资源保护标准、是否在环境容量和资源承载力范围内、是否有利和促进环境资源保护为标准来评价的经济发展模式。四是绿色经济是以环境保护为基础的经济，这种观点认为绿色经济是以治理污染和改善生态环境为特征的环保产业的兴起而出现的，因环境保护而引发的工业和农业生产方式的变革，从而带动了绿色产业的发展。

而对于如何解决现代经济增长过程中出现的经济社会发展和环境保护之间不断冲突的问题，西方理论界出现了“浅绿色”“深绿色”两种观点。“浅绿色”思想观点认为，人类能够通过科技进步找到新的能源和替代资源，期望通过技术手段克服现有的种种环境问题和生态问题。现代工业社会或后工业社会经过适当调整，可以较为有效地推进科技进步，从而有效地解决各种全球问题。“深绿色”思想观点认为，科技进步能够提高资源的利用效率并发现新的可替代资源，从而在一定时期和一定区域范围内减缓环境和资源的压力。“深绿色”思想观点所倡导的绿色经济，是指以保护生态环境、节约资源为基础的，以满足人类未来优裕的生活标准，或适度的人均资源使用水平为前提，具有适度的规模和适度的技术，能够实现区域性自给自足的经济形态或经济发展模式。

2. 绿色经济的基本特征

与传统经济相比，绿色经济具有以下特征：

（1）绿色经济以人类全面发展、需要及服务为目标。绿色经济的首要特征是服务于人的需要和人的发展，强调以人为中心的社会活动和经济活动不应违背自然环境的生态规律，使得经济、自然和社会活动协调发展，人类要与生态环境共同发展，并要节约自然资源，实现人类的可持续发展。如果单纯强调自然伦理和生物中心主义，不考虑人类发展的需要，则绿色经济的研究就失去意义，在社会实践中也没有存在的意义。同时，绿色经济强调以提高人的生活质量、实现人类自身价值为目标，以期推动人的代中和代际间的全面发展，而不是片面地追求人对于自然界的占有程度和改造程度，也不能以简单的指标数字如 GDP 的增长和利润最大化来评价经济的发展，相反经济应该与生态环境和谐共处，克服工业化带来的各种消极效应，解决社会经济活动与生态环境的矛盾冲突。

（2）绿色经济的发展受资源承载力和环境容量的双重制约，并且这种制约是刚性的，经济发展的规模和速度是在这二者的约束下实现的。由于社会经济的运行是在生态环境和生态资源大系统下进行的，因此生态环境与生态资源不仅是社会经济运行的内在动力，还是经济运行的下层基础。经济运行受到资源承载力和环境容量的双重制约，但这不是指经济发展只能无所作为，这种制约有其相对性，在时间与空间上是发展的。随着区域发展中各种要素（包括经济、产业和技术）的发展，其条件的不同也会导致相同的资源和生态环境对经济发展的承载力和最大容量限制不同。同样，在相同的经济规模和发展条件下，不同的生态环境条件和生态资源条件，不同的生态地域空间，其对经济运行的支撑作用也是不同的，通过过度或片面强调经济的“零增长”来保护生态环境、生态资源的方式也是不可取的。

（3）绿色经济具有可持续发展的内在属性。与传统经济相比，绿色经济具有可持续发展的内在属性。生存与发展是人类的永恒主题，而人类的生存与发展又必须以对生态环境的合理利用和对自然规律的科学恪守为前提，必须将经济发展速度与规模控制在生态环境可承受的范围内。所以，建立新的可持续发展生产技术、生产方式和消费方式必须克服现代文明中涉及的物质主义、消费主义、享乐主义等人类经济行为，遏制工业化和科学技术发展中某些危害自然环境的破坏性行为。

绿色经济是传统经济形态的新发展。绿色经济是在传统经济形态的基础上发展而来的一种全新的经济发展形态；它是建立在资源承载力和环境容量的双重制约下，具有可持续发展内在属性的一种新的经济发展形态；与传统的工业经济形态相比，它涵盖了生产、消费、交换等经济活动的全过程和经济活动的所有方式。

（二）产业生态学理论

1. 产业生态化的内涵

产业生态化，是指产业自然生态有机循环机理，特定地域空间内的产业系统、自然系统与社会系统之间在自然系统承载力范围内进行耦合优化，达到持续发展的状态，协调自然、社会与经济的持续发展，充分利用资源，消除环境污染。产业生态化是获取及维持可持续发展的一种实践手段，一种倡导新的经济系统和环境系统的循环模式，具有高度的统一性，系统内各组成因素之间相互依存、不可分割。产业生态化认为从原材料开采到产品生产、包装、使用及废料最终处理的全过程中贯穿着物质和能量的总循环。这种循环不仅使企业内部得到优化，而且更注重高级别的区域系统及整个国家或地区的产业系统优化。产业循环系统类似生态圈，通过区域间产业生态系统的互动性依存，在全球范围内实现产业活动与生态系统的良性循环和可持续发展。

2. 产业生态学的基本原理

目前，“末端控制”的环境管理思想及方法希望每一个工业过程都成为一个单独封闭的系统。这实际上既不经济也不可行，一个产业生态系统恰恰是利用系统个体（公司或企业）之间的输出流来实现利用与再利用价值，可以将自然生态系统设想为产品系统输出流的中介或载体。图 1-1 详细说明了产业生态系统与生物圈、大气圈、水圈、土壤圈和岩石圈之间的物质循环。产业生态系统同自然系统之间的输入流、输出流可以通过“物质平衡”“物质循环”的理论进行测度。这可以作为评价产业生态系统对环境影响的一个起点，为进一步改善环境提供了一种方法，实际上也为复杂的环境决策提供了一种可行的方法。

3. 产业生态化的实现路径

如何应用产业生态学的基本原理，促使现有不成熟的甚至是失去生态平衡的工业系统向成熟的顶极群落型生态工业系统演化，成为产业生态学的核

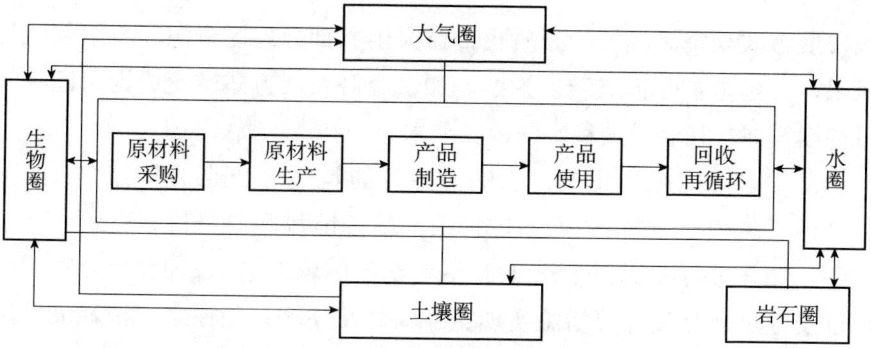

图 1-1 产业生态系统与自然系统的物质循环

心，其实现路径具体如下：

（1）树立“废物即是资源”的观念。将来自产品、工艺、服务和运营过程中的残余物或释放物等看作是资源，而不是废物。

（2）技术创新应有益于改善生态环境。尽可能避免使用对人体和生态系统有毒的物质或采用对环境有害的技术和工艺。

（3）工艺设计和产品设计应考虑副产品或残余物的循环利用，最大限度地使用循环再生材料，减少原生材料的使用；尽可能延长产品的寿命，并使之有利于产品报废后的再循环过程。

（4）在整个产品生命周期过程中，单位产品或单位服务的物质消耗和能量消耗应尽可能最低。

（5）产业用地、设备及基础设施系统的开发、建设或调整都应注意保护物种多样性及其栖息地，并最大限度地减少对当地或区域生态环境的影响。

（6）持续改进供应链，建立可循环的产业链，促进可循环经济体系和可循环社会的形成。

第三节 清洁生产的认识与理解

《中华人民共和国清洁生产促进法》实施二十多年来，我国工业化、城市化进程深入推进，社会经济飞速发展，但长期形成的主要依靠物质投入的传统发展方式与资源环境的矛盾也日益突出。部分地区资源环境承载力已接近极限，外延型扩张模式难以为继。加快经济发展方式转变成为保证我国经济可持续发展与社会和谐稳定的内在要求。

清洁生产又叫绿色生产，它的最终目的是实现企业生产的“节能、降耗、减污、增效”。清洁生产通过使用清洁的能源和原材料、更新工艺技术与设备、加强过程控制、改善管理、提高员工操作技能、加强废弃物的综合利用以及改进产品设计等措施实现企业清洁化生产，使原本“消耗大、污染重”的传统产业经济转变为“资源节约、污染少”的绿色经济。换句话说，清洁生产是实现传统产业经济“转绿”的有效手段。因此，向传统产业大力推行清洁生产是实现绿色发展的重要措施。

不难看出，清洁生产在我国的推进过程，正是在粗放型经济发展方式面临的资源环境难以承载、不可持续的困境中迎难而上，开辟出一条绿色之路的过程。清洁生产作为绿色发展的切入点，是企业绿色发展的基础路径。

一、清洁生产的内涵

（一）清洁生产的产生

“清洁生产”一词在当今世界环境保护浪潮中是一个“炙热”的名词，从 1976 年产生实际意义开始到 1997 年经联合国环境规划署（UNEP）的重新定义，这个较为“年轻”的概念已经从学者的概念开发、企业的个别行为逐步演变为许多国家的战略方针、法律制度，并经由 UNEP 的大力倡导成为一种世界性的潮流。

至今，“清洁生产”的概念虽被众多学者和国家提起，但仍然没有形成一个明确的、完整统一的、被学术界和世界所共同认可的概念。因此，对“清洁生产”含义的研究尤为重要。“清洁生产”是与“末端处理”相对应的概念，两者都是一种环境保护方式，都是实现既定环境保护目标的可能途径。污染物的“末端处理”是一种传统的环境保护方式，是一种事后处理方式，通常是“先污染，再治理”。通过这种途径保护环境，虽然起到了一定的作用，但效果甚微，且经济成本过高。而清洁生产是一种工业生产的新模式，是环境保护的新生途径和企业污染控制的最佳模式。它强调的是预防性，是一种事前控制的方式。它的存在并不排斥必要的“末端处理”，但相对于“末端处理”而言，它是企业控制污染和保护环境的首选途径。从“清洁生产”思想产生以来，不同时间、不同地区有关清洁生产理念有着不同的表述，具体见表 1-1。

表 1-1 部分国家和组织对确立清洁生产理念的贡献

时间	国家或组织	内容
1972 年	联邦德国	制定了避免废物产生和废物管理的法案
1976 年	欧洲共同体	召开了无废工艺和无废生产国际研讨会，提出了“消除造成污染的根源”的思想
1977 年	欧洲共同体	制定了关于清洁工艺的政策
1979 年	欧洲共同体理事会	宣布推行清洁生产政策
20 世纪 80 年代初	联合国工业发展组织	成立了国际清洁工艺协会
1980 年	法国	设立污染工厂的奥斯卡奖
1984 年	欧洲共同体	出台促进清洁生产的法规
1988 年	荷兰	对荷兰国内的公司进行了防止废物产生和排放的大规模清查研究
1988 年	荷兰	实行“污染预防项目”（PRISMA），为采用少废、无废（清洁生产）技术的工厂提供新设备费用补贴（15%～40%）
1990 年	美国	通过了《污染预防法》，并将其作为美国的国家政策
1990 年	UNEP	召开第一次清洁生产研讨会，正式开始实施清洁生产计划。会中提出的清洁生产理念获得了各国的响应
1991 年	丹麦	颁布新的丹麦环境保护法，其中包含了清洁工艺和废物循环利用的章节，规定了政府资助的具体方法
1992 年	联合国环境与发展大会	正式将清洁生产写入《21 世纪议程》
1992 年	UNEP	召开了巴黎清洁生产部长级会议和高级研讨会
1994 年	UNEP	陆续在 26 个国家成立了国家清洁生产中心

续表

时间	国家或组织	内容
1996 年	亚太经合组织	将清洁生产列为推动区域合作的重点工作之一
1998 年	UNEP	67 个发起国家和组织发表了《国际清洁生产宣言》

“清洁生产”的概念和思想是在 1976 年巴黎举行的欧洲共同体无废工艺和无废生产国际研讨会上产生的。这次研讨会提出，环境保护不仅要注重对已产生污染的治理，还应重视如何从根源上避免污染的产生。1979 年 4 月，欧洲共同体理事会提出推行清洁生产政策。同年 11 月在日内瓦通过的《关于少废无废工艺和废料利用的宣言》中首次提出了“无废工艺”这一概念，指出在工业生产中，运用各种技术和知识，使资源和能源能够充分循环利用，并且避免污染的产生。美国国家环境保护局提出了“废物最小量化”（后期多被“污染预防”替代）这一概念，并在 1984 年将其作为一项基本国策。废物最小量化，是指在可行范围内最大限度地减少或消除废物的产生，使有害物质对环境和人体健康的威胁达到最小化。另外，日本提出的“无公害技术”，以及一些学者提出的“再循环技术”“环境无害技术”“环境友好技术”等实际上指的就是一种清洁生产技术。

（二）清洁生产的含义

UNEP 工业与环境规划中心在 1989 年首次提出并明确“清洁生产”这一术语，指出清洁生产是一种新的创造性思想，该思想将整体预防的环境战略持续应用于生产过程、产品和服务中，以提高生态效率和降低对人类及环境的风险。《中国 21 世纪议程》也对清洁生产下了定义——清洁生产，是指既可满足人们的需要又可合理使用自然资源和能源并保护环境的实用生产方法和措施，其实质是一种物料和能耗最少的人类生产活动的规划和管理，将废物减量化、资源化和无害化，或消灭于生产过程之中。

另外，《中华人民共和国清洁生产促进法》（2012 年修正）第 2 条也对“清洁生产”的概念进行了界定，“本法所称清洁生产，是指不断采取改进设计、使用清洁的能源和原料、采用先进的工艺技术与设备、改善管理、综合利用等措施，从源头削减污染，提高资源利用效率，减少或者避免生产、服务和产品使用过程中污染物的产生和排放，以减轻或者消除对人体健康和环境的危害”。

综上所述，清洁生产的含义包括以下五个方面内容：

（1）在本质上，清洁生产是一种对工业生产过程以及产品施行综合预防的环境战略。

（2）清洁生产要求在原料的选择上要尽量使用无害原料，开发利用可再生能源。

（3）在工业生产过程中，要提高资源和能源的利用率，选择高效清洁的生产设备，避免或减少污染物或废物的产生。

（4）生产的产品不对人体健康和环境产生威胁，并且便于回收和再利用。

（5）与末端处理相比，清洁生产更加注重经济效益和环境效益的统一以及全球环境保护的彻底性。

（三）清洁生产的特征

清洁生产是环境保护和传统发展模式的根本性变革。相较于末端处理，清洁生产体现了环境保护的预防性、经济效益与环境效益的双赢性、发展的可持续性以及实施的综合性。

1. 清洁生产的预防性

相较于末端处理，清洁生产最大的特点在于它的预防性。末端处理是一种传统的环境保护方式，与整个生产过程脱节——先污染后治理。而清洁生产是一种预防污染的环境保护方式，在工业生产中，要求通过源头削减，改变产品工艺，提高资源和能源的可利用率，从而最大限度地减少有毒、有害物质的产生，实现废物产生量的最小化。从产品设计、原料选择，到设备、工艺技术、管理及防止和减少污染废物的产生，整个生产过程都体现了清洁生产的预防性，这也是清洁生产的实质所在。

2. 清洁生产的双赢性

传统的末端处理重在“治”，忽略了“防”，并且治理难度大，成本高，效率低。由于污染治理的高难度性和不彻底性，会给环境造成不利的影响，在失去了经济效益的情况下，往往环境效益也甚微。而清洁生产实行的是全过程控制，从产品的设计到产品的无害性和服务的清洁性，清洁生产追求的是一种经济效益和环境效益的双赢性。其一，清洁生产从源头上削减污染，生产过程中避免有毒、有害物质的产生，强调污染的预防性和环境保护的彻底性，环境效益远远大于传统的末端处理。其二，清洁生产贯穿于整个生产过程，要求选择高效无害的原料，减少资源和能源的消耗，提高资源、能源的利用率，降低了生产成本。其三，清洁生产要求工业生产的末端消除污染物的产生，要求产品无毒、无害，不对环境和人体健康产生威胁，并且产品生产和使用后易于分解、回收和再利用，通过这种方式降低了废物处理的成本。经济效益和环境效益的双赢性，是清洁生产的目的所在。

3. 清洁生产的可持续性

传统的末端处理体现的是一种大量消耗资源和能源、以牺牲环境发展经济的粗放型生产模式，不利于发展的可持续性。可持续发展要求利用资源和能源的同时满足当代人和后代人的需要，即对资源和能源的合理可循环利用。而清洁生产要求在生产过程中要对资源和能源进行循环利用，并对产生的废物和产品进行回收再利用。清洁生产是实现可持续发展的最佳生产模式，是实现节能减排的最佳途径。清洁生产体现了可持续发展的内在要求，这是清洁生产的关键所在。

4. 清洁生产的综合性

清洁生产是一项综合性技术，是一种综合性预防的环境战略。清洁生产的确认和规范需要法律法规和政策的多样性来调控，包括引导、促进和强制等手段。政府可通过经济激励等手段促进企业实施清洁生产并进行相关信息披露，也可适当地运用强制手段对企业某种清洁生产行为进行必要的强制，并对违背清洁生产的行为进行限制。另外，实施清洁生产还需要综合的战略技术措施，包括科技的综合性、管理的综合性以及资源的综合利用。这种调控手段和技术的多样性，决定了清洁生产的综合性，这是清洁生产的价值所在。

（四）清洁生产的内容

清洁生产的内容包括清洁的原材料和能源、清洁的生产过程、清洁的产品、清洁的全过程控制。

1. 清洁的原材料和能源

清洁的原材料和能源，是指在产品生产中能被充分利用而极少产生废物和污染的原材料和能源。例如，少用或不用有毒、有害及稀缺原料，选用品位高、较清洁的原材料；常规能源的清洁利用，用清洁煤技术逐步提高液体燃料、天然气的使用比例；新能源的开发，如太阳能、生物质能、风能、潮汐能、地热能的开发利用；各种节能技术和措施等。

2. 清洁的生产过程

清洁的生产过程，是指采用少废、无废的生产技术和高效的生产设备，尽量少用和不用有毒、有害的原料；采用无毒、无害的中间产品；选用少废、无废工艺和高效设备；减少生产过程中的各种危险因素和有毒、有害的中间产品；组织物料的再循环；优化生产组织并实施科学的生产管理；进行必要的污染治理，实现清洁、高效的利用和生产。对工业“三废”（废气、废水、废渣）进行全面综合治理；加速以清洁利用矿物燃料和节能为重点的技术改造，采用无污染的新技术与设备。

3. 清洁的产品

清洁的产品，是指产品设计应考虑节约原材料和能源，少用昂贵和稀缺的原料；产品应具有合理的使用功能和使用寿命；产品本身及在使用过程中对人体健康和生态环境不产生或少产生不良影响和危害；产品的包装合理；产品使用后易于回收、重复使用和再生；使用寿命和使用功能合理。

4. 清洁的全过程控制

清洁的全过程控制包括产品的生命周期全过程控制及生产的全过程控制。①产品的生命周期全过程控制。即从原材料加工、提炼到产品产出、使用直到报废处置的各个环节采取必要的措施，实现产品整个生命周期资源和能源消耗的最小化。②生产的全过程控制。即从产品开发、规划、设计、建设、生产到运营管理的全过程，采取措施，提高效率，防止生态破坏和污染的发生。

（五）清洁生产的目标

清洁生产的基本目标就是提高资源利用效率，减少和避免污染物的产生，保护和改善环境，保障人类身体健康，促进经济与社会的可持续发展，实现环境、资源的保护和有效管理。可以说，清洁生产是工业生产实现可持续发展的唯一途径。清洁生产的具体目标包括以下两方面：

（1）合理利用自然资源，减缓资源的耗竭，实现可持续发展。即通过资源的综合利用、短缺资源的替代、二次能源的利用，以及各种节能、降耗、节水措施，合理利用自然资源，减缓资源的耗竭。

（2）实现经济效益、社会效益和环境效益相统一，保证国民经济的持续发展。即减少废料与污染物的生成和排放，促进工业产品的生成、消费过程与环境相容，降低整个工业活动对人类和环境的风险。近几年，经国内外许多实践证明，清洁生产具有效率高、可带来经济效益、容易为企业接受等特点。因而实行清洁生产不仅是控制环境污染的有效手段，还是提高企业市场竞争力的最佳途径。清洁生产是一项系统工程，一方面它提倡通过工艺改造、设备更新、废弃物回收利用等途径实现“节能、降耗、减污、增效”，从而降低生产成本，提高企业的综合效益；另一方面它强调提高企业的管理水平，提高包括管理人员、工程技术人员、操作工人在内的所有员工在经济观念、环境意识、参与管理意识、技术水平、职业道德等方面的素质。同时，清洁生产还可有效改善操作工人的劳动环境和操作条件，减轻生产过程对员工健康的影响，为企业树立良好的社会形象，促进公众对其产品的支持，提高企业的市场竞争力。

二、我国清洁生产法律制度

（一）我国清洁生产法律制度的发展历程

1. 我国清洁生产制度的发展进程

20 世纪 80 年代初，我国召开了第一次全国工业污染防治会议。1983

年，第二次全国环境保护会议明确提出了实现经济效益、社会效益、环境效益相统一的指导方针。同年，国务院发布了《关于结合技术改造防治工业污染的几项规定》，提出要把工业污染防治作为技术改造的重要内容，通过采用先进技术，提高资源、能源利用率，把污染消除在生产过程之中，并提出开发资源转化率高的少废、无废工艺和设备，替代有毒、有害原料，研制少污染、无污染的新产品等要求。1985 年，国务院发布了《关于开展资源综合利用若干问题的暂行规定》，鼓励企业积极开展综合利用，对综合利用资源的生产实行优惠政策。20 世纪 80 年代中期，全国举行过两次少废、无废工艺研讨会，不少工业部门和企业在开发应用少废、无废工艺方面取得了一定成绩。

1992 年 5 月，国家环境保护局与联合国环境规划署在我国举办了第一次国际清洁生产研讨会，会上中方首次提出“中国清洁生产行动计划（草案）”。

1993 年 10 月，在上海召开第二次全国工业污染防治工作会议，国务院、国家经济贸易委员会及国家环境保护局提出清洁生产的重要意义和作用，明确了清洁生产在我国工业污染防治中的地位。

1994 年 3 月，国务院常务会议讨论通过了《中国 21 世纪议程》，专门开辟了“开展清洁生产和生产绿色产品”这一领域。1996 年 8 月，国务院颁布了《关于环境保护若干问题的决定》，明确规定所有大、中、小型新建、扩建、改建和技术改造项目，要提高技术起点，采用能耗物耗小、污染物排放量少的清洁生产工艺。1997 年 4 月，国家环境保护局制定并发布了《关于推行清洁生产的若干意见》，要求地方环境保护主管部门将清洁生产纳入已有的环境管理政策中，以便更深入地促进清洁生产。为指导企业开展清洁生产工作，国家环境保护局还会同有关工业部门编制了《企业清洁生产审核手册》以及啤酒、造纸、钢铁、水泥、食品等行业的清洁生产审核指南。

1999 年 5 月，国家经济贸易委员会发布了《关于实施清洁生产示范试点的通知》，选择北京、上海等 10 个试点城市和石化、冶金等 5 个试点行业开展清洁生产示范和试点。

2002 年 6 月 29 日，第九届全国人民代表大会常务委员会第二十八次会议审议通过了《中华人民共和国清洁生产促进法》，该法于 2003 年 1 月 1 日起正式施行。

2003 年，国家发展改革委、教育部、科学技术部、财政部、国家环境保护总局等部门联合发布了《关于加快推行清洁生产的意见》。

2004 年，国家发展改革委、国家环境保护总局联合发布《清洁生产审核暂行办法》，办法中明确了开展强制性审核的划分依据。

2005 年，国家环境保护总局以“环发〔2005〕151 号”文件的形式，发布《关于印发重点企业清洁生产审核程序的规定的通知》，通知的附件中公布了重点企业清洁生产审核评估和验收管理办法。该文件的出台，为进一步规范重点企业清洁生产审核工作提供了强有力的政策保障。

2008 年，为进一步发挥清洁生产在“十一五”污染减排工作中的重要作用，加强重点企业的清洁生产审核工作，环境保护部发布了《关于进一步加强重点企业清洁生产审核工作的通知》。环境保护部、国家清洁生产中心结合多年来开展清洁生产工作的实际情况，提出了构建国家清洁生产三级体系的工作思路，并在全国选定了 4 家清洁生产中心作为第一批试点单位，这为完善清洁生产工作体系打下了坚实的基础。

2010 年，环境保护部发布了《关于深入推进重点企业清洁生产的通知》，要求地方完善促进重点企业实施清洁生产的政策措施，强化对重点企业清洁生产审核的评估验收，加强对重点企业实施清洁生产的监督检查，强调深入扎实推进重点企业清洁生产工作。

我国清洁生产制度的发展具体见表 1-2。

表 1-2　我国清洁生产制度的发展

发展阶段	时间	有关清洁生产相关法律法规政策规定
清洁生产引进消化阶段	1983 年	第二次全国环境保护会议明确提出了实现经济效益、社会效益、环境效益相统一的指导方针
	1984 年	《中华人民共和国水污染防治法》相关条款体现了清洁生产的内容
	1987 年	《中华人民共和国大气污染防治法》相关条款突出地体现了清洁生产的内容
	1989 年	《中华人民共和国环境保护法》相关条款从企业的角度做出了有关清洁生产的规定

续表

发展阶段	时间	有关清洁生产相关法律法规政策规定
清洁生产引进消化阶段	1993 年	《中华人民共和国科学技术进步法》相关条款也涉及清洁生产的思想
	1994 年	《中国 21 世纪议程》明确规定通过立法促进产业的可持续发展，尽快制定清洁生产法、清洁能源法以及其他的重要产业法
	1995 年	《中华人民共和国固体废物污染环境防治法》相关条款增加了清洁生产方面的思想
	1997 年	《关于推行清洁生产的若干意见》
清洁生产立法阶段	1997 年	《中华人民共和国节约能源法》相关条款涉及清洁生产方面的内容
	1998 年	《建设项目环境保护管理条例》第 4 条提出清洁生产工艺的思想
	1999 年	《太原市清洁生产条例》是我国第一部清洁生产的地方性法规，也是世界上第一部专门的清洁生产法规，填补了我国有关清洁生产方面的立法空白
	2003 年	《中华人民共和国清洁生产促进法》正式施行，这是我国第一部关于清洁生产的专门性法律，主要内容涉及总则、清洁生产的推行、实施、鼓励措施、实施日期等
清洁生产循序推进阶段	2004 年	《清洁生产审核暂行办法》
	2005 年	《关于印发重点企业清洁生产审核程序的规定的通知》
	2008 年	《关于进一步加强重点企业清洁生产审核工作的通知》
	2010 年	《关于深入推进重点企业清洁生产的通知》
	2012 年	对 2003 年《中华人民共和国清洁生产促进法》若干方面进行了修正
	2014 年	2014 年修订的《中华人民共和国环境保护法》第 40 条规定国家促进清洁生产和资源循环利用。 国务院有关部门和地方各级人民政府应当采取措施，推广清洁能源的生产和使用。 企业应当优先使用清洁能源，采用资源利用率高、污染物排放量少的工艺、设备以及废弃物综合利用技术和污染物无害化处理技术，减少污染物的产生

2. 我国清洁生产法律制度的新发展

我国当前已经进入社会经济的高度转型期与攻坚期，环境与经济发展之间的矛盾日益显著。2003 年实施的《中华人民共和国清洁生产促进法》中的相关规定已经不能满足当前发展的需求，表现为以下四个方面：一是国务院经过了机构改革后，该法中的相关职能部门等执法主体发生数次变化，客观上造成了部门职责与法律规定的衔接不够，分工不够明确，迫切需要将各部门、机构在推行清洁生产活动中的职责在法律条文中予以明确规定，确定相关责任机制。二是我国加快转变传统模式的经济发展方式、调整产业结构的战略需求对清洁生产工作有了更为严格的要求，因此，总结剖析多年来发展清洁生产工作中的经验教训是非常有必要的，以期更好地实现节能减排的目标，进一步推进清洁生产工作的顺利展开。三是法律条文和循环经济相关法律都对强制回收产品和包装物有所规定，如何做好相关法律间的衔接、遏制过度包装问题是一件非常急迫而又严肃的事情。四是应完善清洁生产激励政策，完善重点企业清洁生产审核制度、落实相关企业的法律责任，从根本上使清洁生产的激励机制、强制审核、问责监督检查机制制度化、法律化。

因此，修正《中华人民共和国清洁生产促进法》，完善相应法律制度势在必行。2012 年 2 月 29 日新修正的《中华人民共和国清洁生产促进法》，是中国清洁生产法律制度发展史上的一个重要里程碑，是对传统粗放经营模式的根本改变，标志着源头预防、全过程控制的战略已经融入我国经济发展综合策略，有利于我国推进清洁生产工作的顺利展开、促进经济集约发展模式的应用，有利于我国走新型工业化道路、实现可持续发展、构建环境友好型社会。《中华人民共和国清洁生产促进法》（2012 年修正）虽然在法律的总体结构、大部分章节条款上没有较大变动，但在许多方面有创新，新增了多项推进清洁生产的法律规定。《中华人民共和国清洁生产促进法》（2012 年修正）的修正内容见表 1-3。

表 1-3　《中华人民共和国清洁生产促进法》（2012 年修正）的修正内容

突破方面	对应条款以及表现
1. 对主管部门及职责进行了调整，同时规定建立清洁生产推行规划制度	1. 第 5 条、第 8 条、第 17 条、第 27 条、第 28 条规定国务院清洁生产综合协调部门负责全国相关工作的组织、协调，国务院环保等其他相关部门，各司其职，负责清洁生产的有关促进工作，并且根据要求编制清洁生产推行规划。 2. 第 5 条、第 8 条、第 27 条规定县级以上地方政府确定的清洁生产综合协调部门负责组织、协调本行政区域内的清洁生产促进工作，克服地方政府负责清洁生产工作部门不一致的问题。 3. 第 8 条具体详细地提出了清洁生产推行规划应当包含的内容，提出国务院有关行业主管部门确定重点项目，制定行业专项推行规划并组织实施的职责，并强化了地方政府职责等
2. 规定建立清洁生产专项财政资金制度	第 9 条规定中央政府以及地方各级政府必须设立清洁生产的专项基金
3. 首次将强制性清洁生产审核写入法律，并且强化和完善了企业清洁生产审核制度，衔接了相关法律规定	第 27 条规定了三类企业应实施强制性清洁生产审核，还重点规定了以下五个方面： 1. 扩大了强制性清洁生产审核的范围，将超过单位产品能源消耗限额标准构成高耗能的企业列入了强制性审核范围。 2. 明确阐明和相关环境保护法律法规的衔接，规定超标排污的企业按照环境相关法规治理。 3. 利用社会监督，明确要求实施强制性清洁生产审核的企业，将除涉及商业秘密的审核结果向所在地县级以上地方人民政府相关部门报告，并在本地区媒体上公布，从而接受社会公众的监督批评等。 4. 加强政府监督责任，规定强制性清洁生产审核的费用纳入政府预算。 5. 鼓励自愿性原则。鼓励企业自愿实施清洁生产
4. 强化法律责任，适当提高其可操作性。这些极大地增强了法律的威慑力，进一步增加了清洁生产执法监管的力度	1. 在“法律责任”一章，对违法企业加大了处罚力度：①范围上增加了对未按照规定公布重点污染物产生、排放情况可处以罚款的规定；②强度上对应当开展强制性清洁生产审核却未按规定实施或者在审核过程中弄虚作假的、不报告或者不如实报告审核结果的企业，加大了罚款力度。 2. 第 35 条、第 36 条、第 39 条规定加强有关政府部门不作为的法律责任，加强企业开展强制性清洁生产审核的相关法律责任，加强评估验收单位、人员的相关法律责任

（二）我国清洁生产法律制度的完善

1. 完善清洁生产经济激励制度

（1）环境税制度的完善

我国实行税收优惠政策的税种较少，且相互之间缺乏系统协调性。一些发达国家对环保产品的税收优惠较为重视，在其设计、生产以及使用等方面采取了激励性措施来促进和保障清洁生产的进行。

借鉴外国的税收政策，我国应该在重视减免税、退税等直接税收优惠政策的同时，加强对间接税收优惠（税基式优惠）的建设，将侧重事后鼓励的税收优惠政策转变为发展预先扶持的税收优惠政策。我国应完善优惠税种及优惠税率的设计，并加强其协调性和科学系统性，从而保障环保工作和清洁生产工作的有效进行，具体如下。

首先，应完善优惠税种的设计，包括增值税、消费税、营业税、所得税以及关税的完善。在增值税方面，应当扩大优惠范围并对其进行改革，对于采用清洁生产工艺和设备以及回收废物的企业应当给予优惠。在消费税方面，应当提高生产不利于环保的产品的企业税收并减免清洁产品的消费税，从而使消费者树立绿色消费的消费理念。例如德国规定，对环境无污染或少污染的清洁产品可以减免消费税。在营业税方面，对生产清洁产品和提供清洁生产信息的企业及服务机构进行税收减免。在所得税方面，对采用清洁生产技术、生产清洁产品企业的所得税实行加速折旧的优惠措施。在关税方面，实行清洁产品出口退税政策，并对进口清洁技术和设备实行减免税收的优惠措施。

其次，应当完善优惠税率的设计。合理的税率设计，即企业采用清洁生产方式所需要的成本应当少于其采用非清洁生产方式而承担的对环境造成污染的纳税负担，因此税率不应当过高。另外，根据不同地域的经济发展水平以及人口密度和气候等条件的不同，环境税率也应有所差异，因此，其设计还应有一定的弹性。

（2）补贴制度的完善

在我国，补贴资金主要来源于政府财政收入。然而，我国需要补贴的范围较大且政府财政收入有限，仅靠政府财政补贴较为困难。我们可以借鉴日本的经验，建立基金补偿机制，将对污染者征收的费用作为实行清洁生产企业的贷款基金，将税收和补贴进行有机结合。另外，我国通常以治理污染的效果来判断给予补贴的多少，因此一些企业会夸大污染基数，从而获得更多的补贴。针对这种现象，相关部门在确定补贴标准时，应当以企业进行清洁生产的程度来判断给予补贴的多少，从而确保补贴机制的公平性。

2. 完善清洁生产合力机制

完善我国的清洁生产合力机制，主要包括清洁生产教育培训和宣传机制的完善、技术创新机制的完善，以及绿色消费制度的建立。

（1）教育培训和宣传机制的完善

全社会的积极参与对清洁生产的有效进行有着极大的推进作用。针对目前我国清洁生产的教育培训机构较少的现象，应当增加清洁生产教育培训机构，加大政府的宣传力度，增强公众和企业的清洁生产意识，提高实施清洁生产的积极性和自愿性。

（2）技术创新机制的完善

目前，我国尚缺乏一套完整的清洁生产技术信息交流与创新机制，阻碍了清洁生产技术和管理信息的传播。我国应当尽快建立起一套系统、完善的清洁生产咨询体系以及技术信息创新和交流制度，及时向企业尤其是偏远地区的企业提供清洁生产方面的信息，包括清洁生产技术和方法以及法律法规和相关措施的规定，从而为企业及时了解清洁生产信息、有效开展清洁生产工作提供支持和途径。另外，应进一步落实清洁生产技术创新资金，加大对重点领域清洁生产技术创新、成果转化以及先进实用技术推广应用的支持力度。

（3）绿色消费制度的建立

目前，我国还没有建立完善的绿色消费制度，法律法规中对消费者的回收利用义务和责任的规定较少，《中华人民共和国清洁生产促进法》（2012 年修正）中对绿色消费的内容虽有涉及，但规定较少且较为原则化。我国法律法规应当强化消费者的义务和责任，引导消费者购买清洁产品，合理地回收利用和处置产品废弃物，树立绿色消费观念。

第二章　绿色发展、产业绿色化和清洁生产的内在联系

第一节　绿色发展是生态文明建设的重要内容

一、国内外绿色发展模式的经验启示

20 世纪六七十年代，一系列生态破坏和环境污染问题的集中涌现，引发了西方社会重新审视自然与人类的关系、重新思考社会发展模式的环境保护主义思想浪潮，随着大规模群众性环境保护运动的开展，欧美学者们开启了对绿色发展观的探索。随后，各国从认识环境保护的重要性逐步走向了对绿色发展模式的实践性探索。

（一）国外绿色发展典型

随着工业文明与自然冲突的不断扩大，加之生态现代化思潮的影响，欧洲的绿色发展实践在全球范围内起步较早。生态现代化的理论、概念最早由德国学者马丁·耶内克提出，他认为生态现代化理论具有技术革新、市场机制、环境政策和预防性原则四大核心要素，主张通过市场机制和技术革新促进工业生产率的提高和经济结构的升级，并取得经济发展和环境改善的双赢。作为一种完整的绿色发展理念与战略，生态现代化理论在欧盟及其核心国家得到了广泛的认可与应用。德国是最早提出与实践生态现代化理念的西方工业化国家，德国的绿色发展正是从生态现代化的关键点——环境政策的

完善开启的。德国政府充分重视生态环境立法，完善的生态政策与法律体系为绿色发展在德国的良好实践起到了护航作用。与此同时，低耗能的经济发展模式、先进技术的推广及高度的国家生态自觉意识使德国不断从先污染后治理的发展道路走向了未雨绸缪的预防性绿色发展道路。荷兰的绿色发展实践也借鉴了生态现代化理论的思想要素，荷兰明确将可持续发展作为国家环境政策计划的首要原则，在欧盟范围内产生了强烈的扩散效应。

20 世纪 70 年代，丹麦政府在经历了两次能源危机重创后，逐步建立起以“零碳”为目标的丹麦绿色发展模式，通过能源环境政策调整、绿色税收改革、推广公私合作、发展创新技术、贯彻国民教育等一系列手段，制定并执行了一套完整的能源发展战略和能源安全战略及具体措施，在科技创新发展的框架内，在财富创造、可持续发展、保障能源供给安全之间，形成了稳定、平衡的三角形结构，实现了社会及人与自然的和谐、良性发展。

与欧洲国家着力提升国家法政能力、树立生态自觉的绿色发展模式不同，美国推行“生态行（法）政主义”的绿色发展模式，注重利用环境立法和行政管理强制约束绿色实践。自 20 世纪 70 年代开始，美国联邦政府不断提升环境保护机构建设和环境立法水平，颁布了以《清洁空气法》修正案为代表的一系列环境法律法规，将经济刺激手段作为传统指令控制模式的重要补充。进入 21 世纪，奥巴马又提出了新能源政策、绿色新政主张，使绿色发展实践成为美国提升国际综合实力的必要因素。

在亚洲范围内，韩国一直以来都是绿色经济的倡导者和推动者，在平衡生态资源环境与经济持续有效发展方面进行了许多有益尝试。2008 年经济危机以来，韩国对过去以增长为主要目标的经济政策进行了调整，将发展绿色经济提升至国家战略高度。2008 年，韩国政府颁布《低碳绿色增长战略》，提出以绿色技术和清洁能源创造新的增长动力和就业机会的国家发展新模式后，韩国政府又相继制定了国家绿色战略规划与路线图，提出了“绿色工程”计划，围绕基础设施建设、低碳技术开发和创建绿色生活环境等方面形成了一套庞大的“绿色新政”体系。在此基础上，韩国政府于 2010 年 4 月公布了《低碳绿色增长基本法》，在法律框架下制定了绿色增长国家战略，提出加强绿色技术研发，推动传统产业绿色化转型，并计划在 2020 年以前把温室气体排放量减少到“温室气体排放预计量（BAU）”的30%。通过制定绿色发展战略、建立系统的法律规范体系、完善相关政策体系和管理制度等一系列顶层设计，韩国将绿色发展理念融入决策制定、实施、监督、反馈的全过程，绿色增长的基本框架得以全面构筑起来。

（二）国内绿色发展经验

与世界各国一样，中国在经济发展的过程中，也受到了资源匮乏、生态环境恶化的制约。为了解决绿色发展中的核算问题，早在1988年，在美国福特基金会的帮助下，国务院发展研究中心就联合美国世界资源研究所，进行了自然资源核算及其如何纳入国民经济核算体系的课题研究，侧重探索将自然资源环境核算纳入国民经济体系的理论及方法。1996—1999年，北京大学的一些学者提出了可持续发展下的“绿色核算”，侧重研究中国综合经济与环境核算体系的核算模式、核算理论及核算方法。国家环境保护局在1998年对中国1978年以来的国民储蓄率进行了计算，2001年，中国科学院可持续发展战略小组对中国1978年以来的国民储蓄率进一步进行补充核算，对自然资源环境核算纳入国民资产负债核算的方法途径及实际操作进行了验证。在大量调查及探索的基础上，国务院发布了《关于加快发展循环经济的若干意见》，以循环经济为契机，加速中国的绿色发展。2009年1月，《中华人民共和国循环经济促进法》开始实施，全国各地迅速开展循环经济实践。为了推动以循环经济及低碳经济为主要形式的绿色发展，2010年中国绿色产业及绿色经济高科技国际博览会召开，展示了中国近些年经济绿色发展的成果，而低碳经济作为绿色发展的另外一种形态——单位GDP的二氧化碳排放量，也作为一项约束性指标被纳入了国家的“十二五”规划。同时，我国还向世界郑重承诺到2020年单位GDP二氧化碳排放比2005年下降40%～45%。面对强大的内外压力，2010年8月，国家发展改革委印发了《关于开展低碳省区和低碳城市试点工作的通知》，要求全国各地全面启动低碳生态城市的建设。

绿色发展是我国应对资源“瓶颈”制约的必然选择。作为一个发展中大国，我国经济发展中面临的很大问题来自日趋严峻的资源问题。我国高速的经济发展对资源能源的需求量日益攀升，对资源能源的过度开发利用，特别是煤、石油等不可再生资源的过度开发与粗放使用造成资源能源供需紧张，经济发展与资源短缺的矛盾凸显。在如此严峻的资源能源问题面前，中国政府不断探索新型发展理念，总结过去发展经验，在“十二五”规划中明确提出走绿色发展道路，建设资源节约型、环境友好型社会，并把绿色发展和建设节约型社会纳入国家发展的重点。由此可见，中国摒弃先污染后治理的黑色发展道路，走节资源保生态的绿色发展道路是应对资源危机、解决经济发展与资源环境的矛盾、推进生态文明建设的必然选择。2009 年 6 月 17 日的国务院常务会议明确提出大力发展环境产业、循环经济和绿色经济；2009 年 8 月 12 日的国务院常务会议又提出大力发展绿色经济。这是我国首次把发展绿色经济纳入国务院日常工作，使绿色经济成为中国政府治国理政的新发展理念。随后，中国政府多次在国内外重大会议上强调发展绿色经济的必要性。

在国家的大力倡导及推进下，地方及企业也进行了很多相关工作。各地分别制定了绿色发展规划，截至 2012 年 5 月，全国提出建设以生态城市或低碳城市为目标、做出城市规划的地级及以上城市达到 671 个。例如，山东省东营市在 2006 年开始全面实施东营生态市建设总体规划，努力建设省级低碳生态示范城市。四川省成都市提出建设宜居、宜业、宜商、宜工的“世界现代田园城市”，并不断深化及完善其相关内容，进一步开展“北改工程”及“天府新区”的规划及建设。作为国企巨头的中国石化①，2002—2012 年，通过技术革新等措施，使我国的车用汽油全部达到国Ⅲ标准②，完成了欧美发达国家（地区）用了 30 年时间才完成的油品升级。同时，中国石化原油加工量增长了 108%，但是炼油综合能耗则下降了 24%。在整个“十三五”期间，中国石化累计节约 2 023 万吨标准煤，减排二氧化碳 4 562 万吨，节约水资源 8.23 亿米^3，为绿色发展做出了贡献。

① 中国石化即中国石油化工集团有限公司。

② 国Ⅲ标准即国家第三阶段机动车污染物排放标准。

二、绿色发展与生态文明

（一）生态文明建设是绿色发展的根本目标

生态文明是新时期的又一创新性发展理念，是继原始文明、农业文明和工业文明后的一种新型文明形态。它摒弃了以往文明形态中以牺牲环境换取经济增长的观念与行为，突出保护环境的重要性，倡导尊重自然、顺应自然、保护自然，要求在经济社会发展中坚持可持续发展的原则。党的十八大将生态文明建设纳入“五位一体”的中国特色社会主义总体布局，生态文明建设如同一条纽带，将经济建设、政治建设、文化建设、社会建设紧密串联起来，形成一个有机整体，在社会发展的各个领域中发挥约束与引导作用，为建设美丽中国、实现中华民族永续发展提供正确的方向指引。

绿色发展正是以生态文明为价值取向，以实现经济社会的可持续发展为目标，以绿色经济为基本发展形态，通过开发绿色技术，发展环境友好型产业，力求平衡发展需求和资源环境有限供给之间的矛盾，保护和修复生态环境，使经济社会发展与自然相协调的一种经济发展理念。绿色发展是兼顾经济效益与环境效益的发展模式，走绿色发展道路的最终目标就是实现物质生产与精神生产双方向高度发展、自然生态和人文生态和谐统一的生态文明。而绿色发展观念的树立本身即代表着公民绿色意识的觉醒、代表着发展观在经济领域的科学转变、代表着公民生态环保价值观的逐步树立，是社会公众对更高层次生态文明追求的体现。

（二）绿色发展是生态文明建设的实现途径

生态文明为人类提供了一种社会建制、一种文明形态，但是如何达到生态文明，则需要有具体的技术支撑、理念引导、制度建设和文化推动。资源短缺已成为经济社会可持续发展的“瓶颈”，综合考虑当前严峻的发展形势，绿色发展从发展理念、技术手段、价值评判、文化模式和伦理内涵上为解决当前社会发展与环境保护之间矛盾，推进我国生态文明建设提供了一条重要的实现途径。

以高消耗、高污染、高排放为主要特征的西方工业文明发展模式，本质上是建立在自由竞争与自利市场基础之上的资本驱动型发展道路，造成破坏资源、污染环境的市场失效和负外部性。可持续发展是对传统模式的局部修正，绿色发展则是对传统发展方式的根本变革。绿色发展是建立在绿色市场和合理消费基础之上的自律式发展道路。绿色发展着眼于处理人与自然之间的关系，从对自然的掠夺性、肆意性变为和谐性、自律性，从以往经济中心主义和单纯经济利益导向发展转变为对生态社会经济的全面衡量和对社会、人类、自然的全面尊重。体系化的绿色发展模式能够使我国提前实现发展与污染物排放、不可再生资源消耗脱钩，大幅减少对生态环境的污染，使我国由生态赤字转向生态盈余。

绿色发展还为生态文明建设提供了技术支撑。绿色技术是解决环境污染的根本手段，绿色发展主张充分发挥绿色技术的先进性作用，利用绿色技术能有效预防和控制对生态环境的破坏和污染，能够有效治理并恢复已遭到破坏和污染的生态环境，利用绿色技术能够减少生态环境污染，减轻环境压力，实现物质能源减量化，从而提高资源能源利用率，更好地保护生态环境。

三、绿色发展的实现路径

（一）构建绿色发展规划体系是绿色发展的前置条件

首先，国家要制订长远的绿色发展规划，各地方规划则根据国家规划，结合地区的条件、特点制订。①鉴于绿色发展已纳入“十三五”规划纲要，各地、各部门的经济社会发展规划、城乡建设规划、土地利用规划、环境保护规划以及各专项规划，应切实将绿色发展落实到位，科学布局绿色发展的生产空间、生活空间、生态空间。②各地要根据不同国土空间的自然条件，优化经济规模以及产业结构，使社会经济要素的空间分布与地区环境因素协调、和谐。

其次，还应构建绿色发展的体制机制，形成绿色发展的制度保障。①要构建并完善绿色发展的决策机制，严格遵循科学决策程序，从产业结构、项目投资、运行模式等源头把好绿色关口。②要以资源环境生态红线管控、自然资源产权和用途管控、自然资源资产离任审计、生态环境损害赔偿和责任追究、生态补偿等重大制度为突破口，守住绿色底线，守住山青、天蓝、水净、地洁的良好环境，用制度保障绿色发展行之久远。③充分发挥市场在资源配置中的决定性作用并更好发挥政府的宏观调控作用，构建绿色发展的新型市场体系。④要建立不同工业企业间的共生代谢关系，尽可能降低工业品生命周期中每一阶段的资源消耗和污染排放。

最后，建立完善的绿色法制规章体系同样必不可少。①根据绿色发展的要求，应丰富我国法律内容，制定、完善资源合理利用法、环境监测法等预防性法律，抓紧制定完善清洁生产与发展循环经济等方面的法律法规。②要加强对绿色发展相关法律法规实施监管，杜绝立法环节与执法环节脱节的弊端。一段时间以来，我国不少地区对生态环境方面发生的问题监管疲软，从而使已存在的法律法规跛足难行。③要加大对环境资源、生态建设的司法力度，依法追究、惩治污染环境、破坏生态的失职行为甚至犯罪行为。

（二）推行绿色生产、生活方式是绿色发展的根本途径

人类的生产方式、生活方式对于自然界具有复杂而深远的影响，我国推行绿色发展的根本原因，正是吸取了资本主义国家在工业文明时代对自然资源和生态环境过度掠夺和破坏带来的负面影响的经验。实现绿色发展，需要规范和引导人类的生产方式、生活方式，人们在生产、生活和消费过程中要以尊重自然、爱护自然、保护环境为前提。①要下大力气推动产业绿色化进程，加快发展绿色低碳产业，推动绿色产业集聚，延长产业链，提升价值链。②研制发展绿色工程技术，采用无污染、少污染的高新技术设备，努力提升我国经济绿色化发展水平。③要积极倡导和推行绿色消费，努力形成文明、节约、低碳的消费生活方式。从长远来看，坚持绿色生产和绿色消费，可将生态优势转化为经济优势，生态资本也就转化为发展资本，绿水青山会源源不断地带来“金山银山”。

（三）培育绿色文化是绿色发展的重要支撑

绿色文化是绿色发展的主流价值观，绿色文化的本质是要求人类尊重自然和保护自然，树立尊重自然和保护自然的信念。培育绿色文化，在全社会

广泛宣传保护环境的理念，实行绿色发展就是增值自然价值和自然资本，就是保护和发展生产力。要继承和发扬我国优良的文化传统，如“万物一体”“民胞物与”“天人合一”“天人和谐”的主张。只有使生态文明的主流价值观深深植根于人们心中，使大家自觉地尊重自然、顺应自然、保护自然，绿色发展才能有广泛的群众基础。要把绿色发展、生态文明知识纳入教育体系和继续教育体系，要鼓励、引导社会组织、志愿者积极参与绿色发展公益活动、生态文明创建活动。

第二节　产业结构调整是绿色发展的基本途径

一、产业结构调整的重要性

（一）产业结构调整的含义

产业结构调整有多层含义。第一是三大产业比例关系的变化，其长期趋势是：第一产业比重不断下降，第二产业、第三产业特别是第三产业比重不断上升。第二是同一产业内部不同行业、同一行业内部不同亚行业、同一亚行业内部不同企业比例关系的变化。在这个层面上，各种生产要素配置的长期趋势是从劳动密集型产业占优势向资本密集型、技术密集型产业占优势演进，从制造初级产品的产业占优势向制造中间产品、最终产品的产业占优势演进，从高消耗、高污染产业占优势向低消耗、低污染产业占优势演进，结果表现为产业的高附加值化、高加工化、高技术化、高洁净化。第三是各个产业、行业、企业技术工艺的高级化。也就是说，在产品层面，通过工艺技术的不断改进，使生产等量产品所消耗的资源和所造成的污染不断下降。产业结构调整的目的，就是要以更少的资源消耗和更少的环境污染生产出更多的财富。

（二）推行产业结构调整的必要性

我国国情的两个基本特点，决定了必须大力推进产业结构调整。

第一，我国是一个城乡二元结构的国家。从国际经验看，城镇化快速推进的过程，必然伴随基础设施的建设和居民消费的不断升级，从而会对重化工业产生巨大的需求；而重化工业需求的快速增长，又往往会引发资源性产品、初级产品、粗加工产品的过度扩张，从而造成能源、资源的过度消耗和环境污染排放的大幅增加。因此，必须进行产业结构调整，从而有效遏制资源消耗过度的势头以及控制或减少环境污染，尽量避免走工业化国家的老路。

第二，中国是一个人口大国。人口多，而且相对其人口而言，自然资源十分稀缺，这就意味着更大的生存压力和就业压力，同时意味着更大的环境压力和资源压力。因此，我们必须努力实现经济社会与人口、资源、环境的协调发展。所有这些，都决定了必须大力推进产业结构调整。

产业结构调整是转变发展方式的根本途径，发展方式的转变是产业结构调整的必然结果。产业结构不优化、不升级，高耗能、高污染的状况就无法改变。只有产业结构调整顺利推进，产业的整体素质、效益和竞争力得以提升，经济发展方式才能随之转变。因此，加快产业结构调整，就是转变发展方式，就是改善宏观调控，就是加强节能减排。

（三）经济增长方式存在的问题

经济增长方式是推动经济增长的各种生产要素投入及其结合方式，其实质是依赖什么要素，借助什么手段，通过什么途径，怎样实现经济增长的问题。改革开放 40 多年以来，我国经济社会发展取得了伟大的成就，但从根本上看，我们产业结构模式尚未改变，“物耗高、能耗高、污染高”的粗放型经济增长方式还没有完全转变，没有摆脱先污染后治理的老路，已经存在相当程度的环境“透支”。这种粗放型经济增长方式与资源环境的矛盾越来越尖锐，缺乏可持续发展的能力，长此以往难以为继。

我国经济的快速增长在很大程度上是依靠资金、自然资源和劳动力等生产要素的高投入实现的。从资金投入来看，我国投资率一直保持较高水平，并呈现不断上升的趋势，但按照国际可比的支出法核算，我国的资本形成占 GDP 的比重远远高于美国、德国、法国等国。这里虽然有土地市场化加快、价格上涨和基础设施投资比重提高等一些不可比的因素，但仍可反映出，高增长在相当程度上是靠高投入支撑的。

就现阶段我国经济增长方式与自然资源结构的关系而言，经济增长仍未摆脱对基础工业的过分依赖，生产过程中能源、原材料消耗高的现象仍很普遍。据统计，目前，我国63种重要原材料的物耗水平高出发达国家60倍，主要工业产品单位能耗比国外平均水平高40%，能源利用率只有30%左右。

当前，国内仍有部分地方走的是灰色发展道路。传统的“先污染、后治理，先发展、后保护”的模式主导着部分地方经济的发展。在这种基本过程是“原料—产品—废料”的经济增长和发展模式中，仅有3%～4%原料转化为产品，其余96%左右的原材料被当作废物排放到自然界。按这种传统的发展模式，我国GDP若增加4倍，废物排放量将增加30～40倍，整个国内的资源和环境都将不堪重负。

由此可见，我国这种经济增长方式以高投入、高耗能、高增长、低效益等所谓的“三高一低”为特征，这种以高速增长为主要目标、外延发展为主导方式和以重工业为中心的经济发展模式，忽视了对自然生态环境的保护，已经越来越不适应时代的要求。这种依靠高投入、高耗能、高资本积累所带来的经济增长和工业化，已经引发了一系列经济和社会问题，并且给国民经济的持续稳定增长带来了威胁。

片面追求重型化和高产值的结果是，我国一些地区和行业出现了资源严重短缺、环境急剧恶化、就业矛盾尖锐的状况，存在极大的风险。这种过度消耗资源、过度污染环境、经济粗放增长的局面，严重制约着我国经济的持续、快速、健康发展，要实现“十四五”的宏伟目标，必须从根本上转变经济增长方式。

二、国外经济转型期的先进经验

第二次世界大战后，产业结构在国际范围内经历了数次大规模的调整。从全球产业结构调整的基本趋势来看，农业比重逐步下降，工业和制造业比重有升有降，但进而带来的是环境问题，所以服务业比重也呈上升趋势。经济发达国家的产业结构已经开始向信息化转变，信息产业已发展成为主导产业，全球工业化的重心已开始由西半球向东半球转移。在世界产业结构的大调整中，跨国公司迅速发展，并在产业结构转型中发挥了极其重要的作用。

（一）经济转型期发达国家所采取的措施

20 世纪 90 年代以来，随着经济增长与环境问题的冲突越来越多，产业结构调整的要求就越来越具有紧迫性和必要性。在这种背景下，世界各国加快了产业结构调整的步伐。

1. 转型期美国采取的措施

随着全球化的日益普及，美国传统制造业与新兴工业国家及部分发展中国家相比，其技术管理上的优势正在日趋缩小，而成本上的劣势却在逐渐显露。但美国经过经济结构的调整，塑造了低迷后经济的持续增长，其中一个重要原因，就是在经济全球化条件下，美国政府推行的产业结构调整和升级换代取得的成功。

美国的产业结构调整主要包括农业商业化与农业革命，发展制造业、规模经济和企业合并。

首先，农业商业化与农业革命。随着工业化的进展，农民不再生产他们所需要的大部分非农业产品，而是购买工厂生产的工具、物品等。同时，农民往往进行专业化生产，专门生产一种或几种最有利的产品以适应市场的需要，这样有利于因地制宜和充分利用资源。

其次，发展制造业、规模经济和企业合并。19 世纪后半叶，随着美国从农业国到工业国的转变，它也由自由资本主义向垄断资本主义过渡。早在南北战争以前，美国工业中就已出现了生产规模扩大的趋势。南北战争期间和战后，资产阶级通过国债、土地投资和诈骗贸易获取暴利，产生了一批金融巨头。在这段时期里，财富和权力越来越集中到相对少数的人和组织手中。有权势的人们控制了经济的不同领域。经过 19 世纪末工业的迅猛发展和激烈竞争，到 20 世纪初，资本和生产集中的情况就更加突出了。而发展规模经济有助于提高管理效率。各种规模生产都需配备必要的管理人员，当生产规模较小时，这些管理人员无法得到充分利用，而当生产规模扩大时，可以在不增加管理人员的情况下增加生产，从而提高管理效率。

另外，在美国的产业结构调整中，压缩军工生产，推动军用技术向民用部门转移，也是一个重要的环节。特别是 1993 年以后，克林顿政府制定了调整美国产业结构发展的战略，重视科学技术，大力削减国防开支，使美国经济健康发展。在美国经济结构调整中，重焕活力的制造业同样发挥着重要的作用。在整个 20 世纪 80 年代，美国通用、福特和克莱斯勒三大汽车巨头掀起了一场深刻的、以科技革命和改革管理为重点的新革命浪潮。20 世纪 90 年代前期，美国又乘经济全球化和信息化之机，对企业进行大规模的改造、改组。此外，在制造业重焕活力的同时，美国第三产业中的高技术服务业也获得了迅猛的发展，使美国技术产业重心由高技术制造业向高技术服务业转移。

在产业经济发展的同时，美国也注重环境方面的保护，广泛采用了污染物排放权交易制度，给予排污企业充分的灵活性来选择减排方式。某一特定企业的排放权是根据其在减排开始之前的历史能源消费状况和排放率确定的，排污企业的排放权之和等于该年的允许排放总量。在这种制度下，一些技术先进、减排成本较低的企业可以采取减排措施将排放量降低到允许排放量之下，实际排放量与允许排放量之间的差额可以存入“银行”以备日后之用或将其卖掉；减排成本较高的企业可以推迟减排或通过购买更多的排放权来降低排放成本。

2. 转型期德国采取的措施

新经济时代的选择迫于欧洲经济与货币联盟建设、经济全球化，特别是来自美国新经济的压力，德国政府自 20 世纪 90 年代中期开始明显加速调整产业结构，但同时德国也很注重保护环境。

德国利用政府与市场的良性互动，主导了这场以发展新经济产业为核心的、最具革命性的世纪产业结构调整。生物技术产业是德国传统的优势产业。由于德国具有良好的生物技术研发基础，政府加大投入，通过 20 世纪 90 年代中期发展起来的“生物园区竞争计划”以及随后的支持计划，全力推进生物技术产业的发展，进而推动新经济产业的迅速成长。另外，德国政府视促进创新研发为重中之重，研发部门的资金增长迅速。德国研究政策的重点是新信息技术和通信技术的开发、生物技术前沿领域研究、健康与医学研究、分子医学与基因研究。研究与开发培育了新经济产业的技术源。德国政府之后又通过富有特色的支持系统来促进中小企业的创新。通过合作项目、引导项目和人员交流，德国政府着力改进了中小企业与研究机构的网络化结构，并先后出台多种政策来鼓励企业的基础设施改革，应用高新技术平衡重大点源的排放，减少固体颗粒物的排放。

这一系列小企业政策，使德国政府激活新经济产业的创业动力，也保护了本国的环境，政府还通过简化税收减轻中小企业的行政管理负担。这使德国经济发生了很大的变化。

3. 转型期日本采取的措施

在日本经济高速发展阶段，也就是1950—1970年，日本遭遇了严重的污染问题。例如，日本二氧化硫的排放量，在20世纪60年代中期达到峰值，约500万吨。这期间日本以建立知识密集型产业为中心，具体包括改革能源及资源结构、调整结构性萧条产业、支持民间企业的研究开发活动、扶植高技术产业等。此外，日本政府主要发展技术高度集中的研究开发产业和以机械工业为核心的高加工产业及知识产业，促进出口商品的知识密集化，提高知识密集型商品在出口品总额中的比例等。

1985—1990年，从经济发展速度上看这段时期是调整时期，从产业结构调整的角度上看是进一步向知识密集型产业结构转变的时期，科学技术立国战略已经初见成效，产业结构变动的基本方向是建立以软件技术为中心的创造性知识密集化的产业结构，实现技术密集化和智力劳动密集化，提高各产业部门的附加价值。这一时期，日本把经济政策的重点放在纠正对内和对外的不平衡上：对内是将经济增长方式转变为内需主导型；对外是扩大进口，缩小贸易顺差。

随着各种政策措施的实施，日本二氧化硫排放量逐年下降，目前稳定在几十万吨以内的水平。产业结构的调整改善、能源效率（节能）的提高、能源结构的调整和烟气脱硫装置（FGD）的普及为二氧化硫减排做出了巨大贡献。

1955—1965 年，日本基本上完成了能源结构的转换：煤炭在一次能源结构中的比例由 1955 年的 50%下降到 1965 年的 27%，同时石油在一次能源结构中的比例从 1955 年的 19%提高到 1965 年的 58%。除了尽可能进口低硫油，1967 年，日本还开始在原油精炼过程中加入脱硫技术，使得重油中硫含量从 1966 年的 2.6%下降到 1973 年的 1.43%。同时，随着能源消费的急剧增长，燃料脱硫技术已经不足以满足减排需求，日本开始加大对 FGD 的投资。当时在日本国内存在不同的意见，有的人认为 FGD 的初始投资和运行成本太高，大力发展 FGD 会给日本经济带来负面影响。但是事实证明，巨额的污染控制投资不仅没有影响经济的发展，而且在污染物排放得到削减的同时还极大地促进了环保产业的发展，使得日本的污染控制技术一直处于世界领先地位，在国内市场和国际市场出售这些技术和设备为日本经济带来了很大活力。

日本对 FDG 的巨额投资始于 1970 年，当年投资约 6 500 万美元，之后逐年上升，到 1974 年达到峰值，约为 17.1 亿美元，相当于当年 GDP 的 2%；而在当年日本对污染控制的全部投资占 GDP 的 6.5%、占全社会固定资产投资的 18%。到 20 世纪 90 年代，由于设备的更新，日本又掀起了新的投资高潮。

（二）国外经济转型期的先进经验

总结以上三个典型发达国家的产业结构调整，可以看出，在外国产业结构调整的实践中有其成功经验，主要有以下三个方面：

1. 产业政策起到了很大的作用

合理的产业政策可以培育起一大批高素质的企业。通过对处于不利竞争地位的产业给予适当的保护，不仅传递了产业企业所需要的重要信息，而且完善了产业基础设施，保证了资金供应，从而极大地促进了产业的发展，进而使企业在本国乃至国际上有较强的竞争力。

2. **产业政策的体系性**

日本的产业政策基本上是一个以产业结构政策为核心的完整政策体系。它主要包括产业民主化政策、产业保护政策、产业扶植及振兴政策、中小企业政策、产业技术政策、竞争秩序政策、产业用地政策、海外市场开发资助政策、衰退产业合理化及调整政策、流通政策、高技术产业政策、防止公害政策、消费者保护政策等。日本产业政策发挥作用的过程就是一系列政策措施合理组合并发挥作用的过程，使日本国内的高新技术得到了发展，从而使其污染大幅降低。

3. **各产业的协调发展**

国外政府一般都十分重视产业的协调原则，主要包括要确保没有制约产业发展的重大“瓶颈”因素及产业“整体素质”的协调。日本的“倾斜生产方式”就是针对当时国民经济的薄弱环节而展开的。去除“瓶颈”因素，经济的健康发展才有坚实的基础。中小企业政策则是针对产业“整体素质”的协调，保证中小企业与大企业具备公平的起点。不过，产业结构调整也提供了一些教训：如产业政策的目标常常与为了增进社会福利的政策目标发生冲突；国内宽松的竞争环境使得企业产生惰性，当经济陷入萧条时，不是内部挖潜或主动调整，而是谋求政府行为。这就要求我国在产业结构调整过程中要考虑更多。

与此同时，国外政府还利用法律、经济学等手段全方位扶持以信息技术为代表的高新技术。世界产业结构调整步伐加快、竞争日趋激烈，焦点集中于人才争夺。多年来，美国能在发展信息技术方面独占鳌头，一个重要原因是美国能充分利用外国信息技术专业人才的智慧和技能为其所用。

（三）国外经济转型期先进经验给我们的启示

国外转型期的成功经验表明，减排与经济发展并不矛盾。日本正是在经济高速发展阶段取得了二氧化硫减排的成功，欧盟和美国在减排的同时都保持了经济的稳定发展。还可以看出，减排的手段主要包括产业机构的调整、能源效率的提高、能源结构的改善、可再生能源的发展及工业结构的改善，相关的政策措施包括总量控制、排污交易、排污收费等。

其中日本的成功经验主要在于技术，巨额的环保投资保证了环保产业和烟气脱硫技术的高速发展；美国的经验在于管理，通过排放权交易赋予排污者相当的灵活性，减排成本降低；德国通过一系列行之有效的法律法规约束了排污者的行为，普及高新技术，除了传统的大点源，还十分注重机动车的排放控制。这些对我国来说都是非常有益的经验。

一方面，与发达国家相比，我国有很多特殊性：我国处于工业化中期，工业增加值在 GDP 中的比重在很长一段时间内不会降低，因此不可能像日本那样通过产业结构的调整来大幅削减二氧化硫的排放；出于能源安全的考虑，煤炭在很长一段时间内还将在我国的能源结构中占主导地位，核电和可再生能源的大力发展也需要相当长时间，因此，在未来几年中，能源结构调整所带来的减排幅度也是较小的。另一方面，我国产业构成已经形成了以工业占主导地位的产业结构比例，现在治理污染必须要对工业的经济增长予以考虑，我国的能源效率平均水平低于发达国家。我国八个高能耗产业的平均能耗均高于世界先进水平 40%，而这八个产业的能源消耗总量占整个工业能耗的 70%以上。提高能源效率应成为当务之急，我们必须大力保证《中华人民共和国节约能源法》和一系列节能标准的实施，严格限制建设项目的低水平重复。在能源短缺的今天，建立资源节约型社会应成为全社会的共识。

三、产业结构调整步骤及减排目标

（一）产业结构调整步骤

根据国外先进经验，产业结构调整可分为以下步骤：

1. 第一产业结构的调整步骤

第一阶段，加强对第一产业资金投入的导向性。

首先，投入不足、资金分散是制约地区农业发展、影响农业结构调整的一个重要因素。因此，要切实加大对农业基础设施建设和农业综合开发的投入，加大对农业科技的投入，加大对优质农产品、出口产品和现代农业示范基地建设的投入。其次，要建立多元化投入机制，以保证投入资金的来源。

财政要为农业结构调整注入必要的引导资金用于基础建设和基地建设，并从各种基金中划拨专项基金用于农业结构调整重点项目建设。最后，还要广泛吸收各种社会资金，充分利用外资投入调整农业结构。

第二阶段，依靠科技进步，优化农产品结构。

提高农产品结构调整要以经济效益为中心，瞄准市场，使生产的产品不断适应国内外市场需求的变化。以经济效益为中心，不是追求有多高的单产，而是要追求最高的纯收益，即每一元投资的最高回报。我们要改变过去“重视产品生产数量”的指导思想，确立“适应市场需求、占领市场更多份额”的指导思想，这对产品结构调整非常关键。提高农产品在市场上的占有份额是一个重要的指标和观念。这方面主要包括：①降低单位产品的成本（生产成本和销售成本）；②提高产品质量和安全性；③增加产品的花色品种；④形成优质产品品牌。

同时，扩大生产经营规模能在一定程度上降低单位产品的固定成本和销售成本。扩大生产经营规模与农民家庭经营并不矛盾。产业化经营的形式能在直接扩大家庭经营规模有困难时起到联合扩大经营规模的效果。因而，产业化经营方式本身已为降低单位产品的成本创造了有利条件，再依靠科技进步，通过不断采用新技术、新设备、新工艺，增加产量，提高质量，不断开发出新产品，进而降低单位产品成本，提高产品在市场上的竞争力。

第三阶段，围绕市场，发挥区域比较优势，调优农业区域结构。

随着我国社会主义市场经济体制的建立和逐步完善及农产品买方市场的形成，市场对农业结构的调整和优化起到先导作用。要确立“市场决定产量，市场多样化、优质化需求决定品种结构和质量”的指导思想。需求决定供给，供给结构要适应市场需求结构，消费是市场的主导力量，这是农产品买方市场的本质特征。

调整和优化农业结构既要立足本地市场需求，又要考虑外地市场需求；既要立足国内市场需求，又要考虑国际市场需求；既要适应市场需求，又要考虑开拓市场，引导市场消费需求；既要研究分析市场的实际需求，又要预测未来市场需求的发展趋势。让农民进入市场，直接吸收和反馈农产品市场需求，是以市场为导向，调整农业结构的基础性工作。

调整农业结构，还要进行农业自然区域资源、经济、技术、市场、人才等比较优势分析，发挥区域经济现有比较优势和潜在比较优势。在积极做好市场调查、分析和预测及区域经济比较优势分析的基础上，选择当地主导产业，及时把握市场变动情况及其发展趋势，避免盲目性，还要依托当地资源优势，大力开拓市场，扩大生产规模，提高市场覆盖率。产区要立足本地资源的深度开发，因地制宜，统筹规划，避免小而全的趋同结构以及低水平的重复建设；销区要充分发挥市场优势，引进、扩大适销农产品的生产和流通，使区域优势和资源优势转化为产业优势，形成能真正带动一个地区农业经济发展的主导产业。

2. 第二产业结构的调整步骤

第一阶段，对现有企业进行全面摸底。

这一阶段需要了解地区的产业结构，要对地区各个企业的详细情况进行调查，并做出一定的判断，对列入淘汰类的生产工艺技术、装备及产品进行全面调查摸底。

第二阶段，积极推进能源结构调整。

这一阶段需要积极推进能源结构调整，增加清洁能源和可再生能源利用量，促进能源与经济、社会和环境的协调发展。①以晶体硅太阳能电池产业为核心，实施太阳能产业“超级双倍增”计划，全力打造千亿元级产业。②以核电、风电和秸秆等生物质能发电为重点，加快调整电源结构，推动电源结构由单一煤电向煤电、气电、核电、抽水蓄能和可再生能源发电并举的方向发展。③严把新（扩）建热电联产和综合利用发电项目审批关，对不符合建设要求的发电项目不予并网，不予发放电力业务许可证。④稳步发展替代能源，按照统筹规划、因地制宜、非粮为主、有序发展的原则，加强原料培育和产品开发，抓好车用乙醇汽油试点并制定专项发展规划。⑤研究政策措施，推进太阳能光伏并网发电与建筑一体化示范项目建设，稳步发展太阳能利用产业。⑥积极开展地热普查，促进地热开发利用。

第三阶段，结合地区特点制定方案，调整产业结构。

地区产业结构方面的各种问题多与第二产业发展不充分有关联。所以，产业结构调整应该围绕第二产业，通过突出发展第二产业，充分发挥第二产业创产值、解决就业和推动城市化的重要功能，增加地区经济总量、人均收入，强化经济结构高度化的工业基础。

这就要求把第二产业作为产业结构调整的突破口，其内部结构调整要处理好技术一资本密集型产业发展与劳动密集型产业发展的关系。西方发达国家的经验表明，“重工业化”“高加工度化”“技术密集化和社会服务化”是工业化过程的必经阶段，要跨越“重工业化”阶段，就必须通过建设“科技城”，推动产业结构调整，特别是工业结构调整，发展技术一资本密集型产业，实施以信息化带动工业化、工业化促进信息化的发展战略。但我们必须看到城市化任务重、农村待转移劳动力多的问题，因此，在大力发展技术一资本密集型产业的同时，发展用信息、知识武装的劳动密集型产业非常必要。

任何优势产业的发展都有周期性的发展过程，今天的支柱产业可能是明天的夕阳产业，今天的主导产业就是明天的支柱产业。如果今天没有主导产业，未来就没有支柱产业，GDP 增长就缺乏动力。

3. 第三产业结构的调整步骤

第一阶段，发展就业容量大的第三产业。

这一阶段要求大力发展就业容量大的第三产业，为经济结构调整和优化创造更多的就业岗位，推动劳动力结构的优化调整；继续做好商业、饮食业、运输、邮电和仓储业等传统行业的升级换代。

第三产业结构的调整可以从以下五个方面入手。一是要调高第三产业比重，加速发展现代服务业。发达国家第三产业主要以信息、科技、咨询、金融等现代服务业为主。而我国批发和零售业、餐饮业、交通运输仓储业等流通层次仍占第三产业的主导地位。所以我们必须大力发展现代服务业，重点是加快环境服务业、信息服务业、生态物流业、生态旅游业等行业的发展，使其成为第三产业的主体。同时，也应继续做好商业、饮食业、运输、邮电和仓储业等传统行业的升级换代。二是加快发展需求潜力大、预期效益好、污染和资源消耗低的新兴第三产业，如物业管理、旅游、社区服务、教育培训、文化体育等。此外，运用现代经营方式改造和提升餐饮、家政、零售商业等传统服务业，逐步形成以传统行业为基础，新兴行业为支撑，布局合理，城乡共同发展的第三产业格局。三是打破对电信、金融、保险、医疗、教育、铁路运输、航空运输、广播电视等行业的垄断，放宽准入领域，降低准入条件。四是扶持一批多元投资主体的服务业大公司和大集团，创出服务名牌企业，鼓励这些企业参与国内、国际市场竞争。五是加快服务业行业标准和行为规范的制定和完善，加强行业自律和外部监管。

第二阶段，积极开拓潜力大、预期效益好的新兴第三产业。

在重点开发第二产业，使之不再成为优化产业结构“瓶颈”的同时，也要积极开拓潜力大、预期效益好的新兴第三产业，重点发展金融保险、房地产、信息、技术服务业等新兴第三产业，逐步形成以传统行业为基础，新兴行业为支撑，布局合理，城乡共同发展的第三产业格局，具体如下。

一是促进金融业健康发展，不断提高金融服务功能和融资能力，加强地方金融机构规范化管理。二是开辟和扩大城乡保险业务，发展证券市场，充分发挥金融保险业在促进地方经济发展方面的作用。三是继续完善信息传输服务业的基础设施，迅速壮大以系统集成为重点的信息技术服务业。

第三阶段，因地制宜发展第三产业。

处于不同发展阶段的地区，产业结构与就业结构呈现不同的特征。因此，不同地区应根据比较优势理论和要素禀赋理论，选择不同的第三产业的重点发展方向。以江苏省为例，发达的苏南地区应沿着“产业链”向上加快新兴第三产业的派生和培育，把成熟的第三产业向苏中、苏北地区转移，进一步发挥对苏中、苏北地区的辐射带动作用。交通运输、信息通信、城乡基础设施建设等将发展为先导行业。苏南地区应重在加快推进现代化进程，充分利用国际、国内资源和市场，加强高新技术的开发应用，大力发展信息技术和信息服务业，加快发展新兴行业。苏中地区具有连接南北的区位优势，应积极接受上海和苏南地区的辐射，在金融、贸易、交通信息等方面拓展发展空间，促进第三产业结构优化，增强整体实力。苏北地区应重在继续完成工业化进程，进而完成第三产业结构优化和升级。

（二）产业结构减排目标

1. 第一产业减排目标

第一产业减排目标应调优农机装备结构。大力发展大型、高性能、节能环保的农业机械设备，加速淘汰能耗高和污染重的老旧机具，促进农机升级换代，逐步实现农机装备的高效化、智能化。建设节约型农业，提高种植业生产效率，通过节地、节水、节肥、节药、节种、节工、节能，降本增效，提高优势产业竞争能力，继续推进优质稻米、专用小麦、双低油菜、特粮特经四大优势主导产业建设，促进农业结构性减排。

2. 第二产业减排目标

第二产业减排目标应根据工业化进程一般规律，进一步加大结构调整力度，切实转变经济增长方式，提高产业层次，提高企业和产业集中度，提高产品附加值，提高资源和能源利用率，加快发展科技含量高、经济效益好、资源消耗低、环境污染少的新型工业化道路，从而减少污染物排放。

3. 第三产业减排目标

第三产业减排目标应合理规划第三产业和市政基础设施的布局和发展，出台相应的管理规定，加强第三产业污染的监督管理和执法力度，减少居民环保投诉案件中因第三产业污染引起的案件，还群众一个安静、舒适的环境。

四、政策与措施建议

（一）完善与环境保护相适应的产业结构调整立法

高质量的立法是环境执法强有力的依据和保障；反之，立法质量不高则会给环境执法增设障碍，影响环境执法的正常进行。所以，实施产业结构调整要提高环境执法的水平，要大力强化有关环境立法理论的研究，提高立法的质量，增强其预见性和生命力，保障其应有的地位和权威；要相应出台和修改部分环保单行法的实施细则，理顺各相关立法之间的关系；要及早认识现行环境立法中的缺陷与不足，审慎加以修改，特别是在今后的立法中进一步增加可操作性条款，使产业结构调整有法可依，环境执法的刚度更强。

（二）建立有效的排污总量控制及产业结构调整监管体系

建立一整套完善的环境监督监管体系，将控制排污总量作为重中之重，具体如下。

一是加强各级政府机构的强制性监管。实行自动监控网络化管理，安装二氧化硫、烟尘在线监测装置，对大气污染源进行监管。将所有城镇生活污水处理厂纳入重点污染源，并对其加强监管，要求污染负荷占85%的水污染企业全部安装自动监控装置；要求所有火电企业的FGD都要安装在线自动监控装置，并与生态环境部门联网，实行24小时实时监控。对无故停运脱硫设施的企业，按停运期间发电量加倍扣减脱硫电价并依法从重处罚。

二是企业自行监督。相关部门通过制订污染物削减计划，促使企业不断加强改进生产工艺，淘汰落后工艺，有效完善污染治理设施，不断提高废水回用率、推进清洁生产、逐年减少污染物排放；企业自身加强日常监管，提高维护保养治理设施的自觉性和主动性，坚决杜绝治理设施闲置、偷排现象的发生，确保污染物长期稳定达标排放，真正实现经济效益和环境保护协调发展。

三是公民监督。实行环境质量公告制度，定期公布各市有关环境保护指标，发布城市空气质量、城市噪声、饮用水水源水质、流域水质、近岸海域水质和生态状况评价等环境信息，及时发布污染事故信息，为公众参与创造条件。公布环境质量不达标的城市，并实行投资环境风险预警机制，发挥社会团体的作用，鼓励社会团体检举和揭发各种环境违法行为，推动环境公益诉讼。企业要公开环境信息，对涉及公众环境权益的发展规划和建设项目，通过听证会、论证会或社会公示等形式，听取公众意见，强化社会监督。

（三）建立比较完善的清洁生产环境保护标准体系

按《中华人民共和国清洁生产促进法》（2012年修正）的规定，不符合污染物排放标准要求的企业应进行清洁生产审核，清洁生产标准将作为企业清洁生产审核的评判标准。企业清洁生产的审核结果应按生态环境部门的要求向社会公告，以接受社会监督。

清洁生产标准在制定中体现了污染预防的思想及资源节约与环境保护的基本要求，强调要符合产品生命周期分析理论的要求，能够体现全过程污染预防的思想，并覆盖从原材料的选取到生产过程和产品处理处置的各个环节。清洁生产标准是我国目前已经颁布的行业准入条件的重要依据。

为实施《中华人民共和国清洁生产促进法》（2012 年修正），为把清洁生产纳入环境管理提供充分的技术保障，在建立清洁生产环境标准体系的同时，每一个行业清洁生产环境标准都配套制定了行业清洁生产审核技术指南，为企业开展清洁生产自我审核和清洁生产中介服务机构开展服务性清洁生产审核提供技术指导。相关部门要建立清洁生产服务体系，做好清洁生产服务人员的培训，组织和引导各省（区、市）、各行业建立清洁生产中心，为开展清洁生产做好技术和组织机构的准备；要在引导企业开展清洁生产的基础上，组织中介服务机构为企业提供清洁生产技术服务，帮助企业进行生产过程诊断，发现问题，挖掘开展清洁生产的潜力；要编制清洁生产实施方案，并引导方案的实施，进行清洁生产审核；要实施企业清洁生产绩效公告制度，对企业清洁生产的绩效进行评估，并向社会公告，接受社会的检查和监督；要逐步完善环境管理制度，把清洁生产的要求纳入环境管理制度中，使环境管理由末端控制逐步转变为生产的全过程控制，以促进资源的合理利用，减少污染，促进循环经济和社会经济的可持续发展。

（四）利用经济手段促进产业结构调整

1. 绿色产业政策

实施绿色产业政策需制定严格的环境标准，发展低污染产业，优化产业结构，从源头控制环境污染。一是根据国家产业政策要求，制定严于国家标准要求的产业结构调整目录，严格控制化工、造纸、冶金、印染等行业的污染项目建设。确定产业优先发展的产品、技术、行业目录，对经济效益好、市场前景看好的朝阳产业给予投资、税收、贷款等方面必要的优惠支持。同时，对国家限期淘汰或明令禁止的产品、工艺附加一定的惩罚措施。二是严格环境准入标准。逐年提高重点污染行业新建项目最低投资额，并将其纳入重点区域、流域、行业的产业发展政策。同时，对不符合产业政策和环境准入标准的企业，有关部门不得办理相关手续，相关部门不得提供土地支持和信贷支持。三是严格区域限批。把总量指标作为环评审批的前置性条件，对排污总量超过控制指标的地区、不能按计划完成污染减排任务的地区、违反建设项目环境管理规定的地区、违法违规审批造成严重后果的地区，环评暂停审批新增污染物排放的建设项目。新建项目不得超过所在地区的排污总量指标，在通过淘汰落后生产能力、削减污染物排放腾出总量指标后，方可准入。改、扩建项目要通过清洁生产、削减污染物排放总量后，方可立项，实现增产不增污。四是加快淘汰落后产能。定期公布重点落后产业目录，逐年提高淘汰落后产能的最低生产限额指标。

2. 绿色财政政策

实施绿色财政政策需利用财政手段，提高财政在环保投入中的比重，发挥政府在环保资金上的引导作用。一是科学划分并严格划定各级政府事权及环保职能，促进财力增加，使其有足够的财力和财权治理环境，积极参与重点地区及重点污染源的治理、参与江河湖海和国土开发整治、参与生态环境与资源保护工作、参与生态农业及水利工程建设。二是引导国家和地方的各级财力向环保领域倾斜。全面提高政府汲取财税资源的能力，增强投资积累比重和宏观调控能力，充实政府投资能力，保证政府投资的公共支出能力。明确新增财力部分用于环境保护的比重。三是适时调整财力分配结构和支出结构，将环保投入作为公共财政的支出重点，确保财政对环保支出的增幅高于经济增长速度，不断增加用于环境建设的资金占比。四是建立和完善合理的财力转移支付制度，在财力允许的前提下，把发达地区的有关资金和财力合理调配到经济欠发达地区，支持经济欠发达地区的经济发展，增强生态环境治理、资源保护与综合开发利用能力。五是设立多形式、多类型的环保专项基金，并规定其在财政支出中的比重。继续开辟和设立如污染源普查等专项资金，进一步加大财政支持力度。

3. 绿色税收政策

实施绿色税收政策需对开发、保护、使用环境资源的纳税单位和个人，按其对环境资源的开发利用、污染、破坏和保护的程度进行征收或减免，对一切有利于环境保护的活动给予减免税优惠的税收政策，促进“三废”的减量化、无害化和资源化。一是强化环境税、资源税的征收力度，不断拓宽环境税及资源税的征收范围，适当提高税负水平，完善资源税的计征办法。二是实行税收差别税率。①对环境有不同影响的产品，在现有产品税的基础上，可以附加不同的税率。②对清洁生产或产品实行负税率，降低税负，使其价格下降，从而对市场和产品产生足够的经济刺激，扶持引导环保产业的发展。③对有污染的产品实行正收税，通过提高附加税率，使其价格上涨，失去市场竞争力而被迫退出这一行业或产业，从而较好地实现通过税收政策达到产业结构调整和社会资源优化配置的作用。三是扩充资源综合利用税收优惠面。①由单一的“三废”综合利用扩展到环保机械设备新产品、新技术的研制，环保工程的设计安装及生态保护工程等多产业领域。②优惠税种也应从原来的产品税、所得税、固定资产投资方向调节税扩展到营业税、增值税、关税等。③适用的主体由集体所有制、大中型国有企业扩大到私营企业、股份制企业及城乡个体经营者等多种经济成分。④从税收、政策法规等软件方面的优惠逐步扩大到用电、企业搬迁、技术转让等硬件方面的优惠。四是明确环保减免措施。①对“三废”综合利用产品给予一定的税收优惠，可在一定期限内免交全部或部分税费。②对于结合自然保护管理开展多种经营获得的收益也应给予一定的税收减免税优惠。③明确减免税的具体期限和合理的减免幅度，利于投资者确定其投资的预期收益和报酬。④对农田水利、水土保持、滩涂开发、开垦荒地、防护林工程、自然保护区建设、森林保护、速生丰产林建设、野生动物保护和繁殖基地建设、造林和恢复森林工程、水资源保护等投资项目的固定资产投资方向调节税实行零税率。五是研究和完善环境税及资源税，逐步把有关资源部门现行的资源补偿收费纳入资源税的范围。六是要充分利用和发挥地方立法优势，完善地方资源税种，使环境、资源的征税工作在地方取得突破，出台地方资源税的征收办法和措施，从而为环境税、资源税的全面推广积累经验。

4. 绿色价格政策

实施绿色价格政策需逐步扭转环境资源价格长期低于价值的价格体系，

把各种环境资源直接投入市场，依靠价格规律和供需关系来调整资源价格，使市场价格准确地反映环境资源的真实价值，最终建立一个可持续的环境资源价格体系。一是建立环境资源价格的正常升调机制，及时调整环境资源价格标准，使其与物价、经济发展水平、供求关系、开发条件、稀缺程度等相适应。此外，要根据地区、质量、季节、行业等特点，实行环境资源差别价格政策，建立地区价格、行业价格、季节浮动价格、累进价格和超额价格等不同的价格类型，鼓励节约用水，提高资源使用效率。二是充分发挥政府的宏观调控能力，理顺环境资源价格、原材料价格与工业加工品之间及其内部的比价关系。同时，改进环境资源价格核算及管理体制，把生产过程中环境资源的投入计入生产成本和产品价格，使产品成本包括全部的环境代价，并纳入国民经济价格核算体系。三是逐步取消工业用水和城镇居民用水的价格补贴，调整水资源价格，以使其接近水的长期供给边际成本。此外，在放开农产品价格的同时，应逐步取消农药、化肥配给制和进口农药、化肥的价格补贴，鼓励农民使用高效、低残留和无毒的化肥、农药。四是建立能够反映污染治理成本的排污价格和收费机制，全面实施城镇污水处理和生活垃圾处理的收费政策。①逐步提高化学需氧量、二氧化硫等主要污染物排放收费标准，建立企业保护环境的激励机制和减少污染排放的约束机制。②加快排污收费政策改革，实行多因子叠加总量收费，逐步提高废气、废水的排污当量征收水平，激发企业治污的内生动力。③由单一的点源收费向区域收费转变，对核发排污许可证的地区实行总量收费；由重工业、城镇范围内收费向第三产业、非公有经济成分转变；由短期、直接环境影响收费向长期、潜在环境影响收费转变；由重生产过程收费向产前、产后收费转移。五是按照“排污者付费，治理者赚钱”的原则，利用价格杠杆，盘活环境存量，激励企业治污，进一步开放、搞活和优化环境资源市场。此外，确立环境资源资产化制度，使环境资源由事业福利转化为经营运作机制，通过市场形成环境资源在经营主体间开发、出让、交易的微观基础，确保环境资源资产在经营活动中得以保护、恢复、再生、保值、增值和积累，实现环境资源的永续利用。

5. 绿色投资政策

从全局和长远来看，环境保护对价格、就业、经济增长的影响是极小的，而对公众健康和经济福利的利益是巨大的，环境保护对经济发展的长期效应是良好的。一是深化投资体制改革，原则界定各级政府在环保投资中的职责，用法律形式明确政府环保投资在国民生产总值（GNP）中的分配比例，使其真正承担起区域性环境综合整治责任，形成环保的社会性、开发性和保护性投资。二是明确企业环保投资的责任。企业直接产生污染，是污染防治的主体，根据“谁污染、谁治理”的原则，切实履行法律规定的治理责任，承担污染治理的投资，并逐步偿还部分历史欠账。通过一定的利益激励和约束规范鼓励企业增加环保投资。三是明确公众的环保投资责任。公众集污染者和消费者于一体，要责无旁贷承担一定的环保责任，支付环境恢复成本，购买环境容量，体现“污染者负担”的经济原则。公众的治理责任可以通过在水费中加价、工资中扣除等形式来实现，也可以借鉴水利防洪、抗旱、农业等方面成功经验，明确每个公民的义务，支付或以工代赈，来支援生态建设。四是对现有的资金渠道加以清理。取消名存实亡的渠道，对渠道不畅的要“对症下药”，并从法律上予以明确和规范化，附加一定的法律责任。五是合理调整环保资金的投向，向发展的“瓶颈”优先投入。环保资金的投向应同工业污染防治的“三个转变”结合起来，由侧重于污染的末端处理投资逐步向工业生产的全过程投资转变；由分散的点源治理投资向集中区域控制和分散治理相结合的方向投资；由重浓度控制的投资向总量控制的投资方向转变，实现投资能力和治理能力的有效组合，提高规模效益，防止投资效益的报酬递减。六是利用国际绿色浪潮，积极“内引外联”，充分利用世界银行贷款及其他外资，从国际市场获得资金输入或者发行环保债券，为环保注入新的活力。

6. 绿色金融政策

实施绿色金融政策需要把支持国民经济的发展和环境资源的保护同改善生态环境结合起来，要把支持生态资源的保护和污染的防治作为银行贷款的考虑的因素之一，充分发挥信贷的经济杠杆作用，实行宽严有度的环保信贷政策，使信贷手段成为环保参与经济发展综合决策的主要手段。一是充分运用金融手段。除了主要依靠贷款数量、规模和范围等直接手段外，还应强化利率、再贷款、保证金、贴现等间接调控，提高金融的宏观调控能力。此外，要根据企业和项目的污染程度做出不同的信贷选择，对污染严重、规模小、难以治理的工业项目和夕阳产业，要在贷款上予以限制，禁止发放新增贷款，并相应扣回已贷款项；对经济效益好、市场前景看好的清洁生产和朝阳产业，要积极筹措资金，给予必要的优惠支持。在间接融资渠道上，要推行绿色贷款，为环境友好型企业或机构提供贷款扶持并实施优惠利率，对污染企业的新建项目投资和流动资金进行贷款额度限制并实施惩罚性高利率。二是要建立政府、政策性银行对商业性银行环保贷款的补贴制度，以此来诱导和刺激商业性银行采取有利于环保的信贷活动。改变传统的筹资方式，适当拓宽直接融资的渠道。三是尽快建立国家环保基金、专业银行或国家环保投资信托公司，以增强国家对污染物防治和自然生态保护方面的宏观调控能力。四是国家对环保投资项目的贷款条件和折旧等实行优惠政策。五是积极地推进环保投资的股份制试点和示范工程建设。

7. 绿色保险政策

实施绿色保险政策需尽快建立环境保险制度，解决由于过失污染事故而引起的经济赔偿和治理污染的经济责任问题。一是结合实际情况，对环境污染责任保险的特征、法律基础、责任范围、赔偿限额与免赔额等开展调查与研究，形成总体的改革思路和具体工作内容。二是遵循“先易后难、由点到面”的原则，在条件相对成熟、经济基础好而环境问题较为突出的地区或化工行业先进行省域范围内的试点，探索环境责任保险的新方式，提供示范典型。三是加强部门协调配合，形成工作机制。生态环境部门要在环境风险评价的基础上，根据环境污染事故风险发生的特点和污染事故处理的实际情况，重点选择好试点行业和区域，积极创新机制、体制；保监部门要建立环境风险评估体系，并根据企业环境风险的大小，确定保险对象、保险额度和保险费率等；各有关保险公司要进一步加大对市场的调查与分析力度，开发出适销对路的环境污染责任保险产品，建立起以市场需求为导向的责任保险产品体系。通过各部门和全社会的共同努力，最终形成“政府推动、市场运作、企业参与”的污染责任保险发展机制。

8. 绿色能源政策

实施绿色能源政策需坚持可持续发展的原则，坚持“开发与节约并举，节约放在首位”的能源方针，节能降耗，提高能源使用效率。一是调整能源结构。降低煤炭在总能耗中的比重，努力发展核电；增加境外来电数量，积极引进石油、天然气及液化天然气资源，并充分利用太阳能、风能、生物质能等高效、清洁的新能源和可再生能源。二是鼓励和支持节能产品和设备的研制开发、生产、推广和应用。科研开发费用应当有一定比例用于节能产品的研制，对节能产品的生产、推广和应用，应在资金、贷款和减免税收等方面给予优惠政策。此外，对落后的耗能过高的用能产品和设备实行淘汰制，对未按期进行淘汰的企业，要没收其违法生产的产品及销售所得，并给予经济处罚直至吊销其营业执照。三是合理制定“绿色电力”价格。为促进可再生能源的开发利用，提高销售电价，鼓励垃圾发电、风力发电、秸秆发电等可再生能源的发展。此外，执行脱硫电价的发电企业，必须确保脱硫设施正常运行，否则不得享受脱硫加价政策。

五、产业结构调整与污染减排的清洁生产技术政策

我们认为推动地区污染物减排的根本途径除了相关发展规划，推进产业结构特别是工业结构调整，制定与完善相关的技术、政策，完善相关法律、法规外，还应针对地区面临的污染减排压力以及存在的主要关键性技术障碍，进一步加大对污染减排科技创新与技术开发的支持力度。

（一）推行清洁生产所面临的主要困难

一是缺乏相关配套政策措施。虽然《中华人民共和国清洁生产促进法》已颁布施行，但由于很多条款属于倡导性规定，缺乏相应的约束措施，致使实际贯彻落实难度较大。推行清洁生产需要制定一系列的配套政策，但目前许多配套政策措施仍未出台。特别是由于缺乏清洁生产方面的激励政策，企

业缺乏开展清洁生产的积极性。

二是清洁生产专业人才比较缺乏。基层清洁生产行政管理机构仍不健全，管理人员普遍不足，人员的专业素质也有待进一步提高。多数企业缺乏清洁生产内部管理机构，专业技术人员有限，特别是了解清洁生产审核程序、掌握清洁生产技术的专业人员更是缺乏，难以开展清洁生产审核和实施清洁生产方案。

三是资金短缺问题突出。清洁生产潜力大的企业，多数是技术工艺落后、资源利用效率不高、污染产生严重的企业，这些企业多数也是生产经营比较困难的单位。目前，由于融资渠道有限，加之融资比较困难，靠企业自身的实力实施清洁生产，困难很大，从而在一定程度上形成了一种恶性循环。

四是技术信息不畅。清洁生产技术信息不畅，企业不能及时得到相关信息，阻碍了清洁生产的推广。

（二）推行清洁生产应采取的措施

一是依法推行强制性清洁生产审核。①在组织开展好自愿性清洁生产实施工作的基础上，对污染物超过标准或总量控制指标且污染严重的企业，使用有毒、有害原料生产或生产中排放有毒、有害物质的企业，按照《中华人民共和国清洁生产促进法》和《清洁生产审核办法》的有关规定，实行强制性的清洁生产审核。②结合节能降耗工作，对单位产品能源消耗严重且超过规定标准的企业，实行强制性的清洁生产审核，并依法监督企业实施经主管部门正式审批的清洁生产方案。

二是加强宣传培训和技术交流。①进一步加强对清洁生产法律法规政策的宣传，提高各级政府、社会各界特别是广大企业对清洁生产的认识。②组织开展清洁生产专业技术知识方面的培训，不断提高清洁生产人员的专业素质，为实施清洁生产打好人才基础。③组织开展清洁生产技术学习交流，广泛学习和应用国内外先进的清洁生产先进技术和管理经验，推动实际工作不断走上新台阶。

三是进一步做好协调服务。①加强清洁生产审核咨询服务机构建设，为企业开展清洁生产审核提供外部服务。②建立清洁生产专家库，为企业开展清洁生产审核、进行清洁生产方案论证、决策及实施清洁生产项目等提供可靠的技术指导。③建立清洁生产信息平台，及时发布清洁生产有关政策和技术信息。

（三）加快产业结构调整，推行清洁生产技术的保障措施

一是加快结构调整，提升产业水平。①充分发挥市场机制配置资源的基础性作用，进一步推进冶金、化工、轻工、纺织、建材、电力等重点资源消耗和污染产生行业的结构调整工作，依法淘汰落后的生产技术、工艺、设备和生产能力，治理结构性污染。②推动工业布局调整，优化资源配置，加大对各类开发区（工业园）清洁生产的推进力度，实现基础设施共享和污染物集中处理，构建循环型产业链。③大力发展污染少、消耗低、效益高的高新技术产业。④推行节约用水，推广节水新工艺、新技术，发展节水型产业。⑤鼓励有条件的企业在新建、改建、扩建项目时制定节水措施方案，配套建设节水设施。⑥加强电力、石化、冶金、造纸、印染等高耗水行业的节水工作，提高水的重复利用率。⑦积极发展环境友好型产品，节约自然资源，促进资源合理利用。⑧培育新的经济增长点，加快发展环保装备制造和环境服务业，促进环保基础设施、企业治污设施建设和运营的社会化、专业化和市场化。

二是积极调整农业产业和布局。①发展生态农业，促进休闲农业、绿色林牧业发展，尤其注重发展无公害农产品、绿色食品、森林食品和有机食品，从源头上消除餐桌污染。②大力发展绿色农产品加工业，提高产品的附加值，建立绿色农业生产经营和管理体系。③加强农业投入品的监督管理，严禁未经登记的农药和肥料进入农业推广领域。④科学合理使用农业投入品，大力推广生物农药、生物有机肥料、非化学除草剂和可降解地膜等高效、低毒、低残留农业投入品。⑤保障土壤、农产品和环境的安全。⑥改进、提高种植和养殖技术，加强畜禽养殖污染物的综合治理，坚持“减量化、无害化、资源化、生态化”原则，促进畜禽污染物的资源化利用。⑦提高农业用水效率，减少农业面源污染。

三是进一步推进技术创新。①加大以清洁生产为主要内容的技术改造力度，鼓励企业节能降耗，节约水资源，提高资源利用效率，努力降低污染物的产生和排放。②组织和支持建立清洁生产信息服务体系，指导和支持清洁生产技术的示范和推广应用。③积极引进并消化吸收国外先进技术，推动清洁生产技术和装备国产化进程。④加快技术创新步伐，提高清洁生产技术开发水平和创新能力。⑤引导和鼓励企业投资开发清洁生产技术和产品，推动"产学研"相结合，引导科研院所开发适合国情和省情的清洁生产技术，提高清洁生产的技术水平。⑥科技、经贸、环保和农业等部门要安排专项资金用于清洁生产重大技术攻关项目与示范。

第三节　发展低碳经济是实现绿色发展的重要措施

一、低碳经济概念的由来和发展

低碳经济是低碳发展、低碳产业、低碳技术、低碳生活等一类经济形态的总称。它以低能耗、低排放、低污染为基本特征，以应对碳基能源对于气候变化的影响为基本要求，以实现经济社会的可持续发展为基本目的。低碳经济的实质是提升能源的高效利用、推行区域的清洁发展、促进产品的低碳开发和维持全球的生态平衡。这是从高碳能源时代向低碳能源时代演化的一种经济发展模式。

低碳经济是在温室效应及由此产生的全球气候变化问题日趋严重的背景下提出的。人们日益认识到，要解决全球气候变化问题，必须全人类共同携手，改变高碳经济模式。由此，低碳经济模式被提上日程，并得到了国际社会的广泛认可。"低碳经济"概念最早出现在 2003 年英国能源白皮书《我们能源的未来：创建低碳经济》中。2008 年的世界环境日主题定为"转变传统观念，推行低碳经济"，更是希望国际社会能够重视并采取措施将低碳经济的共识纳入决策。

低碳经济是一种新的发展模式，是 21 世纪一场涉及经济、社会和环境的革命，将比以往的工业革命意义更为重大，影响更为深远。低碳经济将创造一个新的游戏规则，碳排放是其新的价值衡量标准；低碳经济将催生新一轮的科技革命，以低碳经济、生物经济等为主导的新能源、新技术将改变未来的世界经济版图；低碳经济将创造一个新的金融市场，基于能源量和低碳企业的新金融市场正蓬勃欲出；低碳经济将创造新的龙头产业，蕴藏着巨大的商业机遇，这是一个转型的契机，可以帮助企业实现向低碳高增长模式的转变；低碳经济将催生新的经济增长点，成为国际金融危机后新一轮增长的主要带动力量。

二、我国发展低碳经济的实践方向

我国发展低碳经济的目标是以相对较低的碳排放，实现可持续发展和现代化建设，主要着力点在于大幅降低单位 GDP 的二氧化碳排放量。从长期来看，通过坚持不懈的努力，到 2050 年基本实现社会经济发展与二氧化碳排放的完全脱钩。

（一）调整产业结构，转变增长方式

经济结构：按照低碳经济低能耗、低排放、低污染的要求，调整投资、出口和消费这“三驾马车”的重点和方向，进一步优化经济结构，依靠“三驾马车”的强劲牵引，破解日益突出的资源能源环境难题，促进经济社会稳定持续的发展。①加强低碳产业的投资。在产业战略发展上，选择低碳经济相关产业作为未来发展方向，并在财政、信贷等方面进行大力扶持，使低碳经济真正成为我国经济发展新的增长点。②扩大低碳产品的出口。调整我国目前技术含量、环保标准和附加值都比较低的出口产业结构，鼓励能效较高的产品出口，以应对各类环境贸易壁垒。这是提高我国产品的国际竞争力，有效地扩大国内出口的需要。③鼓励低碳消费方式。消费是需求，是动力，低碳消费也是起到引擎和拉动作用的重要环节。应在道路、广场、公园等公共场所率先实施低碳消费，以各种可能的形式鼓励私人低碳消费。政府要率先低碳化运作，实行“网络化”办公，使用节能减排型设备和办公用品，推

行政府节能采购。家庭要合理消费，养成低碳化、低能耗的家庭消费模式和习惯。

交通结构：随着汽车工业的发展，交通用能迅速增加，已在总能量需求中占30%的比例。汽车交通用能大量消耗液体燃料，加剧了石油资源的快速消耗。每燃烧1升汽油释放出2.2千克二氧化碳，在全球范围内交通部门是二氧化碳的最大排放源。然而，汽车交通的能量利用效率并不高，汽车交通运输过程中汽油的能量利用效率仅为0.3%～0.5%。

因此，应优先考虑在短期内放慢温室气体排放量的增长速度，同时开发替代的新技术和交通方式。①大力发展公共交通系统，提高公共交通的分担率，控制私人汽车的增长。②加快发展城市轨道交通和城际高速铁路，形成立体化的城市交通体系。③通过不断提高强制性的汽车燃油效率标准，促进汽车改善燃油效率，同时大力发展混合燃料汽车、电动汽车等低碳排放的交通工具。④除技术变革之外，行为的改变也可以带来可观的效果，如乘坐公共汽车、地铁等公共交通工具，或者步行、骑自行车。

（二）积极开发低碳技术，加强科技储备

国际金融危机促使人们反思此前的经济增长模式，并研判今后的经济复苏走势。从增长周期的角度来看，世界经济史上存在着由重大科技创新主导的周期性经济波动，依靠重大技术创新的形成，催生集群式产业发展，方能走出经济衰退的困局。目前，新能源、生命科学、生物技术不断取得重大突破，相关的新产品、新产业快速发展，可再生能源、绿色能源正处在替代化石能源的前期，循环经济、低碳经济方兴未艾，在未来一段时期内，这些领域的技术将成为推动全球发展的新动力。

科学技术是解决环境问题和能源问题的根本出路。从政策的角度来看，①要把好新建项目和产品关口，严格执行并逐步提高能效标准。②淘汰落后产能，鼓励低能效产品以旧换新。③整合市场现有的低碳技术，加以迅速推广和应用。④理顺企业风险投融资体制，鼓励企业开发低碳等先进技术。

同时，我们应加强与发达国家在碳捕获与封存技术、生物固碳技术等控制温室气体排放关键技术上的交流合作，促进发达国家对中国的技术转让，加强消化吸收和创新，共同构筑全球能源资源和生态环境的技术合作平台，形成互利共赢、技术共享、资源集成的局面。

（三）优化能源结构，大力发展低碳能源

我国 90%的温室气体排放来自化石燃料的燃烧排放，因此优化能源结构、大力发展低碳能源、提高能源转化效率可以有效降低温室气体排放，是实现减排的主要途径。我们应逐步降低煤炭消费比例，加速发展天然气，保障石油安全供应，积极发展水电、核电和可再生能源的利用，改变能源结构单一的局面，同时建立起智能电网等与可再生能源发展相适应的基础设施系统。具体途径如下：

一是集约、清洁、高效地利用煤炭资源。我国煤炭资源丰富，这在一定程度上致使我们对煤炭过度依赖。为此，我们要控制煤炭利用的过快增长，①大力发展先进燃煤发电技术，提高煤炭转化效率；②大力推进热电冷联供等多联产技术，提高煤炭资源的综合利用效率；③集中利用煤炭，提高电气化水平。

二是优化石油天然气供应。大力发展生物燃料与新能源汽车，加快发展公共交通，控制石油消费的过快增长。通过扩大国内天然气资源的开发利用和进口周边国家的天然气及液化天然气（LNG），增加天然气对煤炭和石油的替代，提高天然气在能源消费中的比重。

三是大力发展低碳能源。低碳能源是低碳经济的基本保证。与化石能源相比，可再生能源是低碳能源，我们应重点开发。可再生能源包括生物质能、水能、风能、地热能、潮汐能等。可再生能源开发需要对开发过程的全生命周期能耗进行分析。例如，开发太阳能光伏电池，要计算硅材料生产中所排放的二氧化碳量和光伏电池使用寿命期间的发电总量，从而得出正确的评价标准。再如，核能在扣除核材料生产和废物处理过程中所消耗能量后可视为无碳排放能源，欧洲（如法国等）的核电比例较高，对推进低碳经济起了很大作用。我国也在逐步加强核电站的建设。

四是构建智能电网。随着低碳能源在能源供应中的比重越来越高，其对电网的基础设施和调度能力提出更高的要求，具体包括：①建设坚固的电网骨架，扩大资源配置的范围，将风电、核电等新能源基地的电力输送出来。②提高配电网对供需信息变化的反应能力，特别是与电动汽车、蓄能装置利用等需求管理结合起来，提高可再生能源的消纳能力，就地利用可再生能源。

（四）改善土地利用，挖掘碳汇潜力

近年来，我国陆地生态系统碳储量平均每年增加 1.9 亿～2.6 亿吨碳。增加碳汇以提高对温室气体的吸收也是减排的重要途径。森林、耕地以及草原是增加碳汇的三个领域，同时每个领域有三种方式增加碳汇：增加碳库贮量、保护现有的碳贮存和碳替代。

一是增加森林碳汇。森林碳汇是最有效的固碳方式，每年增加的碳汇在 1.5 亿吨碳左右。为进一步增加碳汇，应①通过造林和再造林、恢复退化生态系统、建立农林复合系统、加强森林管理以提高林地的生产力、延长轮伐的时间来增强森林碳汇；②通过减少毁林、改进采伐作业措施、提高木材利用效率，以及通过更有效的森林灾害（林火、病虫害）控制来保护森林碳贮存；③通过沼气替代薪柴、耐用木质林产品替代能源密集型材料、采伐剩余物的回收利用、进行木材产品的深加工及循环使用来实现碳替代。

二是增加耕地碳汇。耕地土壤碳库是整个陆地生态碳库的重要组成部分，也是最活跃的部分之一。我国农田土壤的有机碳含量普遍较低，南方为 0.8%～1.2%，华北为 0.5%～0.8%，东北为 1.0%～1.5%，西北绝大多数在 0.5%以下，而欧洲农业土壤的有机碳含量大多在 1.5%以上，美国则达到 2.5%～4%。因此增加耕地土壤碳库的碳贮量有很大的潜力。

三是保持和增加草原碳汇。保持和增加草原碳汇的关键在于防止草原的退化和开垦，具体包括降低放牧密度、围封草场、人工种草和退化草地恢复等，通过围栏养殖、轮牧、引入优良的牧草等畜牧业管理也可以改善草原碳汇。

第四节　产业绿色化是绿色发展的主要组成部分

一、发达国家（地区）产业绿色化的发展模式

金融危机后，全球经济增长乏力，人们日益关注环境保护问题，发展绿色生态经济、实现产业绿色化发展不仅成为全球经济的增长趋势，而且成为助推世界经济转型升级的新引擎。目前，各主要经济体大力实施的“绿色新政”，是以能源技术革命为核心的新一轮工业革命，具有显著的战略意义：一是以发展绿色经济作为新的增长引擎，力图借此刺激经济复苏；二是谋求确立一种长期稳定增长与资源消耗、环境保护绿色关系的新经济发展模式；三是力争占领全球新一轮绿色工业革命的制高点和全球经济的主导权。

（一）欧盟

受国际金融危机和欧洲主权债务危机的双重影响，欧洲各国经济陷入衰退困境，欧洲经济增长面临着多方面的挑战：一是能源短缺和能源效率低下的问题；二是传统产业面临结构调整和升级转换，产业创新能力面临资金短缺和投入不足的问题；三是在应对全球气候变化方面，欧洲有意成为全球领袖和低碳经济的规则制定者。以可持续发展理念为核心，欧盟绿色发展的实践表明，绿色经济增长路径优先体现在以下三个方面：

一是能源结构由传统能源向可再生能源（清洁能源）转变，实现能源政策转型。经过几十年的发展，欧盟可再生能源发展路径的基本特征是①通过不断优化能源结构、改变过度依赖化石能源的现状，力争实现能源安全供应；②将可再生能源战略上升到国家战略高度。1997 年，欧洲共同体发布《未来的能源：可再生能源白皮书》后，1999 年，欧盟再次发布《可再生能源战略白皮书》，逐步建立可再生能源法规体系。2001 年 9 月，欧盟颁布“促进可再生能源发电的指令”，2007 年 1 月欧盟提出可再生能源发展路径，设定到 2020 年欧盟能源消费结构中可再生能源占 20%的目标。为达到这一

目标，2009 年 4 月，欧盟通过了新的《可再生能源指令》，为每个成员国制定了可再生能源目标。迄今为止，2009 年批准的《可再生能源指令》提出了具有法律约束力的目标，欧盟可再生能源政策从政府颁布白皮书、可再生能源发展路径和国家行动计划发展到从法规角度对各国可再生能源指标和目标体系进行法律约束，表明欧盟发展可再生能源战略已经上升到了法律高度。

二是在应对全球气候变化上形成话语权和主导地位，制定碳排放规则和创建低碳税制体系，依靠市场力量实现低碳排放。为履行《京都议定书》中的减排规则，2005 年欧盟启动了碳排放交易体系，成为全球气候变化政策的领导者，不断提升其在气候外交中的话语权。欧盟在 2007 年、2014 年先后提出了"欧盟 2020 年气候与能源'一揽子'计划"和"欧盟 2030 年气候与能源政策框架"，力争实现减排的机制化进程。"欧盟 2030 年气候与能源政策框架"中提出到 2021 年，欧盟碳排放交易体系进入第四阶段后，欧盟将创建一个碳配额市场稳定储备体系，实现自动有效调整碳配额的供需关系变化，尽量减少市场冲击带来的不利影响。

三是制定一系列绿色创新、低碳创新、低碳经济发展战略，推动各国经济政策的"低碳化"，探索绿色经济的增长模式。首先，2010 年，欧盟提出了《欧洲 2020 战略：实现智能、可持续性和包容性增长》。该战略中提出的三大核心目标、五大具体目标和七大旗舰创议引导着欧洲未来的低碳化、智能化甚至去碳化发展趋势。到 2020 年欧盟将达到"20-20-20"目标：在 1990 年基础上减排 20%，能耗减少 20%，可再生能源在能源消耗中所占份额达到 20%。其次，2011 年，欧盟委员会出台了《欧盟 2050 低碳经济战略》，该战略提出了欧盟完成 2020 年减排承诺后的新任务：要求欧盟成员国在 2050 年将温室气体排放减少 80%～95%（以 1990 年为基准年）。最后，欧盟实施了绿色生态创新行动计划，通过多种形式的绿色创新，旨在推动可持续性发展，减少经济发展对环境破坏的不利影响，提高环境的承压能力，更有效率、更负责任地利用自然资源。

（二）德国

第二次世界大战以后，德国进入了工业化飞速发展的阶段，"德国制造”作为非常有效和相当成功的工业体系象征得到了国际承认，但工业大发展的同时带来了严重的资源浪费和环境污染，由于煤矿资源的大面积开采和钢铁、化工等重工业的发展，土地资源遭到严重破坏，生态环境不断恶化，并在20世纪70年代达到顶峰。为此，德国开始制订各项行动计划，推动工业转型，向集约型、生态型发展。德国从工业大发展导致生态环境严重破坏，到工业向生态化方向发展遏制生态环境恶化，其成功可以归结为对工业城镇密集区改造、发展循环经济，具体如下。

一是对莱茵—鲁尔工业城镇密集区的改造建设。一方面大力调整工业布局，对老的工矿城市在职能上进行改造，把不具比较优势、环境污染大的产业外迁或停产、转产、限产，以发展高新技术产业和技术含量高的制造业为主。此外，把一些工矿城镇进行重新规划，转换其主要职能，同时对一些生产性建筑进行改造，将其变为居住、办公或公益用途。另一方面进行生态环境恢复改造，复垦大量露天开采的煤矿，填埋矿坑，平整土地，人工种植树木、花草，建设公园绿地。如今，昔日的矿区已经变为莱茵—鲁尔地区土地最为肥沃的农业地区，并成为城镇、工业区之间的隔离缓冲地带。1956年，该地区绿地面积仅有460多公顷，绿地率仅为8%左右；2000年前后，该地区绿地面积增加到2 860公顷，绿地率达到24%。

二是加强循环经济体系建设。德国在改造建设工业密集区的同时逐步推进循环经济，对工业生产过程中产生的废弃物的处理由末端处理转变为减量化及无害化处理，并向资源化处理层层深入。1996年，德国提出的《循环经济与废弃物管理法》中明确规定，生产中首先避免产生废物，其次对无法避免而产生的废物要设法进行充分回收利用，对实在无法循环利用的废物进行无害化清除后填埋。2001年，德国议会通过的城市废物环保健康处理法令要求工商业者从“摇篮到坟墓”式管理其产（商）品，他们的责任不仅是制造产品，还必须包括旧产品的重新利用及废物的无害清除，这就迫使企业致力于技术经济可行的新产品研制和旧产品改进，使产品功能多、寿命长、易维修，并能循环再用、可安全处置，最终使更多的物质资源保持在生产圈内，形成关闭型物质循环。随着循环经济的发展，德国已经视垃圾为“放错了地方的资源”，为此还制定了促进各行业垃圾再利用的法规，使饮料包装、废铁、矿渣、废汽车、废旧电子商品等都“变废为宝”。不可回收的混合垃圾，由国家组织公司负责对其进行处理，80%的混合垃圾用于焚烧、供热，其余废渣作建筑材料和铺路。德国从 2003 年 10 月开始实施对饮料瓶收取押金的规定，2006 年，废旧汽车的再利用率达到 85%左右。此外，废电子产品、废纸、废油、废玻璃甚至淤泥等的再利用率都在不断提高。

（三）美国

多年来，美国把绿色发展战略的重点放在提升绿色能源领域的核心竞争力、培育新的经济增长点和提供就业机会上，促进整个社会经济向以绿色能源为代表的低碳经济转型，开启了重塑美国经济竞争力的新方向、新路径。美国政府绿色经济政策可分为节能增效、开发新能源、应对气候变化等多个方面。其中，新能源的开发是其绿色新政的核心，具体如下。

一是以新能源产业发展为契机带动经济增长和就业。在全球能源趋紧和节能减排的双重压力之下，美国政府把开发绿色能源列入经济刺激计划的重要内容，提出将美国传统的制造中心转变为绿色技术发展和应用中心，在 2015 年前将新能源汽车的使用量提高到 100 万辆，并在 10 年内，创造 500 万个新能源、节能和清洁生产就业岗位。近年来，美国开发利用绿色能源，鼓励能源相关技术的研究应用，新能源产业的快速发展，带动了一大批相关行业的快速进步。

二是注重法律法规等政策的激励与扶持作用。纵观美国新能源产业几十年的艰难发展史，新能源产业的培育、成长与壮大离不开政策的激励与扶持。美国重视并发挥立法和法案的作用，这是美国新能源产业发展政策制定和实施中最鲜明的特点。2009 年，美国出台投资总额达到 7 870 亿美元的《美国复苏与再投资法案》，其中用于清洁能源的直接投资及鼓励其发展的减税政策涉及金额 1 000 亿美元。该法案将发展新能源列为重要内容，包括发展高效电池、智能电网、碳储存和碳捕获、可再生能源。由于该法案在内容制定上非常详细，从而其政策工具在实施上具有很强的操作性和应用性。例如，单就补贴一项，就分为直接补贴、税收补贴、研发补贴、特殊优惠和贷款担保等多种形式。这表明美国在制定能源政策时，充分考虑了产业发展的特点和市场调控的作用。

（四）发达国家产业绿色化发展对我国的启示

一是向产业绿色化领域的投资社会经济效益明显。在美国、德国、法国等发达国家的经济刺激计划中，绿色投资都保持在10%～20%的水平，韩国高达80%。绿色投资主要集中在能源效率（包括建筑、低碳汽车和公共交通）和可再生能源领域。世界资源研究所对《美国复苏与再投资法案》的评价结果显示，政府向绿色领域每投入10亿美元，可以创造3万个就业岗位，取得4.5亿美元的节能效果；在创造就业方面，可再生能源行业已为全球约230万人提供了工作岗位，尽管该行业能源只占到全球主要能源的2%。

二是绿色科技创新是产业绿色化发展的原动力。发达国家为推进绿色科技创新投入了大量的资金：日本依靠政策引导开发出了一系列低碳绿色技术，包括混合动力车技术、关键的零部件与材料技术、太阳能发电技术、普及节能家电技术等。近年来，日本研发的低碳绿色技术使能源利用效率大幅提高，新能源开发利用展现出扭亏为盈的倍增趋势。德国政府同样认为技术上能否突破是可再生能源能否高效运用的关键。德国政府实施高科技战略规划，投入40亿欧元用于支持和奖励企业进行可再生能源创新。德国的可再生能源发展报告显示，其在能源利用技术研发经费投入方面实现了高速的持续增长。

三是完善的绿色制度体系是产业绿色化发展的保障。国际经验表明，建立一套让整个国家朝着绿色低碳化目标发展的机制是绿色经济取得成效的重要保障。这主要包括建立完善的促进绿色经济发展的法律标准体系、管理与服务机构以及工作制度，推行绿色税收制度，通过发展小额信贷推广可再生能源技术，构建生产者联盟和健全的监测体系，实行个人消费碳排放可视化制度等。法律法规的完善对日本10年循环型社会建设和环保产业发展贡献显著，严格的标准体系（如燃料经济性标准）在控制美国和欧盟机动车污染等问题上卓有成效。通过设立绿色税制或是在商品上标明制造和运输过程中的污染排放量大大增强了日本消费者的环保意识。生产者联盟在德国等欧盟国家的实践证明其能够提高有机生产者的商业意识和有机生产技能方面的相关知识，降低有机产品的认证成本。

四是经济激励政策组合有力推动产业绿色化发展。发达国家无一例外地把经济激励作为推进绿色经济的基本手段之一。政府推动绿色经济的资金主要有两类：财政拨款、公益基金。政策激励的方式主要有财政补贴、税收减免、信贷优惠三类。在可再生能源领域，发达国家利用财税政策推动高效能汽车的生产和销售，美国、日本等国的燃油税和其他车辆税费政策（将这些收入专门用于道路建设和汽车运输的环境治理和鼓励高能效汽车的生产和使用），日本居民屋顶并网光伏发电系统的投资补贴政策，美国光伏投资税减免政策，德国固定电价政策等都切实提高了能源的利用效率并促进了新能源的推广应用。财政激励对于能效产品和技术应用有较大的帮助，但是财政激励政策如果没有设计好，会导致高的资金投入且不会对市场产生较大影响。为了避免这种情形发生，发达国家将财政激励用于那些初始成本高但随着需求增加成本降低明显的新技术，这种产业初创期的政策扶持与普适性政策相比，不仅体现出对加强基础设施建设的支持，而且有明确的时效性和享受优惠的产量限制指标，从而通过有限的政策扶持弥补了市场机制的短期失灵。

二、产业绿色化推动绿色发展的重要意义

（1）从国际环境来看，产业绿色化已成为世界各国推进产业转型升级、抢占战略制高点的重要路径。

随着全球环境问题加剧、资源能源危机凸显和气候变化日益严峻，国际社会日益关注环境保护和气候变化影响。为了保护环境、减缓气候变化带来的负面影响，美国发布了环保局战略计划，欧盟提出可持续发展战略，日本将环境立国作为国家发展方针，德国提出工业 4.0 战略。金融危机后，全球经济增长乏力，世界各主要经济体纷纷实施绿色新政、发展绿色经济，加大节能环保投入，推动创新发展，发展绿色生态经济已成为助推世界经济转型升级的新引擎。全球新一轮科技革命和产业变革蓄势待发，绿色化已成为经济发展的主导方向。

（2）从我国发展战略来看，产业绿色化成为实现绿色化发展和推进生态文明建设的重要内容。

党的十八大将生态文明纳入中国特色社会主义事业“五位一体”总体布局，提出在我国经济发展进入新常态、经济发展新旧动能转换之际，践行“创新、协调、绿色、开放、共享”和“绿水青山就是金山银山”的理念是“十三五”社会经济发展的根本要求。国家发展改革委等主管部门提出了力推工业绿色发展的五大举措，其中之一就是“加快产业结构优化调整”。此外，要坚持按照“淘汰落后生产能力、改造现有生产能力、新建绿色生产能力”的原则，加快产业结构调整和转型升级。

（3）从我国国情来看，产业绿色化是适应我国经济发展新常态、实现新旧动能转换的重要动力。

我国经济发展进入新常态，经济增长动力、资源要素条件等都发生较大变化，长期积累的结构性矛盾凸显，经济下行压力较大，面对错综复杂的形势，粗放型的发展方式将难以为继。在此背景下，必须通过产业绿色化发展，推动经济结构转型，创造经济发展新动能。发展新动能，必须坚持“增量崛起”与“存量变革”并举，既要培育发展前景广阔的新兴产业，也要化解淘汰过剩落后产能、运用新技术改造提升传统产业，促进社会生产力整体跃升。因此，产业绿色化既是新常态下的客观需求，也是应对新常态的主动选择。

（4）从我国资源环境现状来看，产业绿色化是避免先污染后治理、实现可持续发展的重要路径。

我国在经历了三十多年的快速工业化和城镇化历程之后，资源环境约束明显，环境质量恶化，生态系统严重退化，已进入污染事故多发期和矛盾凸显期。我国已经不具备西方工业化初期的发展环境，所面临的资源约束和环境挑战更加严峻，如果不加快产业结构调整，不改变“高消耗、高排放、低循环、低效率”的增长模式，就将导致资源环境承载力严重降低、经济发展难以为继。因此，必须通过产业绿色化发展，探索具有我国特色的绿色发展路径，实现社会效益、经济效益、环境效益的共赢。

三、产业绿色化推动绿色发展的实现路径

实现产业绿色化，需要重点突破产业结构调整、生产环节。在产业结构调整上，要大力发展科技含量高的新兴产业，淘汰产能落后的传统产业；要大力发展节能环保产业，严控高污染、高能耗、高排放的产业；要加快绿色能源发展，加大绿色能源的使用。在生产环节上，要积极发展清洁生产，把生态因素融入产品的工业设计、原料选择、生产过程、产品消费、废物处置等全过程，减少对环境造成的危害。同时，推进产业绿色化发展，破除制约绿色化发展的体制、机制障碍，在制度建构上实现优化设计。

（一）绿色化产业结构体系是实现产业绿色化的前提

一是加快构建绿色化的能源结构。①加强能源集约、节约利用。通过加强用能管理，采取技术可行、经济合理、环境和社会可以承受的措施，从能源的生产到消费的各个环节，降低消耗、减少损失和污染物排放、制止浪费，有效合理地利用能源。②加强新能源替代利用。通过利用风能、太阳能、核能、生物质能、地热能、海洋能等清洁能源和可再生能源，不断提高非化石能源在能源消费结构中的比重。③推动能源的清洁利用。推动化石能源的安全绿色开发和清洁低碳利用，全面推行清洁生产，从源头减少废物的产生，实现由末端治理向污染预防和生产全过程控制转变，控制和减少污染物排放，提高资源利用效率。

二是加快传统产业绿色化升级。①降低消耗。通过采取“关停并转”“限大压小”、节能环保改造等措施，降低高能耗、高污染行业和企业的能耗和污染。②升级改造。通过推广和使用新技术、新工艺、新流程、新装备、新材料，对传统产业的生产设施、装备、工艺进行改造，提高先进产能的比重。③循环利用。大力推动开展资源循环利用，加快工业园区生态化改造和建设，构建跨产业生态链，推进行业间废物循环利用。

三是加快绿色新兴产业培育。绿色新兴产业是相对传统产业而言的，要避免走传统产业依靠增加物质、资源消耗推动发展的老路，走出依靠科技进步、劳动者素质提高、管理创新推动发展的新路，通过加强政策引导，充分

发挥市场在资源配置中的决定性作用，不断增强绿色新兴产业的支撑力，培育和形成新的经济增长点。

四是大力发展节能环保产业。传统产业和新兴产业的绿色化，离不开节能环保产业的支持和服务。节能环保产业是专门从事节能减排和环境治理的产业，具有涉及行业广、细分专业多、依附性强的特点，是政策引导型、技术主导型、投资带动型的产业。①坚持政策引导，加强规划、价格、财政、金融、土地、税收等政策引导，将大量存在的节能环保需求转换为实际的节能环保市场。②坚持技术主导，支持鼓励各类产学研企业和单位加强技术研发和科技创新，不断提高节能减排、环境治理的效果和经济性。③加强产融结合，创新商业模式，多渠道引入资金，打破投资大、回报低、周期长的“瓶颈”，加快形成新的支柱产业。

（二）清洁生产是促进生产方式绿色化的根本路径

一是工业绿色化的发展路径。在工业领域全面推行“源头减量、过程控制、纵向延伸、横向耦合、末端再生”的绿色生产方式。在资源开采环节，实施绿色开采，提高矿产资源开采回采率、选矿回收率和综合利用率，推动共伴生矿、低品位矿和尾矿的综合利用。在生产环节，开展生态设计，推行清洁生产，强化重点行业节能减排和节水技术改造，提高工业集约用地水平，推广应用节材技术。在重点行业推广循环经济模式，积极打造循环经济产业链。在末端环节，在尽量减少废物排放的基础上，对排放的废物进行环保处置，使其达标排放。在一些重点行业实行生产者责任延伸制度，对产品包装物和消费后废弃的产品进行回收和再生利用。

二是农业绿色化的发展路径。①大力推动农业生产资源利用节约化、生产过程清洁化、废物处理资源化和无害化、产业链接循环化，促进农业生产方式转变，提高农业综合效益。②发展节约集约型农业，推广使用节能型农业机械，普及管道输水、滴灌、水肥一体化等高效节水灌溉技术，发展农作物间套作种植模式，大力推进中低产田地改造、土地整治和高标准基本农田建设。③推行农业清洁生产，加强农业废弃物综合利用，推动秸秆、废旧农膜、畜禽粪污、林业“三剩物”等废弃物的高值化利用，因地制宜发展农村沼气工程。④鼓励延伸农业产业链，大力推广农业循环经济典型模式，形成农林牧渔多业共生、三大产业联动发展、农工社产业复合发展的循环经济产业体系。

三是服务业绿色化发展路径。①提升服务业发展水平，大力发展金融服务、电子商务、文化、健康、养老等低消耗、低污染的服务业，推进零售批发、物流、餐饮住宿、旅游等行业服务主体生态化、服务过程清洁化、消费模式绿色化。②开展零售业等流通领域节能减排行动。③优化运输结构，发展多式联运，推进甩挂运输和船型标准化。④推进餐饮住宿业绿色发展，实施绿色设计、绿色采购、节能降耗、固体废物资源化利用，引领绿色消费。

（三）完善的制度体系建设是推动产业绿色化的根本保障

一是构建推动产业绿色化的规划制度。①加快实施主体功能区战略，健全空间规划体系，科学合理布局并整治生产空间、生活空间、生态空间。②加快落实市（县）主体功能定位，在市、县两级推动经济社会发展、城乡土地利用、生态环境保护等规划“多规合一”，统筹考虑本区域内的产业布局、能源结构、资源结构和环境保护等安排，形成一个市（县）一本规划、一张蓝图。

二是构建推动产业绿色化的标准体系。①围绕产业链全过程，涵盖原材料选择、产品及工艺设计、生产加工、销售运输、废弃物回收等全生命周期环节，从能源消耗、资源消耗及对环境产生影响等维度，制定节能、节水、节地、节材、清洁生产、循环利用、污染物排放、环境监测等强制性标准，通过不断提升节能环保门槛来“倒逼”各级政府、企业转型升级。②基于“事后奖励”“依据效果奖励”的原则，加大科技、财政、税收等政策支持，鼓励企业制定并执行高于国家和地方水平的企业标准。

三是构建推动产业绿色化的统计制度。①加快修订国民经济行业分类目录，细化节能环保等新兴产业分类。②围绕产业链全过程，从能源消耗、资源消耗、对环境产生影响等维度，构建产业发展统计指标体系。③健全及时、准确、完整地获取和发布统计信息的制度，完善政府信息公开、环境信息公开制度，及时、主动回应社会关切。

四是构建推动产业绿色化的监管制度。①强化各级政府部门间的协调机制，落实主责部门主体责任，按照“谁主管、谁牵头、谁负责”的原则，加强行政监管。②建立环境司法专门化制度，推动省、市两级公检法设立环境专门机构，推进环境能动司法和联动执法。③大力推进环境民事公益诉讼制度，细化公益诉讼人主体资格、证据评估鉴定、举证责任分配、诉讼成本、诉讼利益归属。④整合环境审判资源，集中行使环境司法权，推行涉及环境的民事案件、刑事案件、行政案件、执行案件“四合一”的审执模式。⑤将行政处罚、司法处罚等信息与市场准入、财政补贴、信贷支持、土地使用、税收优惠等挂钩，营造“守法者得实惠、违法者付代价”的社会氛围。

五是构建推动产业绿色化的考核评价制度。①完善地方考核评价制度，针对不同的功能区域定位，分类建立区域发展成果评价指标体系，提高化石能源消耗、新能源利用、资源节约、清洁生产、环境损害、生态效益等指标权重，合理降低 GDP 权重。②根据不同区域能源、资源秉性和发展阶段，优化考核评价标准。③完善干部考核评价任用制度，建立实行领导干部自然资源资产、环境责任的任期审计和离任审计，对造成严重污染环境、严重破坏生态的，实行终身追责。④完善国有企业考核评价制度，将绿色发展、低碳发展、循环发展要求纳入国有企业业绩考核评价体系，推动国有企业转变生产方式。

第五节　清洁生产是产业绿色化的关键手段

一、清洁生产的绿色理念

清洁生产既可以作为一种战略体现于宏观层次的总体污染预防，又可以从微观上体现于企业采取的预防污染措施。在宏观上，清洁生产的提出和实施使环境进入决策如工业行业的发展规划、工业布局、产业结构调整、技术发行以及管理模式的完善等都要体现污染预防的思想，如我国许多行业、部门提出严格限制和禁止能源消耗高、资源浪费大且污染严重的产业、产品发展，对污染重、质量低、消耗高的产品实行关、停、并、转等，体现了清洁生产战略对宏观调控的重要影响，也体现着工业管理部门对清洁生产日益深刻的认识。在微观上，清洁生产通过具体的手段措施达到工业全过程污染预防，如清洁工艺、环境管理体系、产品环境标志、产品生态设计、全生命周期分析等，用清洁的生产工艺技术生产出清洁的产品。针对某个企业而言，推行清洁生产主要应用清洁生产审计，即由企业对正在进行或计划进行的工业生产进行预防污染分析和评估。在检查有关单元操作及原材料、耗水、耗能废物的来源、数量以及类型的基础上，通过全过程定量评估，运用投入—产出的经济学原理，找出不合理的排污点位，确定削减排污方案，从而获得可观的经济效益和环境效益，提高企业管理水平。

一方面，绿色经济中“绿色”一词是一个相对的概念，通常情况下被人们认可的绿色经济也不是“零污染”的，例如，现在的太阳能产业，它能够收集太阳能并将其转化为人们可以控制和利用的热能或电能，但是生产太阳能板、太阳能电池的过程中不可避免地会产生污染物，由于其相对传统的产业污染较轻，或者因为它们能够应对或解决当前的能源和环境问题，所以人们认为它们是“绿色”的。

另一方面，清洁生产是相对绿色化的过程。现在认为具有国际先进水平的清洁生产是在现有科学技术条件下所能达到污染最小、能耗和物耗最低的生产过程，虽然没有完全消除污染，但是已经是相对绿色了。因为经过绿色化改造后的传统产业，其污染物产生水平、能源资源消耗水平较改造前有了较大程度的改善，尽管残余的污染影响不能完全消除，但随着清洁生产工作的广泛开展，整个传统产业都朝着绿色化方向发展，残余的污染对大环境产生的影响将会越来越小，最终由“整体恶化，局部改善”的局面向“整体改善，少量污染”的局面转变，从而实现环境的可持续发展。因此，我们认为清洁生产是一个相对绿色化的过程。

二、清洁生产的绿色程序

清洁生产具有实现原材料和废弃物再利用的闭路循环特征，体现了经济效益与自然环境的和谐、统一。生产模式创新的绿色化将生产模式的创新与“绿色”的概念相结合，是绿色产品设计、绿色材料采购、绿色包装、绿色回收处理和绿色工艺设备的总称。清洁生产不是一个单纯的技术概念，它反映了以生态价值为核心的价值观，强调绿色设计、绿色材料以及绿色工艺与技术的研发与创新。生产模式创新的绿色化把生产模式的创新活动自觉融入自然生态循环系统，使企业的经济效益与生态效益协调一致，通过获得绿色竞争优势，实现企业自身的可持续发展。

生产模式创新的绿色化需要在创新的各个层面和阶段中遵循生态学规律，以可持续的方式使用资源，将环境保护知识和绿色技术融入生产经营活动，引导创新向降低资源和能源消耗、尽量减少对环境的污染和对生态的破坏的方向发展，创造和实现新的生态经济效益与环境价值。因此，生产模式创新的绿色化能够降低企业生产对环境造成的负效应、减少资源消耗与环境污染、循环利用废弃物、符合生态规律和经济规律、促使经济与生态环境协调发展。由此可见，企业生产模式创新的绿色化是人类由工业文明走向生态文明的标志，也是实现可持续发展的必要条件。

具体来说，清洁生产主要包括绿色产品设计、绿色材料采购、绿色包装、绿色工艺、绿色设备、绿色回收处理等技术的创新。

（一）绿色产品设计

完善的绿色产品设计是企业的绿色生产由被迫转向自觉实现的基础条件。绿色产品除了功能和外观要迎合市场需求外，还必须具备全生命周期的绿色性，也就是要求在产品设计阶段考虑到今后产品在生产、使用过程中的资源、能源消耗及产品报废后的回收处理方法等。绿色产品设计创新要求企业在设计产品时以环境资源为核心，在生产过程中采用清洁技术、无污染技术，降低资源消耗，减少环境污染。即在产品及其生命周期的整个过程中，优先考虑产品在制造、销售、使用及报废后的回收、再利用及处理对资源和环境的影响，使设计结果在整个生命周期内资源利用率最高、能量消耗和环境污染最小，并将其作为设计的目标。在此前提下，再考虑产品的功能、质量、成本等因素，其最终目标就是要达到生态经济效益最佳。

在产品成本中，设计成本可达到总成本的60%～80%，降低设计成本对企业效益具有很重要的意义。企业需要调整产品结构，使产品合理化、系列化，具体产品结构简单化。为此，企业必须建立绿色产品设计数据库、知识库，将设计工具与环境信息、成本信息集成处理，为绿色设计、绿色材料选择和回收处理方案设计提供数据和知识支撑。

总体上，绿色产品设计创新要求以产品销地市场和产地市场的最新环境标志制度和最新国际标志制度为依据，争取新产品能获得绿色标志；产品的包装设计尽可能短、小、轻、薄，节省材料；产品所采用的材料应无毒、无害并可分解处理；产品生产过程的废弃物和使用后的产品和包装要实现可回收、再利用。

（二）绿色材料采购

选择具有生态环保意识的原材料是制造与生态环境相协调的绿色产品的一个必要的条件。绿色材料，是指在原料采取、产品制造、使用或再循环以及废料处理等环节中对地球负荷最小和有利于人类健康的材料。原材料供应是指整条绿色供应链的源头，必须严格控制源头的污染，从可持续发展的高度审视产品的整个生命周期。从绿色材料的循环生命周期可以看出，整个循环过程需要大量的能量，同时产生较多污染，这就要求生产者在原材料的开采、生产、产品制造、使用、回收再用以及废料处理等环节中，充分利用能源和节约资源，减少环境污染。

在这一过程中，供应商的选择尤为重要，企业应尽可能要求供应商所供应的材料在质量、价格、运输、交货期等各方面最大限度地满足企业的需要，而且具有高度的社会责任感。企业选择供应商需要考虑的主要因素包括ISO 14000环境管理系列标准（以下简称ISO 14000）、清洁生产、废物最小化、资源可回收利用等。因此供货方应对生产过程的环境问题、有毒废物污染、是否通过ISO 14000、产品包装中的材料、危险气体排放等进行管理。

企业选择绿色材料应满足以下要求：

（1）材料在形成过程中未受污染，在产品的生产、运输、存储、使用及废弃处理过程中，材料对环境无毒或污染较小，因材料而引起的资源、能源消耗较少；

（2）材料易回收、可重复利用、可降解；

（3）减少对稀有材料的使用，并尽量减少材料的使用总量；

（4）使尽量多的零件采用相同的材料，降低多样化材料的采购成本。

企业应建立严格的绿色材料采购指南。绿色材料的采购重点是排除有害物质、节省资源，在进行材料采购之前，供应商必须先通过绿色供应商与绿色原材料间的调查与评估程序。企业选用绿色材料，不但可以减少材料的使用和废物的产生，而且可以帮助供应商一起解决环境问题，达到供应商、采购商和生态环境三方的共赢。

（三）绿色包装

绿色包装也叫生态包装，是指对生态环境和人类健康无害、能重复使用和再生、符合可持续发展战略的包装。从技术角度讲，绿色包装，是指以天然植物和有关矿物质为原料研制成的对生态环境、人体健康无害，有利于回收利用、易于降解的一种可持续发展的环保型包装，即从原材料的选择、产品的制造，到产品的使用和废弃的整个生命周期，均应符合生态环境保护的要求。

绿色包装是在绿色浪潮的冲击下对包装行业实施的一项变革，它不仅要求对现有包装做到不乱丢、乱弃，而且要求回收处理不符合环保要求的现有包装，更要求采用符合环保条件的新包装和新技术。

绿色包装一般应具有五个方面的内涵：一是减量化，自然资源是包装工业得以进行的物质基础，从人类可持续发展的高度来看，包装在满足保护、方便、销售等功能的条件下，应尽量减少对原材料的使用，以造福后人；二是易于重复利用和回收再生，通过生产再生制品、焚烧利用热能、堆肥化改善土壤等措施，达到包装材料再利用的目的；三是废弃包装可降解，最终不形成永久垃圾，进而达到改良土壤的目的；四是包装材料对人体和生物无毒、无害，包装材料中不应含有毒性的物质、病菌等或其含有量应控制在有关标准之内；五是包装与环境保护和生态平衡密切相关，包装制品从原材料采集、加工、制造、使用、废弃回收再生，直到其最终处理的全过程均不应对其他生物及环境造成危害。

（四）绿色工艺

ISO 14000提出当产品和工艺设计无法避免环境问题的出现时，应在产品生产过程中加以控制，可优化工艺结构，强化整个管理过程，从而减少资源的消耗以及污染物的排放。

绿色工艺是以传统的工艺技术为基础，并结合材料科学、表面技术、控制技术等新技术，使制造过程物料和能源消耗最小化、废弃物最小化、环境污染最小化的加工工艺。绿色工艺主要包括绿色生产加工工艺、生产过程中的绿色污染处理工艺、绿色回收处理工艺等。绿色工艺创新，是指能在生产过程中减少污染物、降低工业活动对环境污染的清洁生产技术。绿色工艺要求简化各种工艺，缩短工艺流程，节能降耗，以降低工艺成本。企业应坚决淘汰能耗高、物耗高，对环境污染严重的各种工艺。

企业由于环境法规和环境标准的提高而增加的成本，必须通过改进工艺来弥补和抵消，否则企业优势将难以为继，会在竞争中被淘汰。在利润最大化目标的推动下，企业必然采取先进的工艺来降低能耗，降低排放成本，只有通过绿色工艺创新才能使产品达到环境法规和环境标准的要求。

（五）绿色设备

设备是企业进行生产的主要物质技术基础，企业的生产率、产品质量、生产成本都与设备的技术水平直接相关。绿色生产企业应使用节能降耗、生产率高、密封性好、噪声小、振动小的绿色设备。绿色设备，是指在实际运行过程中的能源消耗及污染较少，零部件具有较好的通用性，维修或保养时间合理，费用适宜，维修人员劳动强度不大的生产设备。企业制造过程中生产设备的绿色化是改善生产过程绿色性的有效途径之一。改造生产流程中的关键性设备，降低废料产出率是生产设备绿色化的关键所在。所以，企业应加大投入，组织技术人员大力开发具有结构、功能集成性的设备，使工艺流程缩短，减少设备使用台数，提高厂房和人力资源的利用率。例如，高速数码喷印设备，改变了人力、物力、财力消耗大、环境污染严重的传统印染设备，免去一次次的冲洗工艺，印刷过程速度快、无污染、无浪费。

（六）绿色回收处理

产品生命周期结束后，若不对废弃物进行回收处理，将造成资源浪费并导致环境污染。传统营销理念中，企业的回收仅限于回收自己的包装物，而在绿色营销管理理念的指导下，企业要从消费者利益出发，并承担相应的社会责任，主要包括以下三方面的内容：一是企业要及时回收发现有技术缺陷的产品，二是企业要对消费者不满意的产品和旧产品负责回收处理，三是企业要回收自己产品的包装物。企业的绿色回收处理也要加强逆向物流。所谓逆向物流，是指在企业物流过程中，由于某些物资失去了明显的使用价值（如加工过程中的边角料、被消费后的产品包装材料），将当作废弃物被抛弃。但这些物资中还存在潜在的使用价值可以再利用的物品，企业应为这部分物资设计一个回流系统，使具有再利用价值的物品回归到正规的企业物流中。因此，企业应设立回收网点对这些物品进行回收处理，并在产品说明书上给消费者提示。回收网点应根据成本分析和环境评价对报废产品进行分类、拆卸和处理处置，处理过程应能耗、物耗小，具有环境安全性。

企业清洁生产的绿色程序如图 2-1 所示。

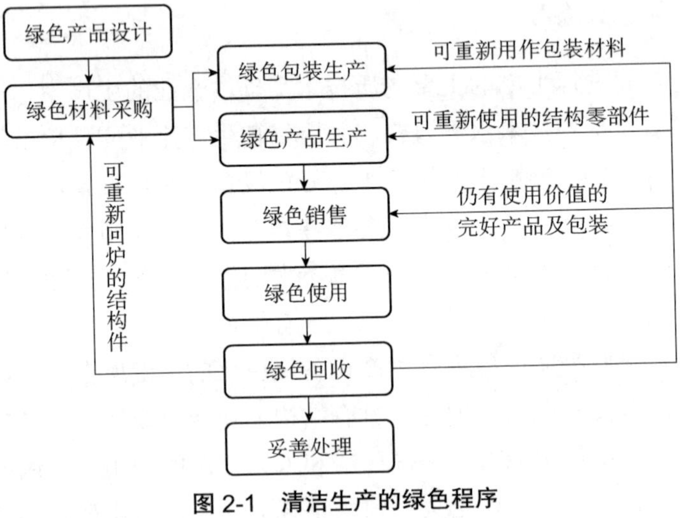

图 2-1　清洁生产的绿色程序

三、绿色发展

绿色发展作为人与自然协调的发展模式，是最符合自然规律与特征的发展方式，体现了借力于自然、有利于自然、协调于自然的本质性特征，因此，绿色发展是绿色资本、清洁生产、绿色国土和绿色生活的有机结合和统一，其中，绿色发展的基础是绿色资本，绿色发展的手段是清洁生产，绿色发展的载体是绿色国土，绿色发展的结果是绿色生活。简言之，绿色发展就是以绿色资本为基础，以清洁生产为手段，以绿色国土空间营造为过程，以绿色生活为目标的发展战略。

因此，在绿色发展体系中，绿色资本反映的是一定区域内以各类自然资源及生态环境资本为基础的财富赋存状况；清洁生产、绿色国土和绿色生活则分别从经济发展的绿色化效率、国土环境基础和居民生活绿色化消费三个侧面体现了相应的内涵。基于此，形成了绿色发展指标体系，如图 2-2 所示。

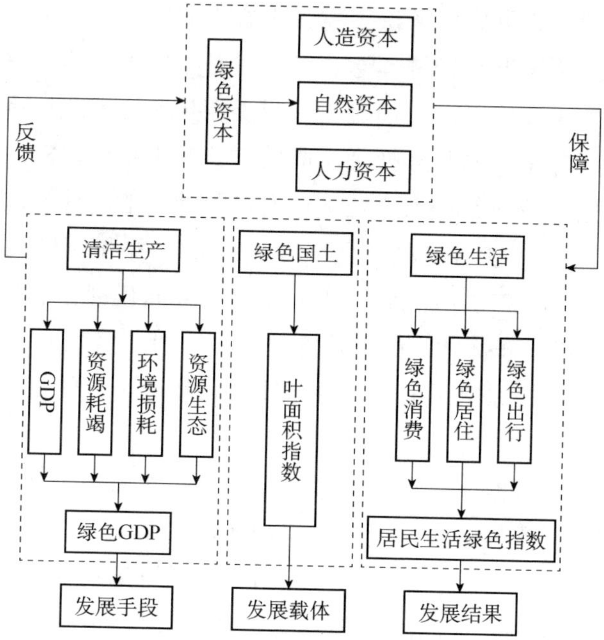

图 2-2　绿色发展指标体系

实现绿色发展的基本目标，就是①通过清洁能源的合理利用优先解决国内的资源环境问题；②依靠技术进步，使清洁生产过程不断优化，提高产业的资源效率和绿色竞争力，实现绿色振兴，解决增长、脱贫和就业等发展问题；③通过生产绿色化，转变经济发展方式，找到环境效益与经济效益相统一的结合点，以应对长期的气候变化和可持续发展挑战，实现智能、清洁、高效、低碳和协同增长，最终实现居民绿色生活。

四、绿色发展的代表性模式——生态工业园

随着清洁生产的深入开展，人们逐渐认识到推行清洁生产不能停留在解决生产过程中的“跑、冒、滴、漏”的问题上，这就要求清洁生产从早期企业层次的活动上升到区域范围内的宏观经济规划和管理的层次，即着手生态工业园的建设，以达到工业群落的优化配置，节约土地，互通物料，提高效率，最大限度地谋求经济效益、社会效益和环境效益的统一。工业生态学被认为是清洁生产最为彻底的解决方案。生态工业园是工业生态学最为普遍的实践形式，它是依据循环经济理念、工业生态学原理和清洁生产要求而设计建立的一种新型工业园区。它通过物流或能流传递等方式把不同工厂或企业连接起来，形成共享资源和互换副产品的产业共生组合。它通过对园区内的基础设施和园区企业（新加入企业和原有经过改造的企业）的绿色设计、清洁生产、污染预防、能源有效使用及企业内部互补和合作，形成生态工业链，即生态工业。在产业共生组合中，生态工业园模拟自然生态系统，建立“生产者—消费者—分解者”的物质循环方式，使一家工厂的废弃物或副产品成为另一家工厂的原料或能源，寻求物质闭环循环、能量多级利用和废物产生最小化。

生态工业园是根据循环经济理念及工业生态学原理建立的一种新型工业组织形式，其目标是尽量减少废物，将园区内一家工厂（企业）产生的副产品用作另一家工厂（企业）的投入或原材料，通过废物交换、循环利用、清洁生产等手段，最终实现园区污染物的“零排放”。生态工业园内的各种产业，不受产业生态方式和行政边界的限制，在原料供应、产品分配和信息技术等方面，享有同等权利，以获得共同发展的机会。因此，以初级产品生

产、加工工业和服务业等多产业、多组分密切联系、合理耦合、系统良性循环为主的生态工业园建设受到了世界各国的高度重视。这种模式不仅是传统生产方式向绿色产业发展转变过程中的必然选择，也体现了现代社会对发展生产的现实要求，也将会成为中国绿色发展的代表性模式之一。

（一）生态工业园概念

在 1992 年年底，Indigo 发展研究所首次提出了生态工业园的概念。此后，人们便看到生态工业园迅速发展，特别是在美国，生态工业园的发展得到了政府的大力支持。

生态工业园这一名词有几个定义。1996 年 10 月在美国可持续发展委员会所主持的讨论会上重点研究相关定义。确定的定义有几个，其中两个如下：①一大片可划分和同时建造多家公司的土地，这些公司相互毗邻，共同使用基础设施。工业园区包括工业企业区域、出口加工区、工业集聚体、商务园区、办公室园区、科学和研究园区以及生物技术园区等；②一种有计划地进行物料和能源交换的工业系统，该系统寻求将能源和原材料的消耗量减至最低限度，尽量减少废物，并试图建立一种可持续发展的经济与环境和谐的社会。

可以认为，生态工业园是根据循环经济理论和工业生态学原理建立的一种与生态环境和谐共存的新型工业园区。在园区内减少废物排放，废物相互利用的企业链将一家企业生产的副产品用作另一家企业的原料，形成能源的不断循环，实现价值的增值，并减少最终废料的排放量，尽量少破坏环境。

（二）生态工业园的类型

综观国内外各种生态工业园，它们并没有一个统一的模式，而是因地制宜、各具特色。我们可以从原始基础、产业结构、区域位置等不同的角度对生态工业园进行分类：①从原始基础来看，可以划分为现有改造型与全新规划型；②从产业结构来看，可以划分为联合企业型与综合园区型；③从区域位置来看，可以划分为实体型与虚拟型。

（三）生态工业园建设的主要内容

生态工业园建设主要包括以下两方面内容：

1. 生态工业园的构建

生态工业园的构建包括：①产品体系与产业链的设计。由于绿色工业建设的周期比较长，因此在技术和产品的选择上要具有前瞻性。产业链设计的目的是实现物质工业生态系统内部物质的循环和能量的高效利用。选择合适的产品和设计合理的产业链是绿色工业建设的前提。②工业生态系统的集成与优化。实现系统各过程之间物质、能量和信息的充分利用和交换对系统的物质集成、能量集成和信息集成及建立一个绿色工业系统较为关键。

2. 绿色工业运行管理机制和支持保障体系建设

从本质上说，绿色工业的工业共生网络不是自发组织起来的，而是建立在有意识的协调努力的基础之上。各企业间由于利益分配不均、技术经济障碍、企业文化的差异及产业链网自身的刚性等，可能造成工业生态系统难以持续稳定运行。因此，将生态学的基本理论贯穿于管理工作的全部过程，建立和健全绿色工业的管理机构和管理体制显得十分重要。政府在绿色工业的建设与管理过程中具有不可替代的作用，应充分发挥政府的协调与管理功能，以利于工业共生网络的安全与稳定。

（四）生态工业园与传统园区的区别

生态工业园是最具环境保护意义和生态绿色概念的工业园区，与传统园区的最大区别是：①生态工业园通过政策引导和技术扶持等手段，提高园区产业的关联度，形成产业间的横向耦合、纵向闭合的共生关系。由于生态工业园内企业之间形成物质、能量、信息的共生关联，因而提高了物质、能量、信息的利用程度和生态效率。②生态工业园追求的目标是从原料、中间产物、废物到产品的物质循环，达到资源、能源、投资的最佳利用和园区内整体发展的集合效益，而不仅是单个企业的最佳效益。生态工业园的建设，使园区内环境影响减少到最小的同时，显著地改善了企业的经济效益，推动社会经济增长，真正实现经济与环境的协调发展。

（五）我国生态工业园的兴起与发展

我国生态工业园是继经济技术开发区、高新技术开发区之后的第三代工业园区。从2001年8月国家环境保护总局批复成立贵港国家生态工业示范园区后，全国各地的生态工业园如雨后春笋破土而出。国内众多学者从不同的研究视角和学科背景对生态工业园区进行了大量研究，研究范围包括园区建设模式、产业共生、规划原则、绩效评价、循环经济发展等众多方面。生态工业园研究可分为三个方面：①中国生态工业园的建设理论、建设原则等基础方面的研究；②中国生态工业园的实践研究；③生态工业园的评价体系研究。

自2001年起，我国开始了生态工业园的实践探索；2003年，我国进一步将生态工业引入经济技术开发区和高新技术开发区。2007年，国家环境保护总局、商务部、科技部联合推动园区建设。经过多年发展，我国生态工业园建设已经一步步由探索走向规范。国家生态工业园的批准建设数量总体呈上升趋势，尤其是在2010年和2013年有显著性的增长。2010年生态工业园的大幅增长，主要是因为：一方面金融危机后，国家的相关政策在一定程度上刺激了园区的发展；另一方面在第一代、第二代工业园区成熟发展的基础上，园区迫切需要向第三代工业园区升级。而2013年生态工业园的增长是因为党的十八大将生态文明摆在更高的战略层面，园区的建设得到进一步支持和发展。

从全国各省（区、市）的分布来看，生态工业园主要在全国东部、中部、西部27个省（区、市）开展建设，其中，生态工业园的建设在东部地区得到了积极响应，以环渤海和长江三角洲最为密集，如江苏、山东、上海等省（市）建立了具有区域特色的生态工业园。综观全国，70%以上的国家生态工业园集中在东部经济发达地区。而中西部地区发展相对缓慢，仅有安徽1家生态工业园区通过验收命名。但目前生态工业园的批准建设数量和范围，正在向中西部省（区、市）不断扩大，如四川、新疆、云南等省（区）都已批准建设国家生态工业园。在一定程度上，生态工业园的发展是与中国经济发展程度相匹配的。随着中西部经济的快速发展，更多的生态工业园将在中西部出现。

第三章　江苏省产业绿色化发展现状分析

第一节　江苏省经济结构和产业发展特征分析

江苏省位于我国东部沿海长江三角洲地区，是我国经济发展的重要引擎，也是实现与国际经济接轨的前沿阵地。良好的工农业发展基础、发达的科技文教水平、得天独厚的区位优势和高度发达的城镇化水平造就了江苏省在全国经济社会发展领域的先发优势，江苏省也成为我国改革开放以来经济发展最快、最具活力的省份之一。

一、江苏经济总量增长分析

1990—2015 年，江苏省地区生产总值持续快速增长，其中，2015 年地区生产总值达到 70 116.4 亿元，是 1978 年的 281.32 倍，创造历年新高。在地区生产总值增速方面，如图 3-1 所示。20 世纪 90 年代以后，江苏省的经济增长过程可大致分为波动—调整—平缓三个阶段，1990—1992 年，受通货膨胀等多种因素的影响，江苏省地区生产总值年增速在 5%～25.6%剧烈波动；1993—1999 年，受国家宏观调控政策的影响，江苏省的经济步入一个历时 7 年的调整期，地区生产总值增速从 25.6%降至 1999 年的 10.1%，经济过热的现象得到有效控制；1999 年以来，国家积极的财政政策和稳健的货币政策效应得到体现，江苏省也由此进入新一轮的平缓经济增长期，特别是 2006 年以后，省内经济整体呈现缓速增长态势。

与全国其他各省份相比，江苏省经济总量在全国各省份中长期保持领先

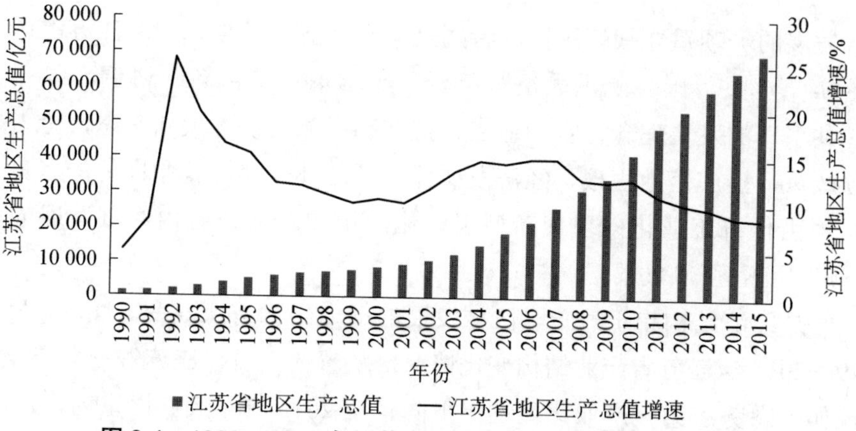

图 3-1　1990—2015 年江苏省地区生产总值和增速变动情况

地位，1990—2015 年，江苏省地区生产总值在全国 GDP 总量中的占比保持在 7.4%～10.5%。江苏省区域内经济密度较高，2015 年单位面积的生产总值为 6 540.7 万元/平方千米，其中，苏南地区又是省内经济密度最高的地区。全省以占全国 1.1%的土地和 1/20 的人口，创造了占全国 1/10 的生产总值，是全国发展基础好、体制环境优、整体竞争力强的地区之一。

从区域经济发展综合效益来看，2015 年江苏省人均地区生产总值为 87 995 元，除苏北的连云港和宿迁外，其余各城市的人均地区生产总值均高于全国 49 992 元的平均水平。与同处长江三角洲地区的浙江省相比，江苏省经济发展基础较弱，后发动力较为明显，自 2000 年开始，江苏省人均地区生产总值增长速度远高于浙江省，两省的人均地区生产总值差距不断缩小，并于 2009 年实现了对浙江省的反超。按照国际平均发展水平测算，当人均地区生产总值达到 1 万美元时，达到国际中上等富裕国家地区水平，经济结构将呈现后工业化时期的特征。江苏省 2012 年人均地区生产总值突破 1 万美元，2015 年达 1.4 万美元，就此判断江苏省已进入了后工业化时期，并率先进入发展方式转型期。

二、江苏省产业结构现状剖析

20 世纪 90 年代以来，江苏省始终把产业结构调整和产业结构优化作为经济发展的一项重要战略举措。特别是“十二五”时期以来，江苏省认真贯彻落实党中央、国务院重大决策部署，牢牢树立“创新、协调、绿色、开放、共享”的发展理念，主动适应、把握和引领经济发展新常态，全力推动各项政策、措施落地生根，经济发展保持了总体平稳、稳中向好的态势，基本实现由传统工业化向现代新型工业化的历史转变，省内经济发展的产业“瓶颈”因素逐渐减弱。

一是经济结构趋于改善，区域发展的动力结构有所改变。图 3-2 反映了 1979—2015 年江苏省产业结构变化情况。从整体上看，江苏省三大产业结构呈现如下态势：第一产业比重逐年下降，至 2015 年年底其比重为 5.7%，比 1979 年下降了 21.9 个百分点；第二产业比重呈现先涨后降的情况，在 45%左右浮动；第三产业比重逐步上涨，由 1979 年的 19.8%增至 2015 年的 48.6%。从 2000 年以后的数据来看，江苏省第一产业、第二产业比重在稳定中缓慢下降，第三产业比重持续提高。2015 年，江苏省三大产业增加值分别达到 3 986.1 亿元、32 044.5 亿元、34 085.9 亿元，第三产业产值首次超过第二产业，与工业并重成为区域发展的主要动力，区域产业结构实现由“二三一”到“三二一”的标志性转变。

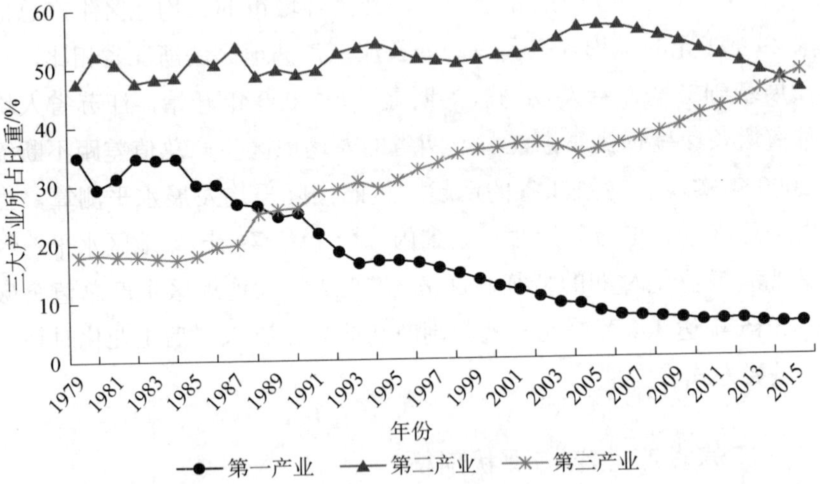

图 3-2　1979—2015 年江苏省三次产业结构

二是工业作为第二产业的主体，呈现“规模增、比重降、结构轻”的发展趋势。2000—2015 年，江苏省工业总产值占第二产业的比重基本维持在 87%以上，对地区经济的贡献率超过 44%，工业经济始终作为国民经济的主导产业，有力地支持了省内经济的持续、快速、健康发展。

全省工业经济总量稳步增长，工业总产值由 2000 年的 3 848.52 亿元逐步增长到 2015 年的 27 996.43 亿元，增长了 7.3 倍。1997—2005 年，江苏省工业总产值占全国的比重一直呈现上升趋势，但在 2006 年以后，省内工业经济占全国的比重开始出现缓慢下降，工业总产值占全国比重从 2006 年的 12.2%下降到 2014 年的 11.5%，2015 年回升至 11.9%，整体下降了 0.3 个百分点，具体如图 3-3 所示。

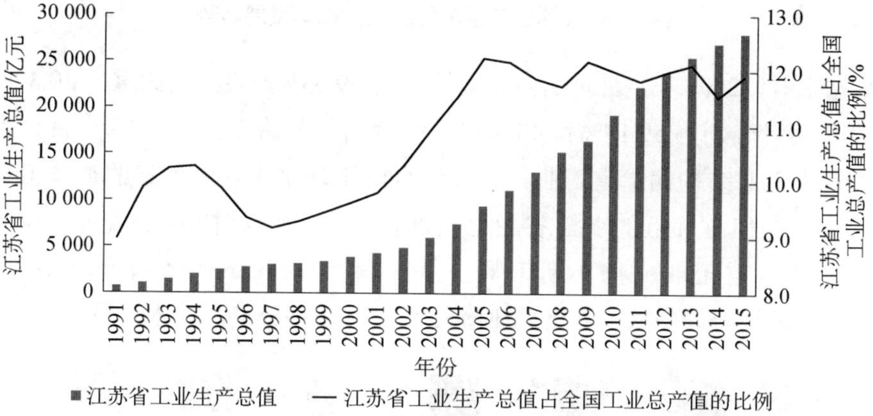

图 3-3 1991—2015 年江苏省工业生产总值与占全国工业总产值的比例变化情况

在工业对经济增长的贡献方面，江苏省和全国基本保持了相同的发展趋势，工业贡献率水平呈现不断下降的趋势，但总体上仍高于全国的比重。在经过一段波动上升后，江苏省的产业贡献率自 2003 年开始呈现下降趋势，由 2003 年的 60.7%下降到 2015 年的 44.5%，其间下降 16.2 个百分点，但整体高于同期的全国平均水平，具体如图 3-4 所示。

就工业经济内部结构而言，江苏省的工业结构以重工业为主，但重工业色彩逐步淡化，轻重工业结构与全国形成逆向发展的趋势，轻重工业整体发展较为协调。重工业目前仍是江苏省的主导产业类型，从 2000 年和 2010 年

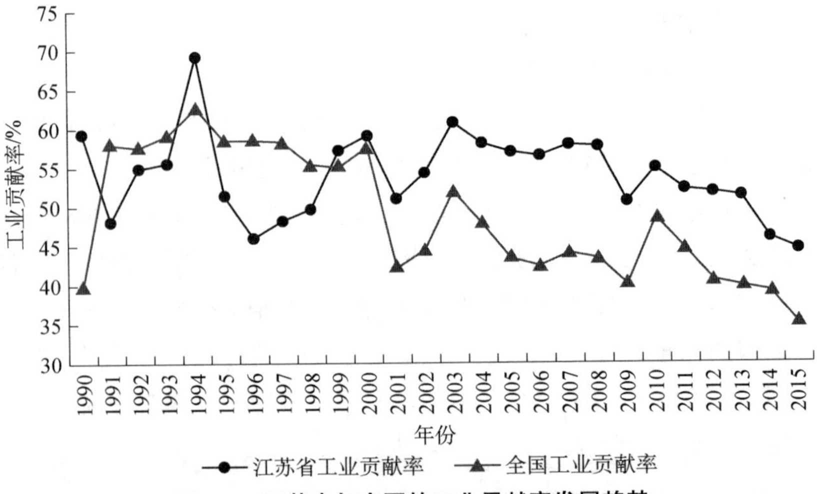

图 3-4　江苏省与全国的工业贡献率发展趋势

的数据来看，2000 年，江苏省重工业比重为 59.63%，轻工业比重为 40.37%，2010 年两者分别为 59.18%和 40.82%，两者的差距始终保持在 18 个百分点左右，省内工业结构偏于重工业。相较于全国平均水平，江苏省的整体工业水平仍较轻；但与邻近的浙江省相比，江苏省的产业结构明显偏重。与此同时，江苏省重工业比重不断下降，从 2000 年的 59.63%下降到 2010 年的 59.18%，同期全国的重工业比重却增长了 6.27 个百分点，具体如图 3-5 所示。

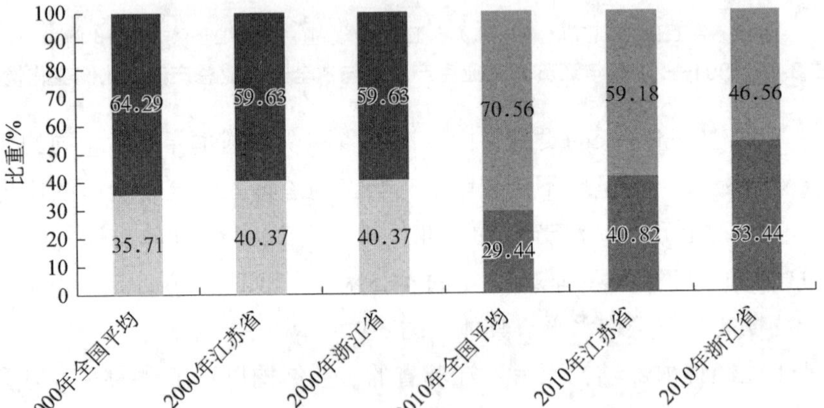

图 3-5　2000 年、2010 年江苏省、浙江省与全国的轻重工业结构比较

2005 年以来，江苏省工业结构变化较小，保持相对的稳定性，但部分产业存在明显的升降变化。一是传统的纺织服装业和高耗能行业衰退明显。2005—2015 年，有 18 个行业的比重呈现下降趋势，轻工业行业有 8 个，重工业行业有 10 个。其中，纺织业的下降最快，达到 4.44 个百分点，电力、热力生产和供应业、计算机通信和其他电子设备制造业的下降比重也都超过 3%。二是以设备制造业为主的部分工业行业占比呈现上升趋势。2005—2015 年，有 19 个行业的比重呈现上升趋势，重工业行业有 11 个，轻工业行业有 8 个。其中，电气机械和器材制造业的比重增长最大，达到 4.65 个百分点；交通设备制造、化学原料和化学制品制造业、专用设备制造业、农副食品加工业的增长超过 1 个百分点，具体见表 3-1。

表 3-1　2005—2015 年江苏省工业行业变化分类

类型		行业类型（比重变化/%）	行业数量
下降型	轻工业	纺织业（−4.44），化学纤维制造业（−0.61），造纸和纸制品业（−0.39），纺织服装、服饰业（−0.22），烟草制品业（−0.15），家具制造业（−0.06），皮革、毛皮、羽毛及其制品和制鞋业（−0.04），水的生产和供应业（−0.02）	8
	重工业	电力、热力生产和供应业（−3.49），计算机、通信和其他电子设备制造业（−3.31），黑色金属冶炼及压延加工业（−2.97），橡胶和塑料制品业（−0.76），石油加工、炼焦和核燃料加工业（−0.41），煤炭开采和洗选业（−0.27），其他制造业（−0.2），石油和天然气开采业（−0.12），黑色金属矿采选业（−0.04），其他采矿业（−0.02）	10
稳定型	轻工业		0
	重工业	开采辅助活动，有色金属矿采选业	2
上升型	轻工业	电气机械和器材制造业（4.65），农副食品加工业（1.02），医药制造业（0.98），文教、工美、体育和娱乐用品制造业（0.67），木材加工和木、竹、藤、棕、草制品业（0.67），印刷和记录媒介复制业（0.2），食品制造业（0.07），酒、饮料和精制茶制造业（0.03）	8
	重工业	交通运输设备制造业（3.16），化学原料和化学制品制造业（1.79），专用设备制造业（1.39），仪器仪表制造业（0.92），非金属矿物制品业（0.71），金属制品业（0.71），有色金属冶炼及压延加工业（0.23），燃气生产和供应业（0.17），通用设备制造业（0.07），废弃资源综合利用业（0.06），非金属矿采选业（0.03）	11

三是第三产业内部结构不断优化，现代服务业快速发展。近年来，江苏省第三产业比重随着经济发展不断提升，内部结构发生了较大变化，逐步发展成产值最大、效能最高的产业。现代服务业渐成规模，尤其是生产性服务业比重高，2015 年批发零售业、金融业和房地产业三大行业共占江苏省服务业增加值的 47.1%；租赁和商务服务业首次超过物流业成为江苏省第四大服务产业，占到服务业增加值的 8.3%。相对于公共管理和社会组织、教育、住宿和餐饮等传统服务业比重的下降，金融业、租赁和商务服务业等新兴服务业在江苏省迅速崛起，金融业的比重从 2005 年的 7.4%提高到 15.6%，租赁和商务服务业的比重从 3.4% 增长到 8.3%，具体见表 3-2。江苏省生产性服务业增加值占服务业增加值和 GDP 的比重，分别由 2011 年的 51.2%和 21.8%，提高到 2015 年的 56.5%和 27.5%。

表 3-2　2005 年、2010 年、2015 年江苏省服务业增加值构成情况

项目	2005 年增加值		2010 年增加值		2015 年增加值	
	规模/亿元	比重/%	规模/亿元	比重/%	规模/亿元	比重/%
交通运输、仓储和邮政业	798.11	12.1	1 768.30	10.3	2 705.44	7.9
信息传输、计算机服务和软件业	294.20	4.4	605.28	3.5	1 870.81	5.5
批发和零售业	1 870.57	28.3	4 447.5	26	6 992.68	20.5
住宿和餐饮业	299.13	4.5	710.98	4.2	1 189.40	3.5
金融业	492.40	7.4	2 105.92	12.3	5 302.93	15.6
房地产业	799.73	12.1	2 600.95	15.2	3 755.45	11.0
租赁和商务服务业	225.44	3.4	868.34	5.1	2 845.33	8.3
科学研究、技术服务和地质勘查业	124.08	1.9	365.17	2.1	998.71	2.9
水利、环境和公共设施管理业	86.83	1.3	215.34	1.3	496.67	1.5
居民服务和其他服务业	240.92	3.6	447.86	2.6	1 259.45	3.7
教育	545.75	8.3	1 022.72	6.0	2 195.15	6.4

续表

项目	2005 年增加值		2010 年增加值		2015 年增加值	
	规模/亿元	比重/%	规模/亿元	比重/%	规模/亿元	比重/%
卫生、社会保障和社会福利业	207.17	3.1	500.72	2.9	1 230.89	3.6
文化、体育和娱乐业	96.01	1.5	220.80	1.3	635.64	1.9
公共管理和社会组织	531.88	8.0	1 251.57	7.3	2 376.46	7.0
第三产业合计	6 612.22	100.0	17 131.45	100.0	34 085.88	100.0

四是创新驱动明显增强，新兴产业快速增长。2015 年，江苏省区域创新能力连续七年保持全国第一，全社会科学研究与试验发展（R&D）经费支出额 1 985 亿元，占地区生产总值的 2.61%，比上年提高 0.04 个百分点。江苏省科技进步贡献率达 61%，比上年提高 1 个百分点，江苏省 90%以上的大中型企业建立了研发机构，省级以上众创空间 384 家。2015 年，江苏省共签订各类技术合同 2.9 万项，技术合同成交额达 728 亿元，比上年增长 4.0%，企业共申请专利 33.9 万件。高新技术产业发展态势良好，全年实现高新技术产业产值 6.1 万亿元，比上年增长 7.6%，占规模以上工业总产值比重达 40.1%；组织实施省重大科技成果转化专项资金项目 182 项，省资助资金投入 15.3 亿元，新增总投入 119 亿元；江苏省按国家新标准认定高新技术企业累计达 1 万家。新认定省级高新技术产品 9 802 项，已建成国家级高新技术特色产业基地 139 个。

与长三角地区其他省份相比，江苏省战略性新兴产业呈现更为快速、稳定的增长态势。2015 年，江苏战略性新兴产业增加值逾 7 700 亿元，同比增长超过 10%，占当年江苏省地区生产总值的 11%；其中，互联网和相关服务业、软件和信息技术服务业营业收入分别增长 61.9%、20.7%。同年，上海市战略性新兴产业增加值为 3 746.02 亿元，比上年增长 4.5%，占当年上海市地区生产总值的 13.9%；其中，制造业增加值 1 673.49 亿元，下降 0.1%；服务业增加值 2 072.53 亿元，增长 8.7%。浙江省战略性新兴产业增加值 3 367 亿元，占当年浙江省地区生产总值的 11%，同比增长 6.9%，与 2014 年相比低

1.7 个百分点，增长速度有所回落；从产业来看，新能源产业、新一代信息技术与物联网产业、新能源汽车增长速度占据浙江省前三位，增加值增速均超过 10%，具体如图 3-6 所示。

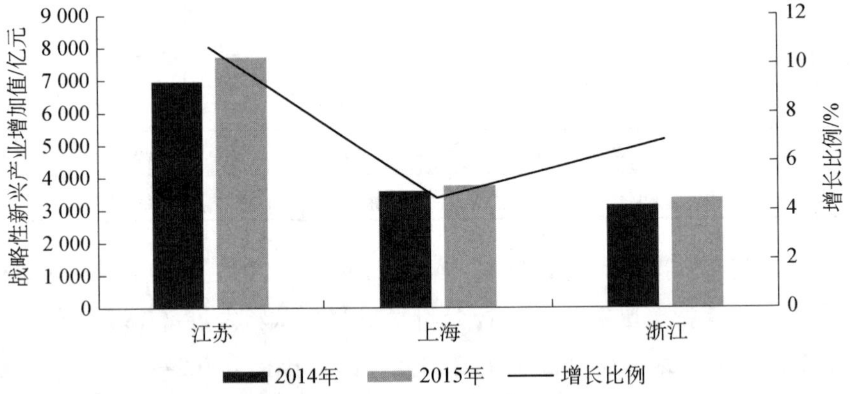

图 3-6　2014 年、2015 年江苏省、上海市与浙江省的战略性新兴产业发展情况比较

第二节　江苏省产业经济发展与资源环境损害的矛盾分析

一、污染物排放效益分析

2015 年，江苏省主要污染物二氧化硫、氮氧化物、化学需氧量和氨氮排放量分别为 83.51 万吨、106.76 万吨、105.46 万吨和 13.77 万吨，与 2010 年相比，分别下降了 23.10%、27.50%、17.62%和 14.58%，全面完成“十二五”的目标任务。

（一）大气污染物排放效益分析

一是工业仍是江苏省大气污染的重要来源，电力、钢铁和水泥污染占比较高。2015 年，工业二氧化硫、氮氧化物、烟（粉）尘排放量分别为 79.5 万吨、75.4 万吨、61.2 万吨，分别占排放总量的 95.1%、70.6%和 93.4%。2015 年，电力、热力生产和供应业依然是全省废气污染物排放量最大的行业，其二氧化硫和氮氧化物排放量居各行业首位，分别排放约 26.8 万吨和 35.2 万吨，分别占江苏省排放总量的 39.2%和 50.0%；烟（粉）尘排放量约 8.9 万吨，居各行业第二位，占江苏省排放总量的 15.7%。黑色金属冶炼及压延加工业是江苏省废气污染物排放第二大行业，其烟（粉）尘排放量约为 25.0 万吨，占江苏省排放总量的 43.9%，居各行业之首；二氧化碳和氮氧化物排放量分别约为 11.2 万吨和 9.4 万吨，分别占江苏省排放总量的 16.4%和 13.4%。非金属矿物制品业也是废气污染物排放的重点行业之一，二氧化硫、氮氧化物和烟（粉）尘排放量分别约为 5.2 万吨、9.2 万吨和 8.7 万吨，分别占江苏省排放总量的 7.6%、13.1%和 15.3%，具体见表 3-3。

表 3-3 主要大气污染行业二氧化硫、氮氧化物、烟（粉）尘排放情况

行业	二氧化硫		氮氧化物		烟（粉）尘	
	排放量/吨	占排放总量/%	排放量/吨	占排放总量/%	排放量/吨	占排放总量/%
电力、热力生产和供应业	268 353.1	39.2	351 927.5	50.0	89 092.6	15.7
黑色金属冶炼及压延加工业	112 190.7	16.4	94 020.9	13.4	249 952.4	43.9
化学原料和化学制品制造业	77 406.5	11.3	54 066.5	7.7	33 723.8	5.9
非金属矿物制品业	52 096.7	7.6	91 989.0	13.1	87 278.0	15.3
纺织业	40 906.3	6.0	15 202.1	2.2	15 563.8	2.7
石油加工、炼焦和核燃料加工业	36 824.3	5.4	33 652.5	4.8	10 829.9	1.9
纸制品制造业	18 763.1	2.7	18 584.7	2.6	4 334.3	0.8
合计	606 540.7	90.7	673 679.7	95.8	494 800.7	86.9

二是大气污染物排放产出效益全国领先，电力、水泥、钢铁、造纸行业排放强度依然处于较高水平。“十二五”期间，江苏省地区生产总值持续增长，单位地区生产总值主要废气污染物排放强度基本呈逐年下降趋势，2015 年单位地区生产总值二氧化硫、氮氧化物和烟（粉）尘排放强度已分别达到 11.9 吨/亿元、15.2 吨/亿元和 9.3 吨/亿元，与 2010 年相比，江苏省二氧化

硫、氮氧化物排放强度分别下降 54.6%和 46.3%，烟（粉）尘排放强度略有波动，总体较 2010 年下降 7.9%。与全国其他省份相比，江苏省二氧化硫、氮氧化物、烟（粉）尘排放强度均排名全国第七位，明显好于全国平均水平[二氧化硫 27.23 吨/亿元，氮氧化物 27.11 吨/亿元，烟（粉）尘 22.53 吨/亿元]。从工业行业内部结构来看，排放强度较大的行业主要是电力、水泥、钢铁、造纸等，均超过江苏省平均水平。

（二）水污染物排放效益分析

一是生活污水主导地位凸显，工业废水排放总量明显下降。2015 年，江苏省工业、生活、农业的化学需氧量和氨氮的排放量分别为 20.13 万吨、35.07 万吨、49.96 万吨和 1.35 万吨、3.62 万吨、8.76 万吨，其中生活和农业占污染物总排放量的 80%以上，成为江苏省水污染排放最主要的来源。“十二五”期间，受人口增长因素影响，江苏省生活废水排放总量较 2010 年上升了 26.9%，而通过加快推进重点行业工程和结构减排，关停整治一批工艺落后、污染严重的化工、造纸和纺织企业，江苏省工业废水则有所下降，较 2010 年下降了 13.4%，其中工业化学需氧量和氨氮排放量分别下降 19.8%和 25.0%。

从工业内部结构来看，化学原料和化学制品制造业、纺织业、造纸和纸制品业是江苏省工业废水污染物排放重点行业，化学原料和化学制品制造业化学需氧量排放量 3.9 万吨，占工业总量的 19.4%，居全行业之首；化学原料和化学制品制造业氨氮排放量 0.31 万吨，占工业总量的 23.0%，具体见表 3-4。

表 3-4　2015 年江苏省主要行业工业废水中污染物排放情况　　单位：万吨

行业	化学需氧量	氨氮
化学原料和化学制品制造业	3.9	0.31
纺织业	3.7	0.25
造纸和纸制品业	1.6	0.10
酒、饮料和精制茶制造业	1.2	0.10
农副食品加工业	1.1	0.10
计算机、通信和其他电子设备制造业	0.9	0.10

续表

行业	化学需氧量	氨氮
医药制造业	0.7	0.10
黑色金属冶炼及压延加工业	0.6	0
金属制品业	0.5	0
化学纤维制造业	0.5	0
煤炭开采和洗选业	0.3	0
石油加工、炼焦和核燃料加工业	0.3	0
合计	15.3	1.06

二是高污染行业单位 GDP 排放强度削减力度不足。从水污染排放强度来看，“十二五”期间，江苏省单位 GDP 废水中化学需气量、氨氮的排放强度呈下降趋势，化学需氧量和氨氮排放强度分别下降 51.4%和 49.7%。从工业行业来看，黑色金属矿采选业及造纸和纸制品业的化学需气量排放强度位列全行业的第一、第二位，是江苏省工业化学需气量排放强度平均水平的近 10 倍，金属制品、机械和设备修理业及非金属矿采选业的氨氮排放强度排名第一、第二位，其排放强度约是江苏省平均水平的 8 倍，具体如图 3-7 所示。“十二五”期间，化工（化学需氧量−53.91%、氨氮−62.53%）、造纸（化学需氧量−50.05%、氨氮−56.52%）行业单位 GDP 水污染物排放强度与江苏省平均水平（化学需氧量−50.72%、氨氮−51.48%）相当，纺织行业（化学需氧量−35.13%、氨氮−31.80%）不足江苏省平均水平的 60%。

二、资源产出效益分析

（一）能源资源产出效益分析

一是江苏省能源消费总量仍在持续增长，但增长幅度明显减缓。2005—2015 年，江苏省能源消费呈逐年上升趋势，从 2005 年的 17 167.39 万吨标准煤上升到 2015 年的 30 235.30 万吨标准煤，在全国各省份排名中仍处在前位，增长幅度达到 76.12%，年均增长率为 5.87%。从年增长幅度来看，江苏省能源消费整体呈下降趋势，从 2006 年的 9.17%下降到 2015 年的 1.25%（图 3-8）。

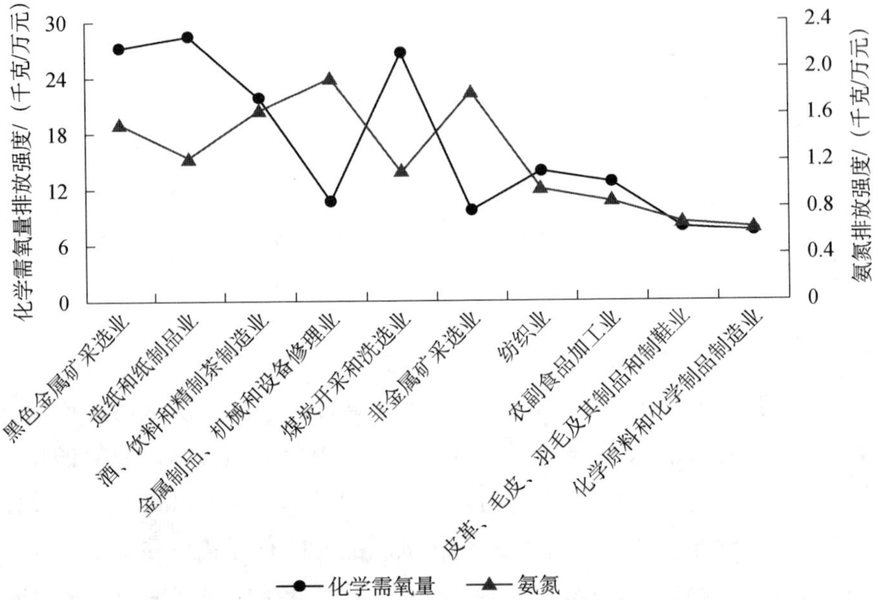

图 3-7　主要行业水污染排放强度情况

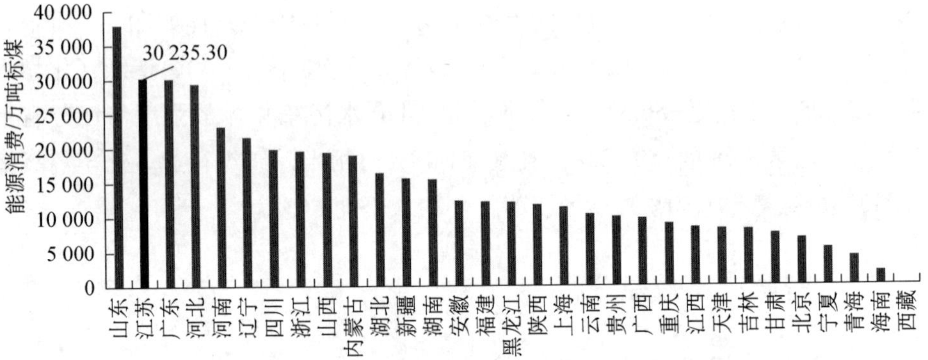

图 3-8　2015 年全国各省（区、市）能源消费情况

二是以工业为主导的能源消费结构仍未发生根本转变。从江苏省能源消费结构来看，工业能源消费仍占主导地位，占江苏省总能源消费的 76.47%，其次是生活能源消费和交通运输能源消费，占比均超过 10%。与 2005 年能源消费结构相比略有好转，工业能耗占比从 81.67%下降了 5 个百分点，主要增

加在生活和交通运输方面。

2015 年，江苏省工业煤炭消费总量达 27 893.7 万吨，工业燃油消费量 97.5 万吨，天然气消费量 102.4 亿米^3，焦炭消费量 2 987.5 万吨，江苏省仍是以煤炭为主要能源的工业省份，且煤主要用作燃料燃烧。2015 年，江苏省燃料煤消费量 24 140.2 万吨，占总煤耗的 86.5%，其中电力、热力生产和供应业为煤炭消耗主要行业，耗煤总量 18 708.23 万吨，占江苏省工业总煤耗的 67%。从能源消费强度来看，电力、热力生产和供应业也是最高，达到 0.817 千克/万元，是江苏省工业能源消费强度平均水平的 13 倍。

（二）水资源产出效益

一是江苏省水资源利用效率明显提高，用水结构持续优化。2005—2015 年，江苏省用水量整体呈倒“U”形曲线，从 2005 年的 517.7 亿米^3 上升到 2012 年的 522.2 亿米^3，整体处于上升趋势，但增长幅度趋缓。2013—2015 年江苏省用水量出现下降，特别是在 2013 年，较 2012 年下降了 9.6 个百分点，虽然之后降幅有所减缓，但仍呈逐年下降的趋势，2015 年江苏省用水量为 460.6 亿米^3。2015 年，江苏省单位 GDP 用水量 65.7 米^3，万元工业增加值用水量 16.5 米^3，较 2015 年分别下降 76.9%和 74.2%，具体如图 3-9 所示。

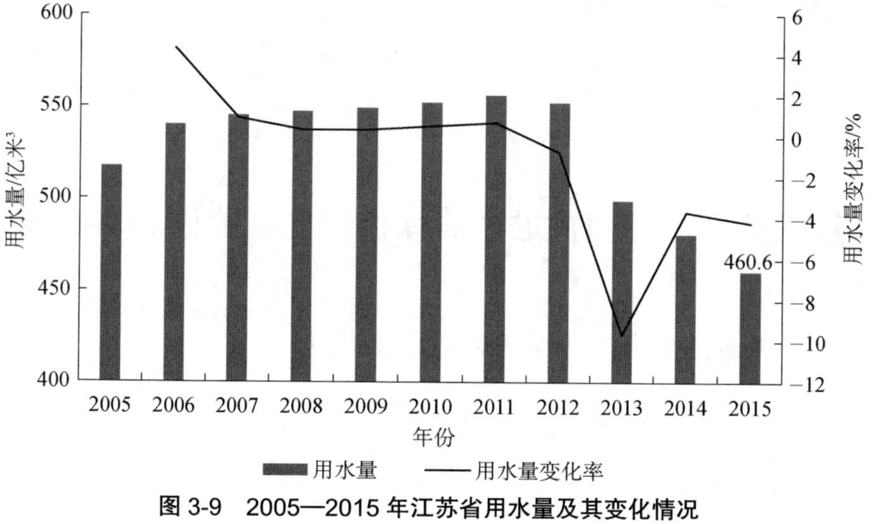

图 3-9　2005—2015 年江苏省用水量及其变化情况

2015 年，从江苏省用水结构来看，生产用水 422.0 亿米^3，占总用水量的 91.6%；居民生活用水 36.6 亿米^3，占总用水量的 8.0%；城镇环境用水 2.0 亿米^3，占总用水量的 0.4%。与 2005 年相比，生产用水减少 12.8%，居民生活用水增加 19.2%，城镇环境用水减少 40.8%。生产用水按照产业结构划分，第一产业用水 279.1 亿米^3，占生产用水的 66.1%，其中农田灌溉用水 242.8 亿米^3，占第一产业用水的 87.0%；第二产业用水 127.3 亿米^3，占 20.2%，其中，电力工业用水 79.0 亿米^3，一般工业用水 46.1 亿米^3；第三产业用水 15.6 亿米^3，占 3.7%。2005—2015 年，从产业用水变化情况来看，江苏省第一产业产值逐渐减少，第一产业用水量也有所减少，2015 年较 2005 年下降了 4.4%；随着工业结构不断调整，工业循环化、生态化改造力度不断加大，工业用水量有明显下降，一般工业用水下降了 22.8%；随着第三产业发展突飞猛进，产业规模逐年增加，第三产业已成为江苏省经济发展重要增长点，其用水量也增长了 119.4%。

二是钢铁、电力、化工等高耗水行业的用水效率仍有较大提升空间。从工业行业来看，江苏省主要用水行业为黑色金属冶炼及压延加工业，电力、热力生产和供应业以及化学原料及化学制品制造业，3 个行业用水量占总用水量的 69.4%。从行业的用水效益来看，非金属矿采选业，黑色金属矿采选业，电力、热力生产和供应业，造纸和纸制品业，黑色金属冶炼及压延加工业，化学原料和化学制品制造业，石油加工业以及金属制品业用水效率不高，低于全国平均水平。

第三节　江苏省推进产业绿色化发展的优势与挑战

一、江苏省推进产业绿色化发展的优势

（一）生态文明建设扎实推进，绿色发展发展水平显著提升

党的十八大以来，江苏省委、省政府就生态文明建设做出了一系列决策

部署，出台建设全国生态文明示范区的意见和加快推进生态文明建设的实施意见，率先划定生态红线并开展绿色发展评估，扎实推进生态空间保护、经济绿色转型、环境质量改善、生态制度创新等“七大行动”，生态文明建设工程取得重大进展和积极成效。江苏省绿色发展综合指数从 2010 年的 60.5 提高到 2015 年的 81.2，江苏省绿色发展水平呈现稳步提升的良好态势。

（二）绿色经济蓬勃发展，产业绿色化发展“倒逼”经济转型升级

“十二五”期间，江苏省经济综合实力和发展水平得到显著提升，经济发展方式从规模速度型粗放增长转向质量效率型集约增长，产业结构调整实现“三二一”的历史性转变，服务业增加值较 2010 年提高 7 个百分点，高新技术产业产值占比达 40.1%，战略性新兴产业占比达 29.4%，节能环保产业主营收入超过 8 000 亿元，积极促进以产业优化升级减轻环境负荷。随着产业结构优化以及能源效率提升，江苏省能源消耗增长呈现总体下降态势，2005—2015 年，全省以 5.87%的能源消耗增速，支撑了 10.0%的 GDP 增长。截至 2015 年年底，江苏省风电、光伏、生物等可再生能源发电装机总容量已达 949 万千瓦，可再生能源累计发电量达到 706 亿千瓦·时，并实现全额消纳，相当于减少煤炭消耗 2 450 万吨、二氧化碳排放 6 370 万吨。

（三）科技创新水平不断提升，助推经济社会绿色发展

“十二五”时期以来，江苏省深入实施创新驱动发展战略，稳步推进各项科技创新工程，科技战略地位日益突出，科技支撑作用显著增强。近年来，江苏省成为全国首个创新型省份建设试点省，苏南国家自主创新示范区上升为国家战略，全省国家级高新区总数达 16 家，居全国首位。同时，服务于绿色发展的省内产学研合作创新组织架构逐步完善，省产业技术研究院成为科技体制改革的“试验田”，探索了产业技术研发机构的新体制、新模式。全省高新技术产业产值突破 6 万亿元，占规模以上工业的 40%，高新技术企业总数超 1 万家，基本实现大中型工业企业和规模以上高新技术企业研发机构全覆盖。此外，江苏省区域创新能力连续七年居全国首位，全社会研发投入占地区生产总值比重达 2.55%，科技进步贡献率达 60%，知识产权综

合发展指数增幅列全国第一，人才综合竞争力全国领先。

二、江苏省产业绿色化发展亟待破解的挑战

（一）产业结构偏重，产业绿色化任务艰巨

（1）经济发展方式尚未根本转变，结构性矛盾依然突出。江苏省作为工业大省，在未来相当长的一段时间，工业发展仍是国民经济的支柱产业。虽然江苏省产业结构调整步伐有所加快，但以煤炭为主的能源结构和总体偏重的产业结构尚未根本扭转。全省重工业企业数量占企业总数的62.9%，火电、水泥、钢铁行业产能分别为全国第一、第一、第二，能源消费总量居全国第二，单位地区面积能耗强度居全国第一，单位地区面积的污染物排放强度明显高于全国平均水平，二氧化硫、氮氧化物、化学需氧量和氨氮的排放强度达到全国平均水平。

（2）产能过剩问题相对突出，转型升级任务重。江苏省工业结构长期以来形成了“两头在外”的主要格局，产品以外需市场为主。而近年来，受经济发展导向变化、市场需求变动和前期产业布局等因素影响，江苏省内工业产品生产过量的问题越发突出，钢铁、水泥、平板玻璃、船舶、光伏等行业近年出现了不同程度的产能过剩现象，部分行业企业生产经营出现困难。与此同时，地方政府绩效考核中对于地区生产总值指标的过分强调也在一定程度上加剧了江苏省产能大于需求的情况，成为产业转型升级的掣肘。

（3）新兴产业“大而不强”，新旧动能转换有待进一步平衡。受全球经济下行压力影响，伴随传统增长方式形成的体制机制仍在诸多领域发挥作用，短期效应明显的高耗能、高污染行业对经济发展的贡献比例仍较大，仍将是未来投资的热点。与此同时，新动能的转换尚未完全实现，科技创新还没有成为经济增长的主要动力，江苏省内当前多数战略性新兴产业的发展更多地依托政策导向和政府扶持，缺乏核心技术和装备，尚未取得支撑产业持续发展的足够市场空间，发展后劲不足。经济增长由资本扩张拉动向技术创新拉动的转变还有漫长的过程，消费对经济增长的拉动力仍需进一步加强。如何推动传统制造业与科技创新产业平衡发展，是保证省内经济平稳度过新

旧动能转换期所必须回答的问题。

（二）清洁生产推动产业绿色化的潜力尚未深入挖掘

（1）企业对实施清洁生产缺乏足够重视。实施清洁生产是重要的减排措施，但现在企业普遍存在忽视清洁生产的问题。部分企业一味追求利益的最大化，存在重经济效益、轻环境效益，重眼前利益、轻长远发展的短视行为，为降低改造成本，不顾企业生产经营状况选择低费方案，许多有利于降低企业经营成本和污染能耗的中/高费方案实施率较低。同时，清洁生产是一项系统工程，需要方方面面的协调配合。经调查，企业清洁生产机构不全、审核小组形同虚设等现象非常普遍，工作人员兼职较多，精力分散，对项目改造过程中存在的问题，不能做到及时发现、及时整改，制约了项目效益的充分发挥。

（2）清洁生产审核行业管理机制亟待规范。一是一些地区环保部门受人力、财力制约，对咨询机构监管不到位，审核人员培训、管理不规范，导致审核、验收水平参差不齐。例如，在确定强制性清洁生产审核企业名单的过程中，生态环境部门没有仔细甄别，掌握情况，致使一些低污染、低排放企业或不是强审名录的企业也被列入其中。此外，个别企业清洁生产统计数据口径不一，数出多门，新增污染物削减量不被生态环境部门减排核查组认可。二是审核收费标准不统一，咨询机构间恶性竞争、低价竞争、扰乱审核市场秩序。三是一些咨询机构过分注重经济利益，清洁生产审核不聘请行业专家，审核过程敷衍了事，审核报告专业性不强，审核报告与企业实际情况不符，虚报、谎报经济效益和环境效益的现象时有发生。四是各清洁生产审核机构工作量和审核报告质量参差不齐。

（3）配套考核、验收标准和技术性要求有待进一步完善。现行清洁生产审核规范滞后于考核、评估验收工作需求，难以对企业清洁生产绩效进行量化评定，客观上也造成清洁生产审核报告质量难以保证。根据相关机构对2015年江苏省清洁生产审核咨询机构的考核情况分析，发现普遍存在预评估不全面、物料平衡及水平衡测试分析数据不实、项目实际绩效与目标存在较大差距、报告书编制不规范等问题。

（4）清洁生产奖励机制不完善，缺少专项资金支持。环保系统对重点企业实施清洁生产的资金补助较少。虽然相关文件中有专门针对重点企业清洁生产的补助内容，但经初步了解，每年以各种名义得到相关环保资金扶持实施清洁生产相关项目的企业仅十余家，扶持力度很弱，某种程度上影响了重点企业清洁生产审核工作的推进，企业清洁生产潜力难以得到充分发挥。

第四章 区域绿色发展实践研究

第一节 宜兴：环境约束型城市建设生态引领区

一、背景研究

为确保在实现“十三五”生态环境保护目标的基础上，大幅改善生态环境质量，更加有效规范环境秩序，2016 年 12 月 1 日，江苏省出台了“两减六治三提升”专项行动方案（以下简称“263”专项行动）。其中，明确提出建立生态保护引领区，选取太湖上游地区的宜兴市、常州市武进区等地区作为生态保护引领区进行整体保护，建立具有地方特色的绿色产业体系，实行生态优先的差异化考核。据此，江苏省委、省政府出台了《关于推进生态保护引领区和生态保护特区建设的指导意见》，明确提出 2017 年，在太湖上游宜兴、武进开展生态保护引领区建设试点，并对生态保护引领区提出更加明确的建设目标和任务，通过政策引导和地方的自身努力，推动重点区域绿色转型升级，大幅提升区域生态环境质量，实现保护与发展的平衡，真正实现生态友好、绿色发展。

宜兴市由于特殊的产业结构、地理区位等因素，一直以来在生态环境保护上承受了很大压力。特别是 2007 年“太湖水质危机”的爆发，使宜兴市更是处在环境保护的“风口浪尖”。经过深刻的反思反省，宜兴市深入推进以太湖治理为重点的生态文明建设，在理念上、政策上、体制上不断探索创新，着力恢复生态秀美本底、构筑生态文明高地，实现了从环境换取增长—环境优化增长—发展提升环境的战略转型，先后荣获国家生态市、国家园林城市等称号，通过国家环境保护模范城市的复核和中国人居环境奖的考核。江苏省“263”专项行动的启动，对宜兴市的生态保护形成了更加强有力的“倒逼式”推动，宜兴市积极响应江苏省委、省政府的决策部署，确立“不讲任何理由、不留任何退路”的责任意识，全面打响“263”专项行动攻坚战，以生态改革为抓手，以最大决心、最强力度、最快速度，努力把宜兴市打造成“生态优先、治理当先、成效领先、全省率先”的生态保护引领区。

二、区域概况

宜兴市地处江苏省南端、沪宁杭三角中心。该市南北最大长度 53 千米，东西最大宽度 54.7 千米，属太湖流域。全市总面积 1 996.6 平方千米（其中太湖 244.25 平方千米），其中丘陵山地面积 681 平方千米，平原陆地面积 783 平方千米，水域面积 532.6 平方千米。

近年来，宜兴市紧紧围绕“环境立市、生态兴市”的战略方针，产业结构调整步伐稳步推进，三大产业比重由 2005 年的 4.5∶60.6∶34.9 调整为 2015 年的 3.9∶51.3∶44.8，服务业对经济总量的贡献逐渐凸显。高端线缆、节能环保、新能源、新材料和光电子五大战略新兴产业完成规模以上工业产值 1 447.5 亿元，占全市工业总产值的 53%；高新技术实现产值达到 1 117.64 亿元，较上年提高 3.2%，占规模以上工业总产值的 39%。环境治理力度不断加强，截至 2016 年年底，全市 9 条主要入湖河道全面消除劣Ⅴ类，19 个国、省考断面达到阶段性水质目标，连续九年实现太湖安全度夏；细颗粒物浓度降幅居无锡[①]首位。但是，由于宜兴市长期发展形成重化工产业的形态短期内难以实现根本转变，污染物排放强度仍处于高位，二氧化硫、氮氧化物、化学需氧量和氨氮分别是全国平均水平的 4.51 倍、5.98 倍、1.81 倍、2.31 倍。同时，宜兴市水环境质量仍令人担忧，作为对太湖入湖水量占比达到 80%的影响大户，宜兴市对太湖水质的影响不容小觑。

① 宜兴市是无锡市代管县级市。

三、绿色发展的实现路径

（一）大幅削减化工产业，发展绿色工业经济

从传统工业的特色看，宜兴市一度是闻名遐迩的“化工之乡”“建材之乡”，尽管进入 21 世纪以来，当地工业结构不断优化，化工企业集群的特点不复存在，但是仍然有着化工比重较重的特殊产业结构。为积极推进“减化”工作，宜兴市设立总额 2.5 亿元的市级“减化”奖补专项资金，以“测算总额、切块打包”的形式分四次预拨至各板块，有力地推进了化工企业的“协议关停”工作。2020 年，化工企业数量占比大幅减少，落后化工产能得到淘汰。宜兴市积极推动化工企业入园进区，大幅压减园区外化工企业，鼓励产品单一、规模较小的精细化工产品生产企业兼并重组，降低工业点源污染总量。

宜兴市以参与扬子江城市群建设为契机，构建宜兴市绿色制造体系，强势推进产业强市战略，以智能化、绿色化、服务化、高端化为导向，率先建立产业引进类别“白名单”制度，建设投入低、消耗少、产出高、效益好的资源节约型、环境友好型工业体系，重点构筑以智能电网、新能源、智能装备、光电子投影显示、新材料、通用航空为特色的产业新体系。同时，宜兴市鼓励企业实施清洁生产改造、资源综合利用，促进企业节能降耗、减污增效、低碳循环发展。目前，宜兴市拥有 2 个国家级开发区、1 个省级开发区和 13 个市级工业集中区，通过规划引领、硬件投入、载体建设等措施，园区承载能力和整体形象得到大幅提升，研发创意、商贸金融、保税仓储、孵化服务等生产生活配套同步增强，集聚效应进一步凸显。此外，宜兴市还建设了全国首个城市污水处理概念厂，该厂包括水处理厂、园林景观、都市农业等，集成国内外最先进的水处理技术，实现污水到饮用水的深度回用。这一座花园式、景观式的污水处理厂，成为中国乃至世界水处理领域的示范和标杆，并大幅提升宜兴市环保产业的品牌影响力。

（二）严格保护宜南山区水质，精准提升太湖水环境质量

宜兴市南部丘陵山区（以下简称宜南山区）的龙池山是江苏省第一个生

态自然保护区，长期以来，宜南山区林木覆盖率、水质质量、空气质量等指标均优于市域范围内的其他区域平均值。2010年，宜兴市针对宜南山区，出台了《宜南山区生态保护与发展规划的实施意见》，对生态保护与环境修复、建设项目准入管理、空间功能管控等方面提出严格要求，对宜南地区生态环境实施严格保护。宜南山区是江苏省为数不多保持Ⅰ类、Ⅱ类水质的地区。

近几年来，宜兴市在“治水”方面主要有以下七项工作：①深入推进河道环境综合整治，编制主要入湖河流水质达标方案，加强骨干河道水环境整治，以控源截污、清淤疏浚、河岸整治和生态修复为重点措施，对陈东港、漕桥河、中干河、武宜运河等31条市定重点河道开展综合整治，减轻内源污染，优化河网水系，实现河湖连通，促进水体有序流动，提高水环境容量。②加强“控源截污”，制订重点企业污染三年整治计划，督促企业升级改造环保设施，加大执法监管力度，积极推进全市重点污染企业依法实现稳定达标排放。③推进污水处理设施提标改造工程，提高污水处理厂处理处置能力，对在太湖一级保护区内的污水处理厂探索实施相关工艺使排放水质达到Ⅳ类要求，同时对城市污水处理厂和沿湖污水处理厂实施氮磷特别排放限值的新要求。④全力推进农村生活污水和老城镇污水纳管工作，全面推进农村污水处理设施第三方运营，提高农村污水处理设施收集率、负荷率和达标率。⑤提升水环境质量精细化水平，建立全市水环境大数据分析与运用机制，总结河道大数据分析的成功经验，并将其在全市9条主要入湖河道和32个断面全面推广应用，为科学“治太”提供数据支撑。⑥深入实施黑臭河浜治理，真正做到科学“治水”、精准“治水”。⑦加大生态治水力度，启动西氿人工湿地工程，完成马公荡1 000亩[①]湿地修复二期工程，开工建设蔡塘河180亩湿地生态修复工程，完成西太湖宜兴湖滨带36万米^{2}的生态修复工程，进一步改善水体环境。

（三）实行生态优先差异化考核，强化奖惩与问责机制

宜兴市在实行生态优先差异化考核方面主要有以下五项工作：①制定实

① 1亩≈666.667米^2。

施体现生态引领的考核体系，根据各板块的发展实际、资源禀赋、功能定位，采用差别化考核、分类别评比的方式，重点突出生态环境、特色发展。②完善对生态保护贡献突出单位的奖励机制，把考核结果与单位年终奖励、干部任用相挂钩，实行多种方式激励。③对环境质量改善明显、监管执法到位，各类环境考核达到规定标准的先进单位给予精神鼓励、物质奖励。④严格执行生态损害问责机制，按照“权责统一、党政同责、失职追责、问责到位”的原则，与现行法律法规及相关规定相衔接，并结合生态红线、生态补偿、生态环境监测核算等相关制度进行综合实施。⑤以环境保护安全等重大责任事件和风险为重点，实事求是、因地制宜地制定问责机制，制定具体执行程序和细则，做到显性责任即时惩戒，隐性责任终身追究。

第二节　贾汪：资源枯竭型城市打造转型升级示范区

一、背景研究

徐州市贾汪区是典型以煤炭资源开采为主业的资源枯竭城市，是徐州市老工业基地煤炭工业的发源地。贾汪区作为江苏省重要的能源供应地，为江苏省乃至全国经济建设做出了重要贡献。经过长时期高强度、大规模的开采，贾汪区煤炭资源濒临衰竭，可持续发展面临一系列突出困难和问题，主要表现为：①传统产业比重偏高，接续替代产业尚未形成；②生态环境破坏严重，采煤塌陷地治理和村庄搬迁任务繁重；③基础设施较为滞后，公共服务功能大量缺失；④地方财政困难，民生保障压力巨大。2011 年，贾汪区被列入江苏省唯一一家国家资源枯竭城市，这为贾汪区的转型发展创造了历史性机遇。

为推进转型发展，贾汪区委、区政府大力实施“融入主城区、建设副中心”战略，加快推进产业、城市、生态和社会四大转型，努力把贾汪区建成“山水生态城、休闲度假区、徐州后花园、城市副中心”。“十二五”时期以来，贾汪区综合实力不断增强，城市面貌发生重大变化，山水特色逐步彰显，初步实现了“由小贾汪到大贾汪，由陈旧矿区到现代城区，由灰色印象到绿色主题”的三大转变，荣获中国休闲小城、全国休闲旅游示范区、全国绿化模范区等荣誉称号，被国家旅游局批准成为首批全域旅游示范区创建单位，贾汪区从“一城煤灰半城土”变成“一城青山半城湖”。

二、区域概况

贾汪区位于徐州市东北、苏鲁两省交界处，面积612平方千米，总人口52万，下辖5个镇、4个街道、1个省级经济开发区、4个风景区管理处。贾汪区南部为黄泛冲积平原，地势平坦，北部为丘陵山区，有主要山峰55座，其中大洞山主峰海拔361米，为徐州市境内第一高峰；区内有骨干河道8条，京杭大运河、不牢河横贯东西，山水资源优势明显。

近年来，贾汪区经济保持稳定增长，综合实力不断增强，地区生产总值从2006年的65.9亿元增长到2015年的260.54亿元，比2006年增长295.4%。全区产业结构由2010年的8.3∶54.4∶37.3调整为2015年的8.0∶50.9∶41.1，稳定性、协调性、可持续性不断增强。此外，贾汪区产业转型不断推进，充分发展以磷化工新材料、“三电总成”、新能源、生物医药等为主导的战略性新兴产业，打造在全国有影响力的新兴产业集群，同时旅游产业发展地位日益提升，大洞山、潘安湖、督公湖和凤鸣海景区先后被评为国家4A级景区，卧龙泉景区被评为国家3A级景区。贾汪区城乡人居环境明显提升，设立3个城市管理片区和11个街区，严格推行“片长、街长”负责制，重点地区“脏乱差”现象明显改善，环境基础设施不断完善，贾汪区污水处理率达到88%，“组保洁、村收集、镇转运、区转运、市处理”的村镇垃圾收运体系已全面建成。

三、重要实现路径

近年来，贾汪区坚持把“生态优先、绿色发展”作为资源枯竭城市转型发展的首要战略，把生态旅游作为首要工程，举全区之力推进国家全域旅游示范区创建工作，以创建推动产业转型升级，成功走出了一条转型发展的新路子，成为全国资源枯竭城市生态转型的“江苏样板”。

（一）功能片区错位发展特色鲜明，经济绿色转型加速推进

贾汪区围绕建设成为全国资源枯竭型城市转型发展示范区和全国全域旅游示范区的目标，把全区划分为潘安湖科教创新区、徐州综合保税区、徐州工业园区、传统产业转型升级示范区、大洞山旅游度假区、江苏省现代农业产业园区、生态宜居现代化城区七个不同功能的板块，实现错位发展，促进产业集聚，彰显各自特色。①潘安湖科教创新区，按照“一城、一镇、多园区”的发展格局（科技商务城、旅游小镇、一期湿地核心旅游区、乡村休闲俱乐部、养生健康产业园区、科技产业园区、总部经济园区和商务休闲文化园区等），大力培育以湿地为载体的新兴产业集聚区，发展文化创意、生态旅游、休闲养老等特色产业，力争创建成为国家5A级旅游景区。②徐州综合保税区，以保税物流中心为龙头，统筹发展“互联网+电子商务”，加快交通服务枢纽、综合商务、临港加工“三区”建设，建成集保税、物流、加工于一体的现代化综合保税园区。③徐州工业园区，围绕创建国家级开发区的目标，以“集群集聚、高端高新、融合发展”为引领，促进园区产业向高端化、高增值、高效益发展，加快构筑具有区域竞争力的现代产业新体系。④传统产业转型升级示范区，主要包括青山泉工业集中区和江庄工业集中区，以标杆骨干企业为龙头，推进企业提档升级，整合优化区域钢铁、焦化产能，延伸产业链，扩大产业面，做强、做好循环经济，形成区域发展新优势。⑤大洞山旅游度假区，充分利用大洞山自然环境优势，实施森林植被修复工程，成为集山地运动、山地度假、乡村旅游、田园休闲于一体的精品旅游胜地。⑥江苏省现代农业产业园区，将紫庄、汴塘、塔山、耿集等镇作为农业发展重点区，发展高效设施农业、休闲观光农业及农产品加工业，合理调整养殖业和花卉苗木等生产，使其成为集生产、观光、休闲于一体的高效生态农业示范基地。⑦生态宜居现代化城区，集中发展贾汪区中心城区，在强化行政管理、传统商贸、物流、职业教育、旅游服务的基础上，大力发展高新技术和现代服务业，加强绿地系统建设，美化环境，提升居民生活品质。

贾汪区始终坚持改造传统产业、培育新兴产业、创建生态工业园区多管齐下，加快工业转型升级。近年来在改造传统产业方面，贾汪区共关闭小水泥生产线29条、小砖窑65座、小焦化27家、“十五小”56家，淘汰小钢铁产能110万吨，拆除徐州森宇钢铁有限公司、徐州博瑞钢铁有限公司落后设备。此外，冶金、煤化工、建材、机械制造、家具等传统制造业向高端化、品牌化发展，宝丰钢铁、成日钢铁、海通特钢等企业通过延伸产业链，向下游价值链高端延伸，不断扩大企业规模，区域综合竞争力得到明显增强。同时，依托贾汪华旭家具、三力家具等龙头企业，贾汪区建立了绿色家居产业园区，促进产业发展提档升级，形成集家具产品展示、设计研发、质量检验、价格发布、商务交流、信息发布、仓储物流于一体的家具产业基地。在培育新兴产业方面，贾汪区积极打造磷化工新材料、“三电总成”、新能源、生物医药等战略性新兴产业，逐步把新兴产业发展成为优势产业，形成具有全国影响力的新兴产业集群。在创建生态工业园区方面，贾汪区持续推进园区生态化发展，徐州工业园区2012年已启动生态工业园区创建工作，经过这几年的努力，园区经济可持续发展水平明显提高，环境质量持续改善。青山泉镇、江庄镇工业集中区全面启动省级生态工业园区创建工作，突出抓好重点工业企业环保问题整改，并对防护距离内的居民实施搬迁。

（二）高品质树立特色旅游品牌，做大做强全域旅游

一方面，依托特色旅游景区及景点，贾汪区着力打造8个旅游集聚区。①依托大洞山建设宗教禅修中心，以药师佛道场为特色，融入禅味、仁爱、善心等元素，建设特色明显的宗教圣地旅游景观。②依托潘安湖建设休闲度假中心，以潘安湖乡村湿地为特色，体现生态湿地、休闲度假、湿地科普及潘安文化。③依托凤鸣溥建设奇石观赏中心，以山石资源为特色，体现徐州后花园的鳌头风貌。④依托督公湖建设户外休闲中心，以山水资源为特色，开发滑翔伞项目，建设世界滑翔公社，体现娱乐、体验、刺激等元素。⑤依托养生谷建设休闲养生养老中心，以自驾自助为特色，开发养老度假项目，建设理疗中心、彭祖文化中心、传统医学中心。⑥依托土盆村建设温泉康体中心，以地质科普文化为特色，体现走土路、住土屋、吃土菜，洗温泉、泡

神汤、沐清心等原始体验。⑦依托权台矿建设科技创意中心，以煤矿资源为特色，利用老厂房、老设备开展文化创意产业特色项目。⑧依托卧龙泉建设文化博览中心，以红色文化为特色，体现红色教育、绿色生态、金色美食和特色养生。

另一方面，贾汪区以资源为基础、以市场为导向，以提高旅游吸引力和产品竞争力为核心，以山水文化为重点，构建多层次旅游产品体系。①重点发展山水观光游览型旅游产品，依托丰富的山水资源，突出生态观光、休闲度假类旅游产品特征，加快“一山两湖一海”四大景区建设。大洞山景区重点发展宗教禅修文化产业，加快实施茱萸寺景区夜景亮化、引水上山工程及大洞山温泉等项目；潘安湖景区重点发展生态文化、商务旅游产业，抓好二期文化设施配套工程，扎实推进国家级生态旅游示范区建设；督公湖景区重点发展户外休闲养生产业，加快实施供水、污水线路工程，形成以水库为依托，以督公传说为主题，仙履桥、叠石瀑布、桂花园、樱花园、紫薇园等景点交相辉映的壮丽景观；凤鸣海景区重点建设旅游综合体项目，加快发展温泉度假、观光购物等业态，积极争创省级旅游度假区。通过整合大洞山、潘安湖、督公湖、凤鸣海等旅游资源，强化贾汪旅游品牌效应，争创国家旅游度假区。②加快发展特色文化型旅游产品，以“浪漫、花海、休闲旅游”为主题，加大紫海蓝山薰衣草文化创意产业园建设力度；办好贾汪石榴节、音乐节、徐州登高节、茱萸寺庙会等节庆活动；推进白集汉墓、煤炭主题公园（东方鲁尔文化生态产业园）、贾汪起义博物馆、马庄民俗文化、潘安古镇、织星庄园等贾汪特色文化的深度开发。③引导发展农业观光旅游型产品，加快农业基础设施建设，大力发展塔山设施农业、紫庄蔬菜基地、欲信达开心乐园、宗庄桃园、鹿楼石榴园、耿集草莓园等农业观光旅游。

（三）大力实施生态修复治理工程，彰显“山水贾汪”魅力

贾汪区围绕园林城市、卫生城市、文明城市、生态示范区“三城一区”的创建目标，大力推进生态环境建设，彰显“山水贾汪”魅力。①贾汪区按照“基本农田整理、采煤塌陷地复垦、生态环境修复、湿地景观开发”四位一体模式综合治理潘安采煤塌陷地，高标准建成潘安湖湿地公园，实现了

“化腐朽为神奇、变包袱为资源”，目前，潘安湖二期工程已建成开园，潘安湖风景区总面积达到 1.1 万亩。②贾汪区完成凤鸣海保护性开发，建成了位于新城中心地带的湿地公园，形成了“山和奇石兼备，水与涌泉并存”的优势。③贾汪区实施了督公湖扩湖工程，该工程总蓄水量达到 480 多万米^3，凤鸣海、督公湖成为新城区两颗“生态明珠”。

贾汪区坚持“拆墙透绿、沿路植绿、沿江布绿、见缝插绿”的原则，打造城市园林景观，建成城北生态防护林、城北生态廊道以及人民公园敞园等 11 个精致游园，2015 年年底全区城市绿化覆盖率提高到 42.05%，森林覆盖率由全市末位跻身前列，营造了“城在绿中、绿染全城”的美丽画卷。此外，贾汪区还规模化开展植树造林，自 2011 年开始“二次进军荒山”，目前完成荒山绿化 3 万亩，高标准完成 7 600 亩京沪高铁沿线绿化，并深入开展农田林网建设，全区累计绿化造林近 10 万亩。同时，贾汪区系统化构建生态屏障，在徐州市大外环贾汪段、310 国道贾汪段建设两侧各 100 米、总长 35.4 千米的绿化带；在工业集中区全部建设企业防护林，企业内部绿化率达到 35%及以上，企业外部林带宽度不低于 100 米；在 122 个行政村周边建设宽约 10 米的环村林，着力打造绿色屏障、绿色企业、绿色城市、绿色村庄。

第三节　宿迁：探索建设生态经济示范区

一、背景研究

为贯彻落实主体功能区划，实现区域优化开发，江苏省在对以往沿沪宁线、沿江、沿海、沿东陇海线“四沿”布局进一步深化的基础上，创新性地提出了“1+3”总体布局，这是重构和优化江苏全省区域功能布局的“新蓝图”。“1”，就是扬子江城市群；“3”，就是连盐通一线的沿海经济带，以宿迁、淮安为主包括苏中部分地区的“三湖”（洪泽湖、高邮湖、骆马湖）生态经济区，以徐州为中心的淮海经济区。因此，在宿迁市全面建设生态经济示范区，对于促进生态、经济、社会协调发展，因地制宜推进“两聚一高”

和“强富美高”新江苏建设具有重大示范意义。

二、区域概况

作为江苏省最年轻的设区（市），宿迁市尽管在13个设区（市）中经济总量最小，但生态资源丰富、绿色产业蓬勃兴起、改革创新动力强劲，“改革、青春、生态”成为这座城市的鲜明“烙印”。宿迁市有条件通过建设生态经济示范区，改变先污染后治理的发展路径，发展绿色生产力，打通把“绿色青山”转化为“金山银山”的通道。

（一）优势条件

（1）生态资源。宿迁市拥有骆马湖和洪泽湖两大淡水湖泊，京杭大运河和古黄河穿境而过，水域面积占全市总面积的27.9%。全市林木覆盖率达到28.2%，城市绿化覆盖率达42.6%，素有“绿色家园”“生态氧吧”“长寿之乡”的美誉，先后获批国家园林城市、全国绿化模范城市、国家节水型城市、国家卫生城市、中国最具生态竞争力城市，被列为全国水生态文明城市建设试点，2015年获得中国人居环境奖，初步具备建设区域性大型绿色生态屏障的条件。

（2）经济发展。2016年，宿迁市地区生产总值达2 351亿元，跻身全国地级市百强，增速达9.1%，是江苏省乃至长三角地区发展速度最快、综合实力提升最明显的地级市之一。人均地区生产总值48 309元，约合7 275美元，达到中上等收入国家水平。宿迁市新兴产业销售收入和高新技术产业产值占比分别达27.6%、22%，智能家电、绿色建材等两大基地获批江苏省首批20家省级先进制造业基地，智能电网产业基地获批省高端装备制造业特色基地。此外，宿迁市已建成6个全国绿色食品（原料）标准化生产示范基地，全市无公害农产品、绿色食品和有机农产品达871个，生态农业初具规模。同时，宿迁市电子商务产业蓬勃发展，是国家电子商务示范基地、全国电商百强城市，京东、途牛、当当等11家全国50强互联网电商企业落户，“中国淘宝镇”“中国淘宝村”获批数量位居江苏省前列。

（3）城市建设。目前，宿迁市形成以宿迁城区为中心，沭阳县、泗阳县、泗洪县为副中心，重点镇和特色镇为节点的“一主三副多点”的城镇体系格局。

（4）生态治理。近几年，宿迁市持续实施治气、治水、治土工程，空气质量优良率达到71.4%，地表水市控以上断面优于Ⅲ类水质的比例达到65.4%，“十二五”期间林木覆盖率提高了0.4个百分点，相关指标均居江苏省前列，分别创建国家级生态乡镇、省级生态乡镇16个、46个，绿色生态成为宿迁市最亮丽的城市名片。此外，宿迁市还编制了生态红线区域保护规划、骆马湖和洪泽湖生态环境保护总体规划，构建了“1+1+N”生态保护制度框架，率先开展排污权有偿使用和交易试点，并实施污染企业关停并转，生态环保机制更加健全。

（5）改革创新。宿迁市在全国率先推出资格资质去行政化、“一证一号”、工业类产品生产许可制度、国家扶贫改革试验区“四项机制”等一批原创性改革，形成了全面深化改革的“宿迁经验”，体制、机制创新走在江苏省前列。宿迁市电子商务产业园和江苏宿迁生态科技博览会等创新平台建设成效显著，建立了400个校企联盟，拥有省级以上研发机构219家、国家级高新技术企业184家，创新资源集聚效应初步显现。

（二）面临挑战

尽管宿迁市发展速度较快，但仍存在一些亟待解决的问题，具体如下。

（1）经济发展与环境保护矛盾尖锐。当前，宿迁市正处于工业化、城镇化快速发展阶段，资源环境压力日益严峻，生态空间管控和绿色发展的刚性约束有待全面加强，特别是如何突破传统发展路径依赖，促进生态经济崛起、实现人口资源环境协调发展的新路径亟待创新突破。

（2）生态环境状况仍然不容乐观。宿迁市主体功能区定位不够清晰，部分区域功能混杂，生产空间与生活空间融合程度较低，生态空间没有得到有效保护。此外，宿迁市重要生态功能区的管控措施有待加强，部分生态红线及其上游区域仍然存在环境隐患，主要湖体受氮磷污染物影响存在富营养化现象，洪泽湖整体为Ⅴ类水质，如何加强水污染防治、水生态修复，是沿线地区迫切需要解决的问题。

（3）生态优势尚未转化为经济发展动能。宿迁市人均地区生产总值仅相当于江苏省平均水平的50.6%，经济发展水平与沿海、沿江、沿东陇海地区相比仍然较为落后。此外，宿迁市绿色产业基础相对薄弱，生态经济发展动能亟待培育壮大，同时，产业集聚度不够，生产空间过于分散，空间利用效率不高，园区众多但产出水平有待提升。

（4）生态经济发展体制机制亟待创新。当前，在江苏省苏北等地区仍然存在重开发、轻保护的传统发展模式，有利于生态优先、绿色发展的政绩综合考评体系尚未建立，有利于促进资源整合、强化污染综合防治的宏观统筹机制仍然存在障碍，生态经济示范区体制、机制亟待创新，迫切需要重构全新的制度环境促使区域经济、社会、生态和谐共赢。

三、重要实现路径

（一）全面落实主体功能区划，建立合理的空间治理体系

（1）以乡镇为单元划定市域主体功能区。宿迁市以资源环境承载力为基础，按照国土开发强度、发展方向以及人口产业集聚和城乡建设的适宜程度，以乡镇为空间单元，将市域国土空间划分为优化开发区域、重点开发区域、限制开发区域、禁止开发区域。在此基础上，宿迁市进一步强化生态功能保护导向，将限制开发区域中的部分农产品主产区调整为生态功能区，将乡镇（街道）细化分为优化开发区、重点开发区、农产品主产区和重点生态功能区四类。

（2）率先连片划定乡镇生态功能区。根据乡镇空间单元的地理区位、自然禀赋和产业特色，宿迁市将沿洪泽湖和骆马湖周边乡镇、淮沭河扶贫片区、新河镇及其周边地区全部列为生态功能区。此外，突出生态功能保护，加快发展生态特色产业，重点探索生态扶贫与生态富民的有效路径。

（3）适时推动主体功能转换。宿迁市根据发展阶段特征和生态经济发展需要，适时动态调整乡镇（街道）主体功能，持续巩固提升生态空间的规模与质量，促进空间结构调整优化不断走向深入。

（4）推进多规合一。宿迁市以主体功能区规划为基础，统筹各类空间性规划，推动经济社会发展规划、城市总体规划、土地利用规划、生态环境保护规划等“多规合一”。同时，宿迁市还重点探索空间规划管理交叉部门职能整合，建立市域空间规划基础平台和管理体系，从源头上实现一本规划、一张蓝图。

（二）以建设江苏“大公园”为目标，提升山水林田湖生态体系功能

（1）提升湖泊生态功能。宿迁市主要进行以下工作：①开展退圩还湿、退圩还湖、生态清淤、生态修复工程，建设环骆马湖、洪泽湖等生态廊道，保护和退还湖泊生态空间。②加快骆马湖、洪泽湖宿迁片区汇水区域内产业转型升级，强力治理入湖河流污染和面源污染。③严格执行湖泊休渔期制度，推进湖泊水体休养生息。④建立湖泊环境信息大数据平台，强化湖泊环境监管能力。

（2）加大湿地保护力度。宿迁市主要开展以下工作：①实施退渔还湿、退耕还湿工程，加强岸线维护、植被恢复、野生动物栖息地恢复，开展重要湿地修复治理。②加强湿地自然保护区、湿地公园和湿地保护小区等各类湿地保护载体建设，建设骆马湖、洪泽湖、成子湖、天岗湖、溧河洼五大湿地系统，提高自然湿地保护率。③加强湿地用途监管，统筹规划湿地监测站点设置，提高湿地监测信息化水平。

（3）推进森林生态建设。宿迁市主要开展以下工作：①加强森林公园保护，合理开发利用林木资源，加强林木病虫害防治与护林防火等森林资源保护。②推进沿河、环湖、沿路生态绿廊和环城林带建设，实施“森林进村”工程，构建森林生态廊道体系。③实施科学营林，推进城乡绿化与彩色化、效益化相结合，积极开展林相改造和树种更新，逐步优化树种结构，打造“五彩森林”林海景观。

（4）维护河流生态系统健康。宿迁市主要开展以下工作：①划定河湖水域岸线功能区，重塑健康自然的岸线，推进沿古黄河、中运河、民便河、六塘河水—陆复合生态系统建设。②优化提升大运河和古黄河滨水生态景观，打造两河生态文化廊道。③加快实施中心城市水系连通工程，形成“一轴、

二环、四湖、五沟通”的水系格局，其中，“一轴”指以古黄河为城市水系的主轴线；“二环”指外环河形成城市西部—八支—东沙河—古黄河—中运河外包围圈，内环河重点沟通古黄河、西民便河；“四湖”指在西民便河上的宽阔水域兴建项王湖、虞姬湖、圣水湖、翠竹湖；“五沟通”指远期实施东沙河、八支渠与中运河的沟通，近期实施骆马湖与西民便河、古黄河的沟通。

（5）建设生物多样性保护优先区域。①推进洪泽湖国家级自然保护区、向阳水库鸟类自然保护区、骆马湖国家级水产种质资源保护区等生物多样性保护优先区域的建设，开展珍稀濒危水生生物和重要水产种质资源的就地和迁地保护。②在洪泽湖、成子湖、骆马湖、天岗湖、向阳水库等地建立生物多样性地面观测体系，建成生物多样性观测样区。

（三）运用“生态+、互联网+、旅游+”等新模式，探索产业富民新路径

（1）聚力发展“生态+”产业。①推动生态与工业、农业、旅游、养生、文化等融合，积极发展生态工业、生态农业、生态旅游等生态产业，大力发展激光装备、信息显示等新型制造业，积极发展生态、高效、现代、特色农业，推动产业向结构“轻”、模式“绿”、质量“优”转变。②产业结构不断优化，2016 年三大产业结构比例调整为 11.7∶48.5∶39.8，其中第一产业比重较上年下降 0.4 个百分点，第二产业比重与上年持平，第三产业比重较上年提高 0.4 个百分点。③服务业贡献继续提升，2016 年宿迁市服务业对全市地区生产总值增长贡献率为 43.7%，拉动全市经济增长 4.0 个百分点。④“新特”产业稳步发展。2016 年宿迁市四大特色产业产值均突破 500 亿元，总量达 2 668.73 亿元；四大新兴产业产值达 448.13 亿元，占比达 10.4%，实现高新技术产业产值 949.61 亿元，占全市总量的 22.0%。

（2）聚力发展“互联网+”产业。宿迁市推动互联网与先进制造业、现代服务业等深度融合，重点依托 8 个省级电商示范基地特别是宿迁电子商务产业园，大力发展以云计算、物联网、大数据为代表的新经济、新产业、新模式，做大做强保险小镇、互联网基金小镇等一批新业态。以宿迁市湖滨新区保

险小镇为例，该小镇充分依托骆马湖的生态资源，以保险后援为切入点，专门为客服、电商、结算等业态提供发展空间，目前已有中国人保、中国大地、中国太平、中国平安、中国太保、中华联合、亚太财险等近20家国内知名财险公司和保险中介机构投入运营，座席规模超过4 000个。

（3）聚力发展“旅游+”产业。宿迁市把旅游产业作为引擎性产业，加快发展全域旅游、休闲度假旅游和乡村特色旅游，规划建设100个独具特色的风情旅游景点，着力构建“旅游+”产业生态圈，积极发展健康养老、文化创意等产业，形成由旅游核心产业、旅游相关产业和旅游支持产业构成的旅游产业综合体系。2016年，宿迁市旅游产业保持高速增长，全市有等级旅游景区47个，其中，4A、3A和2A级景区分别有9个、20个和18个，全市实现旅游总收入216.26亿元，比上年增长23.2%，接待国内外游客1 925.5万人次，比上年增长20.2%，其中4A级景区接待人数658.83万人次，增长18.1%，年末旅行社数量达到72家，比上年末增加5家。

（四）强化制度创新，构建生态经济示范区发展体制机制

（1）创新行政管理体系。①按照“大部制、模块化、专业化”原则，根据生态经济示范区建设的客观需要，探索实施“一个网络管审批、一个平台管服务、一支队伍管执法”，实现“乡（镇）村治理一张网”。②创新设置部门机构，科学界定部门职责，坚持精简、统一、效能的原则，在机构限额内，加大部门职责整合力度，探索党政机构合署办公，围绕生态体系维护和生态环境建设、生态经济发展、国土空间规划与管理、城乡基础设施建设、市场监管、公共服务和社会保障等重点领域，设置大部门架构，从源头上划定部门间职责边界，避免职责交叉，确保部门权责统一。③按照主体功能定位，差别化组建县（区）、园区、乡镇政府机构，构建“简审批、严监管、重信用、强执法、优服务”的治理框架，实现主体功能建设相关职责主体明确、责任清晰、落实到位。④有序推进政务和公共服务信息资源开放共享，建设统一的基于云计算的电子政务公共平台，实现一站式、即时性的政府“云服务”，全面推行“互联网+政务服务”，推动“放管服”改革走在江苏省前列。

（2）构建差别化的主体功能区政策。根据主体功能区规划的要求，实行分类管理的区域政策，形成市场主体行为符合各区域主导功能定位、有利于规划目标实现的利益导向机制。宿迁市主体功能区政策制定及管控措施见表 4-1。

表 4-1　宿迁市主体功能区政策制定及管控措施

政策类型	政策要求
人口政策	①按照功能分工和定位，引导人口有序流动并定居。②推进户籍制度改革，引导农业转移人口加快向优化开发区域、重点开发区域集聚。③支持位于农产品主产区、生态功能区的乡镇加快推进人口集中居住，通过增强劳动力转移就业的能力，鼓励人口到城镇化地区就业定居
土地政策	①强化土地集约高效利用导向，实行最严格的节约用地制度，实施县域空间单元国土开发利用强度分类管理。②按照主体功能定位，建立差别化用地政策。③优化开发区域按照“控制增量、盘活存量、集约高效”的要求，推进产业集聚、用地集约，控制建设用地增长，进一步提高建设用地产出效益。④重点开发区域合理增加建设用地空间供给，避免盲目开发、无序开发，适度增加服务业和城市居住空间，合理进行农村居民点整合，稳定扩大产业空间规模，积极引导产业集群发展和用地集中布局，加大空间存量调整。⑤限制开发区域实行严格的耕地保护制度，以存量用地调整为主，优化农用地结构，适度扩大农业生产空间，促进基本农田集中连片布局，积极推进工业集中区的整合撤并和搬迁。⑥禁止开发区域逐步调减与功能定位不符的建设用地，严禁改变生态用途或与管制要求不符的土地供应
财政政策	①按照推进形成主体功能区的要求和基本公共服务均等化的原则，深化财政体制改革，完善公共财政体系。②完善现行财政体制以及事权划分，调整优化财政支出结构，加大对农产品主产区的财政支持力度，确保基本支出需求。③加大对生态功能区、禁止开发区域生态环境保护、修复的支持力度，增强其提供生态产品的能力。④实施财政奖励制度，对农产品主产区、生态功能区和禁止开发区域中粮食发展、农产品生产和生态保护贡献突出的县（区、乡镇），加大财政支持力度。⑤建立运河、古黄河、淮沭新河等主要跨界河流生态环境损害经济调节机制。⑥创新财政投入机制，引入市场化手段，采用与社会资本合作、设立基金等方式建设生态项目
环境政策	①优化开发区域和重点开发区域要加强污染源头控制，强化环境影响评价和环境风险防范，严控污染物排放总量，实行严格的产业准入环境标准，限制入河排污总量，保护好水资源和水环境。②限制开发区域通过治理、限制或关闭污染物排放企业等措施实现污染物排放总量持续下降和环境质量状况达标。③实行全面节水，加强水土保持和生态环境修复与保护。④禁止开发区域依法关闭所有污染物排放企业，确保污染物“零排放”，实行严格的水资源保护政策

续表

政策类型	政策要求
产业政策	①综合考虑产业发展导向与主体功能区，制定差别化的产业结构调整指导目录和产业准入正面清单、负面清单，明确不同功能区鼓励、限制和禁止的产业。②对不同主体功能区的项目实行不同的占地、耗能、耗水、资源回收率、资源综合利用率、工艺装备、“三废”排放和生态保护等强制性标准，严格市场准入制度。③对不符合主体功能定位的现有企业，要通过设备折旧补贴、设备贷款担保、迁移补贴、土地置换等手段，促进产业跨区域转移或关闭。④加快退出禁止开发区域内不符合主体功能地位的现有项目

（3）创新绿色发展考核体系。①按照“差别对待、突出重点、务实可行”的原则，设计分类考核评价体系，重点考核生态经济发展规模质量、生态空间管控和生态治理成效、生态富民等方面的指标。②全面取消对生态功能县（区）、乡镇的地区生产总值考核。③对开发园区重点考核生态产业链构建、技改投入、循环化改造、节能减排、创新载体建设和创新要素集聚等方面的指标。④对生态功能区、农产品主产区重点考核生态体系保护和修复、生态产品和农产品供给规模质量、特色产业发展、美丽乡村建设、基层基本公共服务体系建设等方面的指标。⑤对各级、各类保护区重点考核自然资源的原真性和完整性。

（4）全面激发市场活力。①发挥市场在资源配置的决定性作用及政府作用，深入推进简政放权、放管结合、优化服务。②探索实施负面清单管理，凡市场机制能调节的经济活动，一律取消行政审批。③深化“多证合一、照合一”改革，扩大审批事项整合范围，推进企业登记全程电子化改革。④创建国家网络监管与服务示范区。⑤聚焦生态经济重点领域，培育招引市场主体，打造一批龙头型、旗舰型、基地型骨干企业，促进形成生态经济特色产业链和绿色企业集群。⑥创新投融资机制，积极推广 PPP 模式，鼓励引导社会资本参与生态经济示范区建设。⑦在确权登记的基础上建立健全生态资源资产产权制度和有偿使用制度，加快建立生态资源交易平台，探索建立区域性生态技术交易平台、碳市场交易平台，创新推动生态资源资产化、证券化。⑧建立健全资金、技术、人才、土地等生态经济要素市场体系，激发市场活力。

第五章　产业绿色化发展模式探索

第一节　现代农业园区引领绿色农业
——江苏建湖国家现代农业示范区

一、建湖建设现代农业示范园的机遇与使命

1. 机遇

近几年来，建湖县先后荣获全国百强县，全国商品粮生产基地县，全国水稻杂交种子繁育基地县，全国优质稻米标准化生产示范县，全国平原绿化先进县，全国质量兴市先进县，全国优质商品瘦肉型猪基地县，全国科技进步县，江苏省稻田养殖示范县，江苏省水产养殖十强县，江苏省最大的螃蟹养殖基地，也是中国农业科学院生态中心试点县等。近年来，全县各项主要农业生产指标全市领先，建湖的农业经济进入了快速发展的轨道，取得了前所未有的成绩。其中，通过结合高产创建活动，在恒济、颜单、庆丰、上冈、宝塔等镇建成亩产 625 千克的粳稻生产基地 60 万亩。2010 年全县水稻面积 75 万亩，位列江苏第 11 位，总产量位列江苏第 9 位，三麦面积 65 万亩，总产量、总面积均位列江苏第 8 位。畜、禽饲养量年均分别保持在 70 万头和 2 500 万羽，2010 年家禽存栏量位列江苏第 11 位，禽蛋总量位列江苏第 7 位。全县 19.18 万亩养殖水面，高效渔业面积占 76%，2010 年全县淡水水产品总产量位列江苏第 7 位。

2. 使命

（1）培育壮大优势特色产业，为发展现代农业树立新样板。通过集聚各

种资源，综合运用新品种、新技术、新模式，高起点、高标准建设一批规模化、标准化和产业化程度较高的生产示范基地，为农民提供看得见、摸得着的示范样板，实行典型引路、以点带面，有利于推动优势特色产业上规模、上水平，促进农业增效、农民增收。

（2）集成示范推广现代农业技术，为农业科技成果产业化搭建新平台。建设现代农业产业园区，推进农业科研、教学、推广、企业、合作组织发展多种形式的合作，实行农科教、产学研结合，有利于加快农业科技成果引进、吸收、集成、创新步伐，培育发展种子种苗、生物工程、科技服务、农产品精深加工等现代农业产业，提高农业科技创新能力，促进农业科技成果产业化。

（3）探索创新农业生产经营组织形式，为农业适度规模经营开辟新途径。建设现代农业产业园区，充分发挥园区产业效益较高的优势，引导农民合法、自愿、有序流转土地，是推进土地集中经营的有效途径。通过引导农民、农民合作经济组织、农业龙头企业、科研推广机构等到园区创业，采取土地、资金、技术等入股形式，有利于探索建立新的农业生产组织形式和经营管理机制，推进多种形式的农业适度规模经营。

二、功能定位

紧紧围绕“创建全国一流农业示范区”的总体目标，以科技为依托，以产业发展为重点，以市场为导向，以龙头基地带动为引导，大力发展优质粮食、家禽养殖、水产水生等主导产业，努力把示范区建设成为综合效益显著的生态型现代农业、城郊型精品农业先导区，最终建设成为集生态化、产业化、集约化、科技化、市场化于一体，集生态建设、循环种养、加工配销、示范推广、研发孵化、集聚扩散、科普培训、信息交流及旅游观光于一体的现代农业与农村可持续发展示范区。示范区要体现以下功能：

1. 生产加工功能

现代农业示范园区的本质是农产品生产区，农产品生产及其加工是其基本功能，是园区的优势主导产业。具体包括：建立农业标准化和农产品安全生产技术体系，推行无公害种植、生态养殖、生态种养等可持续发展模式，用技术手段规范农业生产过程，生产高档安全农产品，重点对农业生产投入品进行监管，加强种植业和养殖业的标准化管理和质量安全体系认证工作，提高示范区农产品的竞争能力。

2. 生态保护功能

农业生产中要充分考虑农业生产与生态环境的和谐统一，发展绿色农业、有机农业。利用施用减量技术、再利用技术、资源优化技术，实现畜禽粪便、秸秆等农业废弃物的综合利用，减少污染，提高资源利用效率，形成低投入、高产出，低消耗、少排放，可循环、高效率的循环农业产业体系。

3. 示范推广功能

主要是引进和示范现代农业新技术、新品种、新成果并加以推广应用，示范现代农业建设、农业高新技术企业的经营管理及成功经验并加以推广应用。

4. 科技引领功能

以新品种、新技术、新成果展示为重点，通过推进产学研结合，布局一批高科技、高效益和高示范性的农业科技示范项目，展示高精尖农业科技，展示未来农业发展方向。

5. 旅游观光功能

既保持农业的自然属性，又有新型农业设施的现代气息，加上生态化、精品化的整体设计和常年进行名特优瓜果、蔬菜、苗木花卉等的生产与示范，形成集科学性、艺术性、文化性于一体的现代休闲观光景点。

6. 模式创新功能

创新农业经营机制，将高新技术和适用技术相结合，农业发展与新农村建设相结合，农业现代化与农业工业化相结合，实现农业生产方式工业化、管理方式现代化、经营模式集约化和规模化，探索一条具有建湖特色的现代农业发展之路。

三、产业布局

以建设“国家现代化农业示范区”为主线，构建“三大主导产业基地、三条农业示范带、三个现代农业产业园”的总体框架，即优质粮食生产基地、种养循环生产基地、水生水产生产基地；科技农业示范带、设施农业示范带、观光农业示范带；建湖现代农业产业园（核心功能园）、上冈果蔬加工物流园、恒济水产加工物流园。

四、产业发展战略

以现代高效农业、休闲农业和产加销一体化建设统领建湖现代绿色农业发展，形成精品集农业、科技农业和景观农业于一体的现代农业产业体系，协同推进绿色农业、循环农业。

具体的发展战略：稳步发展优质稻米产业、持续做优水产养殖产业、转型升级畜禽养殖产业、领先做强设施园艺产业、开拓强化现代科技农业、逐步做精休闲服务农业、加速推进产加销一体化建设。

五、重点建设工程

（一）优质粮生产基地

发挥建湖稻麦生产水平高、品质好、水源环境优越的条件优势，在恒济、颜单、建阳、九龙口、庆丰等6镇范围内实施优质商品粮标准化、规模化、产业化生产示范区。借助千亿斤标准田项目建设机遇，认真建设基础设施配套、生态环境良好、生产水平很高的高标准粮田示范基地，为全区、全县直至周边地区提供高标准农田建设样板，以此引领本地区农业基础建设迈上新台阶。积极实施粮食规模化、专业化、机械化、产业化发展之路，着实抓好“水稻三改一创建”实施工作，发挥水稻对提升粮食单产的主体作用。同时抓好小麦、水稻万亩高产示范片区建设，做好超级稻、科技入户、专业化统防统治、耕地质量建设、三项工程等项目的实施工作，充分发挥科技对粮食增产的作用。

1. 高标准粮田建设示范基地

（1）建设地点：颜单镇、芦沟镇、庆丰镇、宝塔镇、冈西镇、上冈镇、恒济镇、近湖镇。

（2）功能定位：建设基础设施配套、生态环境良好、生产水平较高的高标准粮田示范区，为全县直至周边地区提供高标准农田建设样板，以此引领本地区农业基础设施建设不断向更高水平迈进。

（3）建设内容：开展高产创建活动，推广引用优质品种，扎实抓好以颜单、芦沟、恒济、上冈、高作、九龙口等镇为核心的优质粮基地建设和以庆丰、芦沟等镇为核心的杂交稻制种基地建设。

一是抓住国家大幅加大农田水利工程建设投入的良好机遇，围绕全面提升粮食综合生产能力，大力开展以改造中、小型灌区骨干工程及续建配套或新建改造小型农田水利等为重点的田间工程建设，配套实施土地平整、机耕道、农田林网、推广应用改良土壤、培肥地力、增施有机肥、测土配方施肥等技术措施，建设高标准粮田，增强抵御自然灾害能力，提高土地产出能力。二是通过加大土地流转力度，积极探索粮食规模化、专业化、机械化、产业化发展之路。三是切实抓好“水稻三改一创建”规划实施，最大限度发挥水稻对提升粮食单产的主体作用。四是开展粮食高产创建活动。积极搞好小麦、水稻万亩示范片建设工作，以此带动大面积粮食持续增产。五是抓好提升科技支撑能力建设，抓好超级稻示范、农业三项工程、科技入户、耕地质量建设等项目实施，最大限度发挥科技对粮食的增产作用。六是大规模开展病虫害专业化统防统治。下大气力培育反应快速、执行有力、运转高效的病虫害专业化防控队伍，开发新型植保机械，推广绿色防控和生物防治技术。同时，按照政府扶持、市场化运作、社会化服务的原则，率先实施专业化统防统治，逐步实现全覆盖，降低防治成本，提高防治效果。七是大力提升农机装备水平。继续抓好农机购置补贴政策落实，扩大农机装备总量，优化农机装备结构，推广先进适用农机装备和技术，发展农机社会化服务，用高科技含量的机械化带动农业现代化。

2. **粮食良种繁育基地**

（1）地点与规模。以庆丰、芦沟等镇为核心的杂交稻制种基地，杂交稻制种 7 万亩。

（2）功能定位。建设服务本区、辐射全市乃至整个盐城经济区的水稻、小麦等主要粮食作物良种繁育、加工销售集聚区。

（3）建设内容。通过改善种子田农田基础设施及病虫害防控条件，建设相对固定的规模化、标准化、专业化良种繁育基地 4 万亩。

（二）高效水产养殖与水生作物种植基地

地点与规模。位于建阳、恒济、九龙口、颜单、沿河 5 个镇。建成高效设施渔业面积 2.5 万亩，认定无公害水产品生产基地 13 万亩。

功能定位。着力打造集生态养殖、水产物流及休闲渔业等功能于一体的高效渔业基地。

建设内容。重点建成恒济 1 万亩荷藕产业园，九龙口 2 000 亩芡实生产园，九龙口 5 000 亩存友螃蟹养殖园，1 000 亩华盛河虾养殖园，1 000 亩堰河龙虾养殖园，3 000 亩溘子荡特种水产品养殖园等，打造“湖垛”牌虾仁、“九龙口”牌螃蟹、“鸽河”牌荷藕、“恒美”牌甜脆藕等农产品，建成 3 万亩戛粮河高效渔业产业带。路、桥、绿化等基础设施配套完备；与上海海洋大学合作，建设水产新品种、新技术转化研发基地，推进标准化生产，提高养殖效益；发展农家乐、观光农业项目；建设九龙口大闸蟹（中华绒螯蟹）养殖园。依托养殖基地和上海、江苏省等科研机构，通过课题研究、技术培训和信息交流等形式，为农技人员与养蟹户搭建有效的帮扶机制和交流平台，打造“九龙口大闸蟹”优质品牌和产业化发展基地；新上水产品加工及水产品交易市场项目；建成市级现代渔业产业园区。可通过环境整治，在优美的田园风光中疏通水系，种植荷花和芦苇荡，养殖各种鱼类，其间穿插游步道系统和水上划船游览线路，增强游客的亲水性和参与性，再现人鱼同乐的和谐、自在、惬意的生活。

（三）生态畜禽规模养殖业

地点与规模。位于上冈、建阳、冈西、近湖 4 镇，草鸡饲养量 400 万只，水禽饲养量 150 万只，特禽饲养量 80 万只。

功能定位。着力打造集高品质粮食生产、生态养殖、废弃物循环于一体的新型循环农业产业。

建设内容。围绕本地区禽蛋等主导优势产业，突出基础条件较好、产业基础雄厚、养殖效益较好的草堰口、冈西、庆丰、近湖等乡镇养殖区域，大力发展相对集中的规模养殖小区，扩大区域整体养殖规模，提高集约化程度与标准化养殖水平，通过加强品种改良与繁育、现代养殖装备建设，推广无公害养殖技术，做好粪便的集中处理和循环利用，做好动物安全防疫，实现养殖基地科学管理和环境治理与保护的双重性目标；通过培育壮大基地内龙头企业，形成紧密的“养加销”一体化产业体系，不断提升畜禽养殖效益，形成较高层次的现代养殖样板基地。

（四）设施蔬果产业基地

充分发挥本地区地势平坦，土壤沙性，肥力较好，水利、电力、绿化等基础设施较完善，交通公路网络较配套，生产技术水平较高，加工、营销等体系较全的本地优势，使其成为“菜篮子”工程重点保障建设区域。该园区是引领建湖高效农业快速发展的样板基地，也是干鲜果基地观光采摘园，同时可作为近郊休闲、中小学科普教育基地。

1. 设施蔬菜产业基地

地点与规模。位于县域东部，主要包括上冈镇、冈西镇、庆丰镇、宝塔镇、冈东社区、草堰口社区、钟庄社区。发展设施果蔬 7 万亩以上，食用菌 0.7 万吨，建立种苗繁育中心 1 000 亩。

功能定位。建设盐城市一流，全县规模最大、标准最高的设施蔬菜生产基地，为盐城乃至全省树立样板。

建设内容。一是通过新建、补植、改造等手段，对基地的插花田、断档田、老棚体进行新建、改造升级，形成规模连片、设施标准较高的蔬菜生产基地。五年完成新扩建、改建标准日光温室、钢架大棚等设施面积 4 万亩。二是广泛开展园艺标准园创建活动。按照相关标准建设高标准示范园，引领大面积生产水平不断提升。三是配套建设蔬菜种苗繁、供体系。通过建设工厂化育苗中心，逐步实现基地种苗的统一供应。四是实施设施蔬菜技术创新工程，大力引进先进的智能温室、大棚卷帘机、滴灌设备、小型田园机械、果蔬自动分拣包装、智能控制系统等新材料、新工艺、新技术，加快品种、技术、设施更新，不断提升蔬菜生产科技水平。五是继续强化农产品质量安全建设。以标准化生产技术规范和农药残留标准为重点，加强投入品监管，完善产品检验检测站建设。加快发展认证无公害农产品、绿色农产品、有机农产品和地理标志农产品。六是积极搞好市场与信息体系建设。在基地建设一批区域性、专业化的大型批发市场；加强农超对接，建设冷链系统，提高加工配送能力。

2. 设施果树产业基地

地点与规模。位于上冈镇，规划面积 3 万亩。

功能定位。着力打造集设施葡萄、优质梨、桃果品生产集聚区，形成集生产、加工、观光采摘于一体的优质果品产业基地。

建设内容。①中绿葡萄庄园，建设设施葡萄采摘区 1 000 亩，主要建设葡萄避雨设施、新品种与新技术展示区、葡萄采摘区、观光服务区等，配套建设 200 米^2 保鲜库、500 米^2 生产管理设施、2 000 米^2 葡萄酒庄、1 000 米^2 休闲木屋。②常绿果园，建设精品桃梨展示中心、精品采摘园、景观亭等设施。配套设施有 500 米^2 保鲜库、500 米^2 生产管理设施。

3. 种苗中心

地点与规模。位于上冈镇农产品集中加工区以北，规划面积 500 亩。

建设内容。①建设 1 000 米^2 玻璃温室种苗中心，与相关科研单位合作，建立新品种培育、引进繁育中心，组培中心，建立种子筛选、播种、喷灌的全程自动化控制系统。②建设 500 亩新品种种苗培育中心，培育优质蔬菜种苗和果树种苗。

（五）花卉苗木产业基地

地点与规模。位于九龙口镇，花卉苗木基地达 2.5 万亩，其中新增苗木基地 1.5 万亩。

功能定位。建成苏北地区花卉苗木产业核心基地。

建设内容。基地内已建成江苏省级现代农业产业园区，建成苏北地区花卉苗木产业核心基地，核心区面积达 1.1 万亩，配套建成华北最大的竹柳快繁基地 2 000 亩，种苗繁育中心及高智能连栋温控大棚 3 000 米^2，苗木花卉展示及交易市场 5 000 米^2。示范区内花卉苗木、花木生产基地面积 3 万亩。

（六）建蒋路沿线旅游休闲农业建设

以九龙口湖荡湿地风景公园及农家乐休闲度假村基地建设为重点，打造集贸工农、商务会所、功能餐饮、旅游观光、风景园林、休闲娱乐于一体的现代休闲观光农业产业示范区，示范区面积达 3 万亩。

（七）204 国道沿线高效设施农业建设

以 204 国道为轴线、上冈镇为重点，建设一批高效设施农业项目园区，内容有设施葡萄、设施蔬菜、设施食用菌、设施果树、设施花木等，全县规划示范区种植面积 11 万亩。

（八）231 省道沿线科技农业产业带建设

以 231 省道沿线芦沟、近湖、钟庄、宝塔等镇为主要生态农业示范带，以建湖华茂生态园为中心，南起芦沟万亩制种基地，北至宝塔设施大棚生态种养基地，做好环境保护、农田林网、绿色通道、景观绿化建设，努力打造风景秀美的现代农业田园风光；通过新建、补植、改造等手段，对中老基地进行改造升级，对断档田进行新建开发，形成规模连片、产业标准较高的生态农业示范区。全县总面积达 9 万亩，示范区规划面积 5 万亩。

（九）现代农业产业园建设

（1）九龙园艺现代农业产业园，一期已建 10 601 亩，二期 19 185 亩在建，总面积 3 万亩。

（2）上冈果蔬现代农业产业园，一期已建 13 150 亩，二期 20 068 亩在建，总面积 4 万亩。

（3）悦达畜禽现代农业产业园，一期已建 10 601 亩，二期 19 185 亩在建，总面积 5 万亩。

（十）农产品加工区

（1）近湖农产品集中加工区，总面积 5 000 亩。一期已建 1 500 亩，二期 3 500 亩在建；已落户 6 家投入 5 000 万元以上企业。

（2）上冈农产品集中加工区，总面积 3 000 亩。一期已建 1 000 亩，二期 2 000 亩在建；已落户 8 家投入 2 000 万元以上企业。

（十一）县级农产品批发市场

总投资 6 亿元，总建筑面积 8.5 万米 ^{2}。

此外，建湖国家现代农业示范区大力发展城郊型生态低碳循环农业。借助融入主城区的历史性机遇，按照全省新兴产业倍增计划要求，积极发展城郊型生态休闲观光农业，着力构建生态安全屏障。通过全力推进秸秆综合利用，推进农村清洁能源建设，大力实施农村户用沼气、大中型沼气工程、秸秆气化集中供气工程，使示范区秸秆综合利用率达到 80%及以上。通过有效控制养殖业排泄物排放，大力发展农业废弃物再利用，减量化、资源化利用的低碳循环绿色农业发展模式。

第二节　资源优势壮大绿色工业——吴江经济技术开发区

工业园区是绿色工业发展的新支点，江苏省在园区规划建设方面认真贯彻清洁生产理念、循环经济理念、绿色发展理念，严格执行项目准入标准，积极推行清洁生产工艺和设备，园区内施行物料资源互供，“三废”综合治理、能量交互和梯级利用，在环境友好、资源节约等方面呈现环保式、循环型和集群化的发展态势，为园区科学绿色发展奠定坚实基础。

吴江经济技术开发区推进“新型工业化+绿色化”，重点构建集约、集优的产业生态，通过强化创新引领，加快产业升级，形成绿色工业发展模式。

一、开发区概况

吴江经济技术开发区隶属江苏省苏州市吴江区，2005 年，开发区着手生态工业园区创建工作，努力用循环经济理念指导开发区的建设和发展，促进开发区向生态型开发区转型。2006 年 7 月，开发区通过了 ISO 14001 环境管理体系认证，《开发区生态工业园建设规划》于 2006 年通过了江苏省级专家论证会，2006 年 11 月，江苏省环境保护厅同意吴江经济开发区创建省级生态工业园，2011 年 7 月，江苏省生态工业园区建设协调领导小组办公室命名该园区为江苏省生态工业园区，2013 年 2 月，环境保护部批准该园区建设成为国家生态工业示范园区（环发〔2013〕24 号）。

（一）社会经济现状

2010 年，全区完成地区生产总值 237.4 亿元，年销售额突破 1 000 亿元，达到 1 128.4 亿元，开发区经济总量不断提升，综合建设水平列江苏省开发区前列。2005—2010 年，开发区地区生产总值、工业增加值、人均地区生产总值以及人均工业增加值分别从 2005 年的 90 亿元、87.8 亿元、5.45 万元、5.3 万元增长到 2010 年的 237.4 亿元、191.1 亿元、19.7 万元、15.9 万元，四项指标分别增长了 1.7 倍、1.2 倍、2.6 倍、2 倍。

近年来，开发区改变了以电子信息产业为主的单一产业结构现状，鼓励和扶持新兴产业，大力发展装备制造业和现代服务业。目前，开发区新兴产业已经培育起步，装备制造业强劲增长，现代服务业迅速发展。2010 年，开发区装备制造业销售占全区工业销售的 2.9%，新能源、新材料等新兴产业销售占比达 7.6%，现代服务业增加值占比达 7.4%，电子信息产业销售占比达 82.1%。

（二）能源资源消耗

1. 能源利用情况

2006 年开发区综合能耗为 15.15 万吨标准煤，到 2010 年为 24.05 万吨标准煤，4 年时间综合能耗增长了约 60%，其中 2007—2008 年保持 15%以上的年均增长率。2006—2010 年开发区单位工业增加值的综合能耗呈下降趋势，从 2006 年的 0.147 吨标准煤/万元持续下降到 2010 年的 0.126 吨标准煤/万元，优于国家综合类生态工业园区和省级综合类生态工业园区单位工业增加值综合能耗 0.5 吨标准煤/万元的标准值。该项指标在全省处于领先地位，在全国范围来看，也处于先进行列，这主要是因为开发区主导行业——电子信息行业属于能耗相对较低的行业，且开发区产业集中度较高，因此单位工业增加值综合能耗相对较低。

2. 水资源消耗

2006—2010 年，开发区工业新鲜水用量从 815.6 万吨增长到 960.1 万吨，增长了 17.7%，远低于同期工业增加值 85%的增长率。同时，开发区单位工业增加值新鲜水耗消耗量呈下降趋势，从 2006 年的 7.9 吨/万元下降到 2010 年的 5.0 吨/万元，优于国家综合类生态工业园区单位工业增加值新水消耗量标准值和省级综合类生态工业园区 9 吨/万元的标准值，表明开发区经济发展基本属于低新鲜水耗的资源节约型发展，处于合理水平。2010 年，开发区单位工业增加值新鲜水耗 5.0 米 ^{3}/万元，在江苏地区处于领先水平，同时在国内也属于领先行列，这主要得益于开发区低水耗电子信息行业的主导地位。

（三）污染物排放现状

自创建省级生态工业园区以来，开发区先后实施了“区域污水管网全覆盖”“太湖流域重点行业废水提标改造”“含重金属废水提标改造”“企业清洁生产审核”等工程，先后关停了科德电路板、泉亿电子、国腾电子等电镀工序，目前开发区仅华腾电子（苏州）有限公司生产中有电镀工序产生少量重金属。开发区重点企业清洁生产审核率达 100%，160 余家企业通过 ISO 14001 认证，根据相关清洁生产的有关要求，开发区的电子企业中主要代表企业的清洁生产水平总体都能达到国内先进水平，部分指标甚至能达到国际先进水平的标准要求。

1. 水污染物

2006—2010 年，开发区工业废水排放量增长了 16%，低于经济增长速度，同时，单位工业增加值废水产生量呈逐年下降趋势，从 2006 年的 6.3 吨/万元下降到 2010 年的 3.9 吨/万元，优于国家综合类生态工业园单位工业增加值废水产生量标准值（8 吨/万元）。

2006—2010 年，化学需氧量和氨氮保持下降趋势，与 2006 年相比，分别下降了约 17%和 25%，这主要是由于开发区实施废水提标改造工程后，运东污水处理厂、城南污水处理厂和吴江污水处理厂化学需氧量、氨氮等出水浓度逐年下降，目前均优于《城镇污水处理厂污染物排放标准》（GB 18918—2002）一级 A 标准。

2. 大气污染物

开发区先后实施了“区内工业废气专项整治”“燃煤燃油锅炉关停改造”“集中供气管网全覆盖”“企业清洁生产审核”等工程。目前，入园企业统一采用“西气东输”的天然气进行集中供气，作为热源。此外，开发区先后关停了大昶电脑配件（苏州）有限公司、苏州大智资讯配件有限公司等企业的原有锅炉。2006—2010 年，开发区内的二氧化硫和氮氧化物保持下降趋势，与 2006 年相比，2010 年开发区二氧化硫和氮氧化物分别下降了约 40%和 50%。

3. 固体废物排放情况

2006—2010 年，随着固体废物产生企业的投产，开发区内的固体废物产生量总体呈上升趋势。但 2006—2010 年，开发区单位工业增加值固体废物产生量持续下降，从 2006 年的 0.023 吨/万元下降到 2010 年的 0.016 吨/万元，远优于国家综合类生态工业园单位工业增加值固体废物产生量标准值（0.1 吨/万元），说明开发区内相关企业加强了固体废物的综合利用，固体废物综合利用率优于国家综合型生态工业园工业固体废物综合利用率标准值（85%）。

（四）环境管理体系

开发区自建立以来非常重视该区域的环境问题，管委会及区生态环境局对开发区内的污染物排放、污染控制措施运行、环境影响评价制度的执行等方面进行有效的监督和管理。此外，开发区制定了完善的环境管理制度并构建了以区环境保护局为核心、各部门分工负责的环境管理体系。

（1）设立环境管理机构。为确保开发区建设与环境保护的协调发展，开发区建立了以管委会为核心的环境管理机构，负责开发区内日常环境管理、执法监督工作并明确了各部门的分工与这则，且为每家企业配备专职环保员。

（2）实行污染集中控制制度。开发区严格按环境规划要求，实行污水集中处理，所有企业排放的废水必须经预处理达到污水处理厂接管标准后排入管网，由污水处理厂统一处理排放。

（3）实行建设项目环境影响评价制度。凡进入开发区的建设项目，必须以“先评价，后建设”为原则，严格执行环境影响评价制度。

（4）实行建设项目“三同时”制度。凡需配有环保设施的开发区内项目，无论其规模大小、污染程度轻重，都应坚持“三同时”制度。

（5）实行排污许可证制度。开发区内所有建设项目建成后都要进行排污申报登记，经主管部门核定排污量后，颁发排污许可证，并将其纳入日常的监督管理系统。

（6）实行排污收费制度。对开发区内所有排污单位按照国家规定征收排污费和超标排污费，为区内的污染治理和污染集中控制筹措资金。

二、开发区总体工业生态链网络

开发区总体工业生态链网络以低碳生产和低碳生活为核心成员，通过成员之间，以及成员与管理机构、污水处理厂、科技开发机构、集中供热管网等公共设施之间的物质、能量和信息交换，并通过资源再生企业、废物处置机构、公共绿地等附属成员的辅助作用构成一个完整的共生系统，从而实现可持续发展。主要生态链如下：

（1）物质循环。工业生产的产品可通过各种商业渠道提供给居民，这些产品经过居民日常生活的消耗变成各种生活废弃物与工业废弃物，废弃物经分类收集后，进入资源再生企业，经过筛分、清洗、提炼、再生等过程，部分可再生产品提供给相关企业作为工业生产原料，部分可再生产品提供给居民，其余不可利用的废弃物则交给废物处置机构处置。

（2）水循环。日常生活产生的污水与工业废水一同进入污水处理厂进行处理，处理后的中水根据其所含污染物的状况可考虑作为水质要求不高的企业生产用水和清洗用水，或居民小区的清洗用水和公共绿地的灌溉用水等。

（3）集中供热。开发区采用天然气管网为工业生产和居民生活提供所需的热能。

（4）信息交换。各种教育机构在提高居民科学文化素质和生态意识的同时，也是开发区科技开发的重要支柱，而科技的进步也将带动教育水平的提高。同样，科技开发和工业生产也是一种相互促进的关系，科技的进步带动工业的发展，而工业的发展则为科技开发提供了资金，也指明了科研的方向。

（5）工业生产生态链。根据“循序渐进，虚实结合”的原则，结合项目招商情况、当地的产业现状和市场需求，筛选、确定了开发区重点发展的四大类产业：电子信息产业、机械装备产业、“三新”产业、现代服务业。这些核心企业及其相关的附属企业组成工业生态群落，群落间通过产品、能量、水的梯级使用与开发区外的企业联系在一起，构成多种物质、能量连接的生态链网络。

三、开发区清洁生产开展情况

开发区按照《中华人民共和国清洁生产促进法》和“高效率、高标准、高起点建设”的要求，本着“清洁生产，源头控制”的原则，在引进企业的控制上，要求入区企业生产工艺达到国内外先进水平，能耗、水耗和污染物产生量处于同行业中前沿水平，废物利用和处置符合循环经济理念，并在已投产企业中推行清洁生产审核和 ISO 14000 认证工作。

“十二五”期间，开发区认真执行《江苏省工业清洁生产“十二五”行动纲要》，截至 2014 年，开发区全部企业均开展了清洁生产审核，161 家企业通过 ISO 14001 认证，节能减排工作全面推进，污染物排放总量控制在苏州市政府下达的总量指标之内。根据统计结果，目前，入区企业中电子信息行业为开发区实际开发过程中主导行业，该类型企业的清洁生产水平总体都能达到国内先进水平，部分指标甚至能达到国际先进水平的标准要求。

四、清洁生产取得的成效

2010 年，开发区内工业废水产生量为 753.1 万吨，单位工业增加值废水产生量为 3.94 吨/万元；工业化学需氧量排放量为 295.836 吨，单位工业增加值化学需氧量排放量为 0.15 千克/万元；工业二氧化硫排放量为 8 105 千克，单位工业增加值二氧化硫排放量为 0.004 千克/万元；工业企业固体废物产生量为 30 235 吨，工业固体废物综合利用量为 26 304 吨，工业固体废物综合利用率为 87.0%；危险废物产生量为 8 927 吨，危险废物处理处置量为 8 927 吨，危险废物处理处置率为 100%。

考虑产业发展的特点，开发区重点培育了新材料、新能源、新生物医药“三新”产业，实现产业结构调整和源头削减污染物质的产生，同时在电子信息和机械制造等行业重点企业开展清洁生产，实现化学需氧量的源头削减，基本实现 2014 年开发区单位工业增加值废水产生量为 0.8 吨/万元，单位工业增加值化学需氧量排放量为 0.12 千克/万元。

开发区通过淘汰区内现有燃煤锅炉，实行现有燃油锅炉油改气工程，统一采用“西气东输”的天然气进行集中供气，作为热源，进一步削减二氧化硫、氮氧化物排放量，2014 年单位工业增加值二氧化硫、氮氧化物排放量达到 0.003 千克/万元，远期将达到 0.002 千克/万元。同时，开发区通过提升工业固体废物综合利用率，降低固体废物的处理处置量，2014 年单位工业增加值固体废物产生量控制在 0.01 吨/万元以下。

第六章　清洁生产推动绿色发展在江苏的实践

第一节　江苏省清洁生产发展阶段

江苏省清洁生产工作的推行大体经历了以下 3 个阶段。

一、试点阶段（1997—2003 年）

该阶段是政府有组织的推广阶段。这一阶段的基本特征是清洁生产在法律政策上的确立、清洁生产概念和方法学的引进及其推广实践。在《中华人民共和国节约能源法》《中华人民共和国大气污染防治法》《中华人民共和国环境噪声污染防治法》《中华人民共和国固体废物污染环境防治法》等法律中，都增加了清洁生产方面的内容。在这些法律的基础上，2002 年 6 月 29 日，第九届全国人大常委会第二十八次会议审议通过了《中华人民共和国清洁生产促进法》，该法是我国第一部以污染预防为主要内容的法律，是我国全面推行清洁生产的新里程碑，标志着我国清洁生产进入了法制化的轨道。

在这 7 年间，江苏省的清洁生产工作取得了重大进展，依靠各种国际合作项目和示范项目在企业层次上进行清洁生产审核试点示范工程，开展清洁生产审核的企业有 650 家，此外，有针对性地实施了一批改造方案，参与试点企业的主要污染物平均削减幅度在 5%～25%，取得了明显成效。

二、制度发展与完善阶段（2004—2009 年）

为鼓励和指导企业有效开展清洁生产，规范清洁生产审核行为，确保取得节能减排的实效，2008 年 7 月 1 日，环境保护部出台了《关于进一步加强重点企业清洁生产审核工作的通知》，《重点企业清洁生产审核评估、验收实施指南》《需重点审核的有毒有害物质名录》（第二批）（以下简称《名录》）作为该通知的附件同时颁布实施，这标志着重点企业清洁生产审核评估验收制度的确立。建立重点企业清洁生产审核评估验收制度是我国清洁生产政策的一项重要内容，是对清洁生产审核制度的创新与完善，对保障工业、企业清洁生产审核质量、提高清洁生产中/高费方案实施率具有重要的意义，解决了我国清洁生产实践长期以来一直存在的政府监管缺失、清洁生产审核质量缺少保障性措施的问题。

江苏省委、省政府制定了《关于加快生态省建设的决定》《关于加强生态环境保护和建设的意见》，要求各级政府发挥政策推动作用，落实相关扶持措施，引导企业革新工艺、改造设备，积极实施清洁生产。在项目准入时，将清洁生产、循环经济等确定为环评文件的重要内容，基本形成了有利于推行清洁生产的环评技术规范体系。江苏省环境保护厅先后制定了《关于切实做好建设项目环境管理工作的通知》《关于进一步提高全省开发区环境管理水平的工作方案》《建设项目环评文件主要内容标准化编制规定》等一系列规范性文件，从项目建设源头提出了实施《中华人民共和国清洁生产促进法》的具体要求。为了规范咨询市场，制定了《江苏省清洁生产审核咨询机构及人员管理暂行办法》，对咨询机构进行备案，对咨询人员进行培训和考核。此外，江苏省每年公布一批企业开展强制性清洁生产审核，其中，2004—2009 年，公布了 5 批共 625 家企业名单，相关部门对每家企业开展评估验收工作，取得了显著的经济效益和社会效益，这项工作带动了一大批重点企业主动开展设备更新和技术改造。

三、重点行业全面开展阶段（2010 年至今）

为深入扎实推进重点企业清洁生产工作，2008 年 7 月 1 日，环境保护部出台了《关于深入推进重点企业清洁生产的通知》（以下简称《通知》），要求 5 个重金属污染防治重点行业的重点企业要每两年完成一轮清洁生产审核，2011 年年底前全部完成第一轮清洁生产审核及评估验收工作；7 个产能过剩行业的重点企业每三年完成一轮清洁生产审核，2012 年年底前全部完成第一轮清洁生产审核及评估验收工作；《名录》确定的其他重污染行业的重点企业每五年完成一轮清洁生产审核，2014 年年底前全部完成第一轮清洁生产审核及评估验收工作。

根据国家要求，江苏省采取了以下管理措施：

（1）全面开展清洁生产审核。①出台了《江苏省工业清洁生产“十二五”行动纲要》《江苏省重点企业清洁生产审核绩效后评估实施细则（试行）》等配套文件，同时根据《通知》的要求，对全省重金属行业、产能过剩行业以及《名录》确定的重污染行业进行全面梳理。②针对江苏省重点企业状况，分批分类建立档案，根据目标要求和轻重缓急，制订二年、三年、五年工作计划和清洁生产推行年度具体工作方案。③2010—2016 年，对 7 批共 7 000 多家企业开展了清洁生产审核，审核企业数量及质量有了明显的提升。

（2）加强咨询机构的管理。①出台了《关于对重点企业清洁生产审核咨询机构实施行业分类管理（试行）的通知》，各级环保部门制订了相应的工作规划和实施方案，进一步加强对各类咨询机构的监管和引导，规范审核市场秩序，避免低价揽业务导致的恶性竞争。②对清洁生产审核专业人员进行培训，对咨询机构、审核人员实行年度考核，不定期抽查审核项目报告，淘汰了一批不按规定内容、程序进行清洁生产审核，弄虚作假，或者技术水平低、服务能力达不到要求的咨询机构，提升了全省清洁生产审核咨询机构整体服务质量。

（3）加大对企业实施清洁生产的政策扶持力度。清洁生产项目见效慢、建设周期长，特别是一些中/高费项目，资金需求大，因此，江苏省建立了相应的保障机制。①将清洁生产绩效纳入地方政府环保考核体系，督促各级政府在制订和实施重点投资计划时，把节能、节水、综合利用，提高资源利用率，预防工业污染等清洁生产项目列为重点，加大投资力度。②综合运用行政、税收、金融等调控手段，最大限度调动企业实施清洁生产项目的积极性，鼓励和吸引社会资金及银行贷款投入企业实施清洁生产。③进一步加大专项资金投入，鼓励具备条件的新、改、扩建项目优先安排清洁生产审核项目，逐步将清洁生产审核从单家企业向园区拓展。

（4）加强对重点企业实施清洁生产的监督检查。①严格执行《中华人民共和国清洁生产促进法》的有关规定，对使用有毒、有害原料进行生产或在生产中排放有毒、有害物质，但不实施清洁生产审核或者虽经审核但不如实报告审核结果的企业，责令限期改正；对拒不改正的依法从重处罚。②对于污染物超标排放或者污染物排放总量超过规定限额的污染严重企业，不公布或者未按规定要求公布污染物排放情况的，依法从重处罚。

（5）加强与污染物减排工作的结合，树立清洁生产示范企业。①将清洁生产审核形成的污染物削减量与国家主要污染物减排核查目标挂钩。②树立了一批清洁生产示范企业，倡导清洁生产理念，引导更多企业转变发展思路，实现了污染防治从末端治理向源头治理和全过程控制转变。

第二节　江苏省清洁生产科研成果

近年来，江苏省对清洁生产类科研项目进行立项，主要包括清洁生产促进机制、清洁生产审核方法学和工业清洁生产工艺技术方面的研究。

一、审核试点阶段

印染行业是纺织品深加工、精加工和提高附加值的关键行业，对纤维原料、纺织和服装、服饰、装饰用布、产业用布起着重要的纽带作用，是纺织工业发展和技术水平的综合体现。但是，印染行业在生产过程中排放了大量的污水，而且污染物总量多、废水成分复杂，也是我国较难治理的工业废水之一。随着20世纪初期新染料的开发和应用，环境的压力越来越大，在当代环境保护和生态平衡的要求下，印染行业从以前单单依靠染料使用提高效益到综合利用现代科学技术和工艺流程，利用更加亲近环境的染料，采用更加新颖的纺织工艺使面料附加值更高。但是目前，合成染料的应用对环境的压力依然很大，尤其是印染工业巨大的工业用水量和染料废水的排放量以及印染废水处理难度。印染行业同时又是用水大户，对于我国有限的水资源而言将是一个极大的威胁。因此，对印染行业开展清洁生产是我国企业发展的长远之计，对于我国节约用水和降低耗能，减少对环境的危害，发展节约型社会具有重大的意义。江苏省是全国较早开始大规模发展印染行业的省份，伴随着经济的快速发展，印染布数量已在全国前列。近年来，江苏省的水资源短缺情况日益凸显，因此做好印染行业的清洁生产对于缓解江苏省的水资源短缺问题也有十分重要的意义。印染行业的清洁生产主要包括印染行业清洁生产管理的目标、印染行业生产清洁管理的原则、印染行业清洁生产的管理途径、印染行业清洁生产管理的基本要素、印染行业清洁生产管理的内容、印染行业清洁生产的管理实施手段等。

2002 年，江苏省环境科学研究院对盛泽镇 15 家印染企业进行了清洁生产审核和研究，建立了印染行业清洁生产管理体系，通过实现两个“全过程”控制：①产品生命周期全过程控制，即从原料加工、提炼到产出产品、产品使用、直到报废处置的各个环节都必须采取必要的清洁生产方案，以实施物质生产、人类消费污染的预防控制；②生产的全过程控制，即从产品开发、规划、设计、建设、生产到运营管理的全过程，都必须采取必要的清洁生产方案，以防止物质生产过程中污染的产生，实现污染预防。

2002 年为清洁生产试点阶段，通过该课题的研究，明确了清洁生产审核所能带来的绩效，为以后的审核指明了方向，增强了信心。

二、审核制度发展与完善阶段

2004—2009 年，江苏省有 5 批逾 500 家企业先后实施了强制性清洁生产审核，其中，2004—2005 年实施的为第一批（41 家），2006 年实施的为第二批（72 家），2007 年实施的为第三批（128 家），2008 年实施的为第四批（191 家），2009 年实施的为第五批（193 家）。通过验收的企业取得了显著的环境效益、经济效益和社会效益。与此同时，清洁生产审核咨询服务机构也从无到有发展到2010年的70余家，为江苏省清洁生产工作的推进做出了重大贡献。为进一步落实国家清洁生产政策，全面推进江苏省清洁生产审核工作，我们对近年来所进行的清洁生产工作开展情况进行一个系统的回顾分析与思考总结。

2009年，江苏省环境科学研究院开展了强制性清洁生产审核促进机制研究，研究了开展清洁生产审核的激励、促进机制，这些机制主要服务于企业。本书根据江苏省污染源普查数据、政府相关部门工作总结以及通过对部分未完成/已完成清洁生产企业的问卷调查，了解江苏省近几年清洁生产审核工作的开展情况，以期为江苏省制定进一步的清洁生产推进计划及相关法律法规提供技术支撑。问卷调查分别设置针对企业、清洁生产审核咨询机构和清洁生产主管部门的调查。江苏省环境科学研究院对于企业，以进行清洁生产审核程序为主线，以掌握企业对清洁生产的认识程度和对审核的满意程度以及持续性清洁生产审核的开展情况为调查重点，以考证企业实施清洁生产的实际效果为目的，进行问卷的设置；对于清洁生产审核咨询机构，以其在清洁生产审核中发挥的作用为主线，以掌握咨询机构对清洁生产审核的专业程度以及其对企业开展清洁生产审核的看法和对清洁生产主管部门的要求为调查重点，以考证清洁生产审核作为第三方对清洁生产的总体看法和要求为目的，进行问卷的设置；对于清洁生产主管部门，以掌握其在清洁生产中的工作内容和职责为调查重点，以考证主管部门对企业和咨询机构的监督、扶持及促进方法方式为目的，进行调查问卷的设置。

这段时期为审核制度的发展与完善阶段，针对清洁生产审核中存在的政策性及机制性问题进行了调研、总结，起到了承上启下的作用。

三、重点行业全面审核阶段

（一）重点企业清洁生产审核报告书编制规范研究（2010年）

随着经济与环境形势的变化，清洁生产工作逐渐得到国家各级政府的重视，《关于加强重金属污染防治工作的指导意见》《省政府办公厅关于分解落实省政府加快推进工业结构调整和优化升级实施意见的通知》《全省深入开展化工生产企业专项整治工作方案》《关于深入推进重点企业清洁生产的通知》都相继对重点企业清洁生产工作提出新的、更高的要求。5 个重金属污染防治重点行业的重点企业，每两年完成一轮清洁生产审核，2011 年年底前全部完成第一轮清洁生产审核和评估验收工作；7 个产能过剩行业的重点企业，每三年完成一轮清洁生产审核，2012 年年底前全部完成第一轮清洁生产审核和评估验收工作；《重点企业清洁生产行业分类管理名录》确定的其他重污染行业的重点企业，每五年开展一轮清洁生产审核，2014 年年底前全部完成第一轮清洁生产审核及评估验收。2011 年起，各地区应于每年 3 月 31 日前，制订本地区本年度清洁生产推行计划，并报送环境保护主管部门，同时向社会公布，明确环境保护部门是落实强审工作的责任主体，并且强调要从节能减排、产业结构优化和保障人民群众环境安全的高度落实此项工作。

清洁生产审核报告是衡量企业实施清洁生产及其水平的重要标志之一。规范编写清洁生产审核报告，全面、完整和准确地反映企业实施清洁生产的情况和成效，是一项关系清洁生产审核健康发展的重要工作。自 2004 年开展重点企业清洁生产工作以来，江苏省重点清洁生产企业数量逐年递增，已由 2004 年的 41 家发展到 2010 年的 332 家，截至 2010 年 4 月底，江苏省共公布 6 批 957 家实施清洁生产的重点企业名单。2009 年年底，江苏省清洁生产中心协助省环境保护厅对 50 家清洁生产咨询服务机构进行了年度考核，抽查审核报告得分 85 分以上的 3 家、60～85 分的 44 家、60 分以下的 3 家，优秀项目（考核分数≥90 分）只占总数的 4.2%；良好项目（考核分数 80～89 分）也仅有 18.8%。年度考核结果发现，良好及优秀项目不多，各机构的报告书质量参差不齐，其中一个主要问题是报告书编制不规范。各级相关管理部门及企业对清洁生产咨询服务机构的审核质量也普遍反映不佳，根据完成审核的企业及各地方管理部门的反馈意见，报告书质量差、编制不规范是其中的主要问题。出现这些情况的主要原因是目前清洁生产审核报告书的编制没有相应的规范，报告书编制格式、内容框架不统一，报告内容混乱，极大影响了清洁生产的审核效果。为了更好地完成江苏省重点企业清洁生产工作的任务，也为了提高各清洁生产审核机构的业务能力，使各清洁生产审核机构编制的清洁生产审核报告更规范化，亟须制定清洁生产审核报告编制规范。

2010 年，江苏省环境科学研究院开展了重点企业清洁生产审核报告书编制规范研究。根据 1996 年国家环境保护局编写的《企业清洁生产审计手册》，以及在《清洁生产审核指南　制订技术导则》（HJ 469—2009）的基础上，结合江苏省实际情况编制《江苏省重点企业清洁生产审核报告编制规范》（以下简称《规范》），明确要求在清洁生产审核报告中必须如实反映清洁生产审核全过程及清洁生产审核重点、清洁生产目标和清洁生产方案实施后所获得的环境效益、经济效益和社会效益，并提出报告正文内容、报告编制格式和报告附件要求。此外，重点对预审核阶段的“企业近三年原辅材料和能源消耗”“企业环境保护状况”，审核阶段的“审核重点概况”“物料平衡（包括物料、水、污染因子、能源分析）”“能耗、物耗以及污染物产排现状原因分析”，方案确定阶段的“技术、环境、经济评估”做出详细的要求。

《规范》形成后，可使审核报告编制严格遵守《企业清洁生产审核手册》和《清洁生产审核指南　制订技术导则》（HJ 469—2009），使企业通过清洁生产审核取得真实可信的绩效数据，为节能减排提供可信的统计数据；可使报告书质量的考核有相对统一的标准，完善清洁生产工作程序，形成完善的工作体系，为推行清洁生产工作打下基础。

（二）重点企业清洁生产审核绩效考核体系研究（2011 年）

为达到清洁生产的目标，企业可能采取了许多方案措施，其实施效果如何？达到了怎样的水平？潜力多大？这就需要进行科学客观的评价分析。由于清洁生产涉及企业的技术、管理等方面，所以采用的评价方法应适用多层次、多目标等问题，尽量体现环境、经济的统一性，并尽量减少或避免评价结果受不确定因素的影响。因此，合理构建评价指标体系、指标权重和评价标准，对企业进行清洁生产绩效评估就显得尤为重要。清洁生产绩效，是指企业经审核并实施清洁生产方案，在节能、降耗、减污、增效等方面所取得的实际效果，一般以达到清洁生产标准级别和达到排放标准的方式表示。

2011 年，江苏省环境科学研究院开展了重点企业清洁生产审核绩效考核体系研究，明确了企业清洁生产审核工作的成效。企业清洁生产审核绩效考核直观表现为审核绩效的量化考核，其明确的数据相对于定性的描述更具说服力。同时，量化的绩效也便于企业纵向和横向的比较，从而进一步体现审核工作的意义与成效，提升了被审核企业对清洁生产审核工作的认可程度，被审核企业对清洁生产审核工作的认可程度源于审核能为企业带来绩效的大小。科学的考核绩效，可以直观、明确地体现出审核效果，易于被广大企业员工接受，进而扩展到对整个清洁生产审核工作的认可，为节能减排核算提供数据基础。清洁生产审核作为新型环境管理的重要手段，其自身环保属性决定了清洁生产审核在节能减排工作中发挥的作用，事实上，清洁生产方案的实施往往带来节能减排的成效，而其科学的绩效考核数据为区域节能减排提供了有力补充，为相关部门对审核工作的管理提供了依据。相关部门对企业清洁生产审核工作的评估与验收以及后续持续的清洁生产管理以审核工作的绩效覆盖面及成果数据为依据，相关部门可据此对企业清洁生产审核工作的成败做出判断，并提出持续进行清洁生产的相关要求，以达到规范管理企业清洁生产审核工作的目的。该研究通过选取典型清洁生产审核企业进行试点，建立了典型企业清洁生产的绩效考核体系。

（三）江苏省清洁生产长效管理机制研究（2013 年）

国内外清洁生产研究主要集中于行业清洁生产技术（包括钢铁、印染、化工、造纸等高能耗、高污染行业），为推动行业生态化发展提供了重要的技术支撑。但清洁生产在实践领域中，除技术研发外，还需要基层制度设计、管理措施和保障机制的支撑，只有建立起清洁生产的长效管理机制，才能在大尺度区域范围内持续推进清洁生产，实现社会经济效益和生态环境效益整体最大化。清洁生产是生产者、消费者、社会三方面谋求利益最大化的集中体现，是企业履行环境责任的重要体现，既受到法律法规要求、外界政策设计、行业技术水平、公众环保压力等外部利益相关者或社会经济因素的影响，还受到自身道德的约束、企业员工的安全、健康和环境意识以及客观能力的影响。当前国内外对企业实施清洁生产的驱动机制也开始了部分研究，从不同侧面和角度如政府规制、市场因素、企业内部因素等进行了相关讨论，在探索企业环境行为、制定环境管理措施等方面发挥了积极作用。

然而，从总体上看，清洁生产长效管理机制还存在以下不足：①从现有的研究文献来看，无论从研究内容还是研究方法上都是零散和非系统的，从动态、全面的角度对企业实施清洁生产行为研究的成果则比较缺乏；②虽然对现有的概念及相关清洁生产驱动影响因素都有所涉及，但是没有形成一个集成的概念模型解释各种驱动因素与清洁生产行为之间的关系，忽略了这些因素之间的互补性，关于各种因素对清洁生产的作用机制和驱动途径缺乏有效的探讨；③定性分析居多，定量化程度相对不高，且主要集中于宏观经济社会要素的影响研究，对微观企业行为机理的分析不够深入，因而，对于顶层制度框架的设计和长效管理机制的形成支撑作用不足，不能有效保障清洁生产推进措施的针对性和实施效果。

2013 年，江苏省环境科学研究院开展了江苏省清洁生产长效管理机制研究，分析了江苏省清洁生产发展的总体形势和演变趋势，总体识别了长效管理机制建立方面存在的主要问题，初步确定了可能影响清洁生产实施与有效管理的因素。从内在动力和外部压力两方面，解析了江苏省企业实施清洁生产的驱动机制，识别出现阶段企业实施清洁生产的主要限制因素和障碍来源，并通过典型案例分析进行了验证。在企业实施清洁生产驱动机制解析研究的基础上，根据影响企业清洁生产实施成效的关键内部影响因素，江苏省环境科学研究院重点从企业理念优化设计、企业发展战略突破、企业内部制度建设与完善和企业经济效益提升等方面，提出了促进江苏省企业进一步有效开展清洁生产工作的内部推动措施，并以企业实施清洁生产的驱动机制和影响企业清洁生产实施成效的关键外部推动因素为依据，针对江苏省清洁生产工作存在的问题与不足，从政府立法建设、政策引导和激励、绩效后评估与示范工程、清洁生产宣传与教育等方面，初步完成了适应江苏省实际特点的清洁生产推动与保障体系的构建。

（四）化工、电镀行业清洁生产审核技术规范研究（2014 年）

化学、电镀行业都是国民经济发展的重要原材料产业，也是资源密集型的高耗能、高污染产业，废气、废水、废渣排放量大，利用率不高，不仅浪费资源，而且污染环境。因此在化学、电镀行业中推行清洁生产，改变单一的末端污染治理，合理利用自然资源、实行工业污染的全过程控制，走可持续发展的道路，是促进经济与环境协调发展，开创化工、电镀企业污染防治新局面的一项重要战略措施。

2014 年，江苏省环境科学研究院开展了化工、电镀行业清洁生产审核技术规范研究，指导和推进了江苏省化工、电镀行业清洁生产的审核，使化工、电镀行业的发展与环境保护相协调，达到可持续发展的要求。该研究也可作为化工、电镀行业在生产过程中或进行清洁生产审核时分析污染状况以及对所使用的工艺和技术评估的主要依据，指导企业分析产污原因，从而制定切实可行的清洁生产措施，选择清洁生产技术，提升企业的自身发展水平。该研究促进化工、电镀企业的自身发展，为指导和推进江苏省化工、电镀行业清洁生产的审核，使化工、电镀行业的发展与环境保护相协调，达到可持续发展的要求，推进了江苏省经济社会发展和节能减排工作。制定化工、电镀行业清洁生产技术规范有利于推动典型行业技术进步和产品升级，为推进行业污染减排工作提供有力的技术支撑，通过对化工、电镀行业各项技术要求规范的研究，逐步形成江苏省开展化工、电镀行业清洁生产的技术规范，形成完善的清洁生产审核工作程序，为推行清洁生产审核工作奠定基础。

这段时期是清洁生产的全面发展阶段，针对全面快速发展过程中出现的问题，系统并针对性地开展相应的课题研究，肃清了企业、咨询机构以及管理部门在推行清洁生产过程中的障碍。

第三节　江苏省农业清洁生产发展

一、农业清洁生产的理论基础

（一）农业可持续发展理论

农业可持续发展理论主要基于生态控制论、区域系统观理论和环境承载力理论，它不仅要求农业生态潜力的持续，而且要求所提供的基础产品和产出服务的持续。

1. 生态控制论

生态控制论是在生物控制论、智能控制论、经济控制论和社会控制论基础上逐渐发展起来的以人为中心的社会—经济—自然复合生态系统的调控理论。这是一门研究生态系统中信息的传递、变换、处理过程和调节控制规律的科学，主要包括循环再生理论、相生相克理论、自我调节理论等。

2. 区域系统观理论

农业清洁生产是一个全局性、长远性和综合性的问题，须采取系统理论分析方法进行分析，即区域系统观理论分析方法。农业区域大系统是由若干个子系统结合而成的整体，但其性能不等于各个子系统特性的简单相加。大系统的各个子系统之间有着千丝万缕的联系。因此，研究农业清洁生产时，必须同时研究其他子系统与农业清洁生产的制约关系，不能将其作为孤立事件处理，必须将该系统及其环境作为整体研究。与此同时，还要因时、因地制宜，避开可能的风险，协调关键因素，综合利用农业自然资源。

3. 环境承载力理论

环境承载力理论是以某一区域整体环境为对象，研究环境的整体特征，从中确定一定时期内区域环境对人类社会经济活动支持能力的阈值。农业环境承载力是农业环境系统结构特征的反映，在一定时期内，农业环境系统在与外界进行物质、能量和信息交换过程中，其结构和功能保持相对稳定，不会发生质的变化。当进行农业清洁生产规划设计时，农业环境系统的结构将会发生变化，并引起农业环境承载力质和量的变动，从而使人类的农业经济活动受到客观条件的制约。虽然农业环境承载力具有变动性，但这种变动性在很大程度上是可以由人类活动加以控制的。人们在进行农业清洁生产时，可以通过明智、有目的的技术措施，在一定限度范围内改变农业环境系统的结构，增强环境承载力。

（二）农业生态学

农业生态学是运用生态学和系统论的原理与方法，将农业生物与其自然环境作为一个整体，研究其中的相互作用、协调演变以及社会经济环境对其调节控制规律，促进农业持续发展的学科。农业生态系统是人类为满足社会需求，在一定边界内通过干预、利用生物与生物、生物与环境之间的能量和物质联系建立起来的功能整体。这种系统的观点在于谋求从原料到产品整个物质和能量流动的资源、能量、资本的优化。可以说，农业生态学是农业清洁生产最基本的理论基础，农业清洁生产也是农业生态学的核心内容之一。农业生态学研究的基本内容可归纳为以下 3 个方面：

（1）研究农业生产活动与生态环境的关系：研究涉及资源和能源的综合利用，农业污染物的产生及其在环境中的扩散、迁移与转化，农业毒理学，农业污染的环境监测和评价。

（2）探索农业生态化途径：开发与环境相容的农业生产技术，如生物技术；资源的高效利用，减少物料消耗，实现物料再循环；消除农业污染等。

（3）将生态原则运用于农业规划和管理：组织符合生态原则的供需链，调整农业内部结构比例，合理安排与周围环境相容的农业生产区位。

农业生态学是农业清洁生产最基本的理论基础，农业清洁生产也是农业生态学的核心内容之一。

（三）农业经济学

（1）农业资源经济规律。目前，农业资源（指传统意义上的农业资源，不包括农业环境）的所有权、使用权、经营权都有明确的归属。资源经济学第一规律指出，若资源价格和银行利率的变化没有受到政府政策的控制，市场的调节会使得平均资源市场价格的相对变化率等于银行利率随时间的变化率。也就是说，产权人会把其拥有的农业资源看作自己资产的一部分，当资源价格上升率大于银行利率时，产权人倾向于保留资源，把所卖得的钱存入银行。这个规律提醒人们在进行农业清洁生产时，只有协调好农业资源价格和银行利率的关系，才能更好地协调经济效益和生态效益的关系。

（2）生物经济规律。生物经济规律指出，在一定的经济条件下，以公共资源形式存在的生物资源中的生物学种群数量会稳定在一定水平上，在这个水平上对其进行开发利用的收益恰好等于其成本。也就是说，生物产品价格的上升，易导致开发利用量增大，从而生物资源存量减少，逐渐使公共资源枯竭。这个规律提醒人们在进行农业清洁生产时，只有协调好生物资源的增值速度与生物产品市场价格的关系，才能更好地协调经济效益与生态效益。

（3）收益递减规律。收益递减规律指出，当使用的某种投入品增加时，其效益必然会在出现最大值之后开始下降，甚至出现负值。在农业生态系统中，初级生产与光照输入强度存在收益递减关系，与肥料输入量也存在收益递减关系；次级生产中饲料输入量与畜禽增重量之间存在收益递减关系；一定面积上的农业投入与劳动力投入存在着收益递减关系。在收益递减规律的支配下，获得最高能量物质产出的资源投入水平往往比获得最高经济收益所需的资源投入水平要高。因此，无论从生态效益还是经济效益来看，都不应单纯追求产出的最高水平，而应分析产投效率，以免引起资源的消费和收益的下降。为此，在开展农业清洁生产时，要充分考虑化肥、农药、地膜等农用化学品的报酬率、外部环境成本、边际机会成本和边际替代率，确定最优使用量，以减少农业环境污染。

（4）农业区位论。当农产品进入流通领域进行商品交换时，就会使农业生态系统的结构和功能受到流通的反作用，这就需要根据自然资源特征和社会经济条件合理规划农业清洁生产的自然区位和生态经济区位。农业清洁生产应大力发展生态经济区位，只有发展生态经济区位才能使生物学最优、经济最优、社会需求最优取得统一。这样，既可提高资源利用率，减少农业环境污染，也可提高农业对市场波动的承受能力。

二、农业清洁生产工程

农业清洁生产工程主要包括工艺、技术和管理三个体系，其中工艺体系包括农业生态工程、绿色食品工程、农业废物资源化工程和乡镇工业污染防治工程；技术体系包括农业生态工程技术、综合防治技术；管理体系包括宣传教育体系、行政管理体系、法制监督体系、科技服务体系和经济促控体系。

（一）农业清洁生产工程的工艺体系

1. 农业生态工程

农业生态是广义农业的具体体现，它和狭义农业有很大区别。生态农业不局限于种植业，而是农、林、牧、副、渔多种经营，全面发展，包括种植业、林业、畜牧业、水产养殖业等各个部分的相互交叉。这些基地在外部投入有限的情况下，通过常规使用技术的系统组装、资源挖潜、体制改革和能力建设等，从农田（生态土壤、作物生态、害虫综合防治、节水集水、间作轮作、有机质还田等）、农业（农、林、牧、副、渔产业耦合、企业共生、资源再生）、农村（肥料、饲料、燃料工程、庭院生态、社区建设、小流域治理）和农镇（产业、能源、交通、景观、人居环境、废弃物处理、生态规划、建设与管理、生态建设与城乡关系）四个层次促进资源的综合利用、环境的综合整治，取得了较好的社会效益、经济效益和生态效益。生态农业充分利用自然资源，主张减少使用或不使用农药和化肥，生产的农、畜、禽产品无农药、化肥残毒的污染，这就是清洁生产的标准所在。为发展生态农业而采取的工程措施就称为农业生态工程，包括林业生态工程、种植业生态工程、畜牧业生态工程、农村庭院生态工程等，鉴于清洁生产的要求，还必须抓好城市生态工程的建设，这些都属于生态工程的范畴。

2. 绿色食品工程

实现绿色食品工程就是要建立绿色食品的生产基地及生产资料基地，而良好的大气、土壤、水、草原、森林环境等诸多因素是最基本的条件。开发绿色产品对保护环境、发展生态工业是一项重要措施；发展绿色食品，建立绿色食品的生产基地及生产资料基地，能够有效地控制过量使用化肥、农药，并且能严禁有害物质侵入耕地或食品加工区域，使农作物和食品不受污染。中国绿色食品发展中心规定了绿色食品的主要肥源为有机肥，它可以增加土壤的有机质，并且有机肥的养分供给平稳持久、无毒、无害、无污染，有利于促进主动防治污染，保护环境和耕地，是农业清洁生产工程体系的一大内容。绿色食品基地可分为绿色食品原料生产基地、绿色食品加工基地、绿色食品综合生产基地三种，形成产、供、销一体化，种、养、加一条龙的经营格局，既发展了经济，又保护了环境，更重要的是有利于人们的健康、营养、长寿，有利于人类的生存发展。

3. 农业废物资源化工程

农业生产过程中有太多的废弃物，清洁生产通常利用食物链原理进行多层分级处理，比如作物秸秆—畜禽粪便的多级利用，可对农膜、生产垃圾及乡镇工业固体废物进行分类处理，以资源化、无害化、减量化为宗旨，以生态效益、社会效益、经济效益的协调统一为目的，达到清洁生产过程的综合利用。

4. 乡镇工业污染防治工程

乡镇工业发展到今天已经是一个包括 40 个大行业、几百个小行业的农村集体和个体联户组成的中小工业体系，因而在乡镇工业中，不仅几乎包含了城市大工业所有的类型，还有一些乡镇工业所特有的行业。乡镇工业的主要污染行业为小造纸、小印染、小电镀、小化工、农药、制革、金属冶炼、土法炼硫、小土焦、水泥、砖瓦、食品加工、石棉等。乡镇工业排放的固体废物大多没有经过处理，直接排放到环境中，或堆放或填埋，大量侵占农田，造成农业环境的严重污染。而清洁生产注重清洁的外部环境，必须采取有力措施防止乡镇工业污染源的产生，这样才能做好农业的清洁生产工程。

（二）农业清洁生产工程的技术体系

农业清洁生产不是指单一的某项技术，而是指一个技术群，需要应用生物学、生态学、经济学、环境科学、农业科学、系统工程学的理论，运用生态系统的物种共生和物质循环再生等原理，结合系统工程方法所涉及的多层次利用和工程技术，并将这些理论、原理、技术贯穿整个农业生产活动的产前、产中、产后过程。农业清洁生产的技术体系有环境技术体系、生产技术体系、质量标准体系，其中最重要的是以农业生态工程技术、综合防治技术为重点的生产技术体系。

1. 农业生态工程技术

为发展生态农业而采取的工程技术称为农业生态工程技术，它是在

20世纪60年代全球生态危机爆发和人们寻求解决生态危机并对资源环境进行保护的背景下产生的。它主要是通过对生态系统中各生物物种充分利用空间和资源的生物群落的共生原理，多种成分相互协调与促进的功能原理，物质和能量多层次、多途径利用和转化等原理的有效运用，建立能合理利用自然资源、保持生态稳定和持续高效功能的农业生态系统。其主要特点是：①以发展大农业为出发点，按照整体、协调的原则，全面规划、调整和优化大农业结构，使农、林、牧、副、渔各业综合发展，并相互支持、相得益彰，提高综合生产能力；②防治环境污染，重视农业生态环境的综合整治；③合理利用农业资源，大力开展农村能源建设和废弃物综合利用，实现农业生态系统物质、能量的良性循环和多层次利用，减少对外部投入的依赖。农业生态工程往往是各种产业的综合体，除了一般的种植业、畜牧业外，还包括水产养殖、有机废弃物资源化养殖、果林与农作物及某些手工业和加工业。我国南方一般以农户和农村为单位进行农田与庭院相结合的生态农业建设，包括稻田养鱼、水产品立体养殖、畜禽养殖、食用菌养殖、再生饲料工程、再生能源工程等方面，构成一个有多层次结构、网络状食物链的复合生态系统。

2. 综合防治技术

清洁生产将综合预防的环境策略持续应用于生产过程和产品中，注重在生产过程中最大限度地有效利用和节约资源，追求安全无害的环境，减少废物总量，降低对人体健康和环境的风险。清洁生产技术实质上是预防技术，它包含清洁的投入、清洁的生产过程、清洁的产出。清洁生产是一个不断发展、永不间断的持续过程。综合防治技术就是根据农业清洁生产标准的要求，综合运用物理、化学、生物、农业等技术避免危害农业清洁生产的各种因素，具体如下。

（1）合理的肥料投入和施肥技术。科学合理地施肥在农业清洁生产中起着重要的作用，它不但要满足作物生长的营养需要和培肥地力，而且要能控制因肥料本身而引起的病虫害传播、重金属污染和对土壤环境的破坏。由于土壤污染具有蓄积性、不可恢复性、隐蔽性，一旦受到污染，土壤的成分就会改变，导致土壤性质改变、肥力下降，影响作物的生长、发育和农产品的品质。农业清洁生产的施肥原则是：①以精制有机肥、生物有机肥、有机与无机复混肥为主，辅以其他肥料；②以高浓度、多元专用复合肥为主，单质肥料为辅；③以基肥为主，追肥为辅；④限制化肥用量，不用激素类叶面肥，做到因时、因地、因天、因作物合理施肥。

（2）无公害的农药应用技术。化学农药是农业生产中大量应用的一类化学物质，由于生产和使用的不断增长，对环境的污染越发突出，对人、畜和农产品的安全构成重大的威胁。农业清洁生产的农药应用原则是：①使用安全、高效、低残毒的化学药物和生物药物，按照一般施药原则，进行不同类品种间的轮换、交替和混合使用，避免抗药性的迅速产生；②注意在一定的条件下与常规农药的配合使用；③特别注意操作技术和质量，施药时要均匀，以便最大限度地发挥药剂的潜力。

（3）生物防治病虫害技术。农业清洁生产的生物防治病虫害主要包括：①利用作物间的相生相克、共生互利关系，采用轮作、间混套种等种植方式控制病虫害与草害；②通过调整收获和播种时间，打乱害虫食性或错开季节，可有效地减少病虫的危害；③利用动物、微生物及作物分泌化学物质来治虫、除草，通过放养天敌也能有效控制病虫害，如利用七星瓢虫捕食蚜虫等；④选育新的抗病虫能力强及潜力大的作物品种和适于当地生态环境的家禽品种。

（4）农业废弃物资源化再生技术。清洁生产通常利用食物链原理进行多层分级处理。例如，作物秸秆处理技术，可采用切碎、蒸煮、膨化等物理方法，或用生物法进行青贮或用微生物进行发酵，或通过糖化过程先将秸秆变成饲料，而后用畜禽的排泄物及秸秆残渣来培养食用菌，生产食用菌的残余料又用于繁殖蚯蚓，最后才把剩下的残余物返回农田。再如，防止残膜污染，主要是适时揭膜，即从农艺措施入手，筛选作物的最佳揭膜期，既提高地膜的回收率，又提高作物的产量。再如，垃圾等固体废物，可进行分类收集，通过好氧发酵（堆肥化技术）、厌氧发酵，将废弃物降解，将其转化成农业有机肥料，同时又可开发再生能源。

3. 农业清洁生产工程的管理体系

（1）宣传教育体系。农业清洁生产工程是对传统农业生产方式的一场新技术革命，许多新的思想和观念必须通过宣传教育的形式传播到广大干部和群众中去，使农民群众自觉接受农业清洁生产的思想。

（2）行政管理体系。农业清洁生产工程包括种植业、养殖业、加工业、商业等各个方面，涉及环保、农业、林业、商业、工业、卫生、水利等部门，并且需要全社会的支持和帮助。因此加强部门间的协作与管理，才能调动各方面的积极性，使农业清洁生产工程工作得到顺利开展。

（3）法制监督体系。加强法规建设是农业清洁生产规划实施的可靠保证。目前，涉及农业清洁生产的法律很多，这些法律、条例及标准都或多或少地提到了农业清洁生产的环境条件，约束人们自觉去遵守，但没有系统的关于农业清洁生产工程的管理体系和标准，这也是我们今后工作的重点。

（4）科技服务体系。健全科技服务体系是深入开展农业清洁生产的重要措施。农业清洁生产工程是知识密集型的农业工程，除了加强科技投入和管理外，还需要建立比较健全的科技服务网络和社会服务体系，主要做法有：①组织社会力量开展综合服务，充分发挥社会各部门的作用；②组织农业科技力量开展技术服务，如县、乡、村三级农业技术推广的科技人员实行承包责任制等。在农业清洁生产工程中建设农业、牧业、渔业环境监测及检测培训、信息中心等农业环境保护基础设施是该体系的重要内容。

（5）经济促控体系。该体系主要包括：①通过市场经济竞争，优胜劣汰，促进技术进步；②遵循市场规律，优化资源配置；③利用奖惩措施鼓励各单位和个人为农业清洁生产工程的顺利实施做贡献。

三、江苏省农业环境发展现状

（一）农村清洁能源建设稳步发展

江苏省委、省政府高度重视农村环保和能源工作，自 2006 年将农村清洁能源列入“新五件实事工程”之后，2009 年将农村清洁能源又列入新一轮“实事工程”予以实施，每年均设立专项资金用于农村沼气建设补助。截至 2011 年年底，江苏省共有农村户用沼气池 70 万处，农村受益人口超过 200 万；大中型沼气工程 2 817 处，秸秆气化集中供气工程 187 处，全省年产沼气超过 2 亿米^3，折合 30 万吨民用煤，减排二氧化碳 27.4 万吨。通过农村清洁能源建设，农村人居环境卫生状况得到大大改善，废弃物得到资源化综合利用和循环再利用。

（二）秸秆综合利用工作全面推进

"十一五"期间，江苏省委、省政府采取了一系列的措施推进农作物秸秆综合利用工作。2009 年江苏省人大通过了《促进农作物秸秆综合利用的决定》，省政府批准实施了省发展改革委和省农业委员会联合制定的《江苏省农作物秸秆综合利用规划（2010—2015 年）》。2009 年，江苏省开始每年设立专项资金扶持秸秆综合利用，全省共建设 15 个秸秆综合利用示范县、试点县，全省秸秆综合利用率超过 65%，比 2008 年提高 6 个百分点。2010 年，江苏省全面推进农作物秸秆综合利用工作，重点建设示范县 38 个、推进县 28 个，全省农作物秸秆综合利用率达到 70%及以上。截至 2011 年年底，全省建有秸秆固化成型燃料项目 185 处，秸秆沼气集中供气项目 38 处，秸秆收贮点 700 多处，秸秆预处理站 147 处，秸秆食用菌基料项目 38 处，秸秆成片覆草项目 44 处。其中，秸秆肥料化利用量 1 280 万吨（含机械化还田 158.67 万公顷，合计 1 060 万吨），利用率达 32%；秸秆能源化利用量 1 016 万吨，利用率达 25.4%；秸秆饲料化利用量 206 万吨，利用率达 5.15%；秸秆基料化利用量 218 万吨，利用率达 5.45%；秸秆工业原料化利用量 320 万吨，利用率达 8%；多种形式利用农作物秸秆量 2 000 多万吨。全省全年秸秆综合利用率达 76%。

（三）重点流域面源污染治理成效明显

江苏省突出重点流域面源污染防治，以氮磷污染物削减为核心，大力推进畜禽场废弃物处理、农村生活污水生态治理、面源氮磷流失生态拦截和控制性种养水生植物等工作，建设了一大批治污效果显著的示范工程。截至 2011 年年底，太湖流域新建设大中型规模畜禽养殖场废弃物循环利用工程 610 处，新（扩）建 31 个畜禽粪便处理中心，新（改、扩）建发酵床圈舍近 30 万米（折合存栏生猪 20 万头以上），太湖流域规模畜禽养殖场粪便无害化处理与资源化利用率达 81%。建成氮磷流失生态拦截工程 445 万米²，新建农村生活污水生态净化处理设施 3 000 多处，直接受益农户超过 30 万户；新建规模连片生态循环农业工程 100 多处，示范区农业有机废弃物利用率达 80%以上；实际完成控制性种养水生植物达标面积 0.58 万公顷，水葫芦生物量总计约 200 万吨，直接吸收水体氮磷的量达到 4 000 吨。2014 年，江苏省开展生物有机肥加工试点项目 18 个、畜禽粪便处理中心项目 29 个，全省规模养殖场畜禽粪便无害化处理和资源化利用率达 83%。此外，扶持建设大田循环农业项目 35 个，鼓励对沼气治理工程产生的沼渣、沼液进行循环利用。

（四）科学施肥和农药减施技术的广泛推广

近几年，江苏省科学施肥工作取得明显进展，不合理的化肥施用总量明显下降，施肥结构逐步优化，病虫监测工作规范开展，病虫监测预警能力提高，用药防治次数明显减少，农业防控技术、物理防治措施、生物防治措施以及生物农药广泛推广，化学农药用量显著减少。自 2005 年江苏省启动实施部级测土配方施肥补贴项目开始，江苏省累计实施测土配方施肥 0.2 亿公顷次，共采集土壤样品近 50 万个，累计减少不合理施肥 50 多万吨，相当于节约燃煤 120 万吨，同时减少了肥料过量施用对环境的污染，尤其是环太湖地区农业面源污染得到有效的控制，实现了省政府下达的 2010 年较 2005 年减氮 18%的目标。同时，江苏省通过采取综合防治措施控制农业有害生物，有效减少了化学农药的使用量。2011 年，江苏省秧田推广无纺布或防虫网全程覆盖 1.013 万公顷，推广高效低毒生物农药比 2010 年同期增加 13.33 万公顷次，较好地完成了省政府提出的化学农药减量施用的目标。

（五）农村环境综合整治工作全面开展

2011 年，农业生态发展被江苏省委、省政府列入《推进生态文明建设工作行动计划》的重要工作内容，农业废弃物综合利用率和村庄环境综合整治达标率作为农业现代化工程和生态文明建设工程的重要指标被列入“八项工程”监测统计指标体系。而以农村清洁能源建设为主要抓手的农业生态环境建设在农村环境综合整治中起到了积极的作用，农村环境综合整治工作作为生态省创建的重要部分，为江苏省农业生态环境建设带来了有利的政策扶持契机。

（六）农业现代化建设加快发展

江苏省委、省政府在2011年下发的《关于实施农业现代化工作的意见》中将积极发展生态农业作为推进农业现代化工作的重要内容，2015年，全省实现农业废弃物综合利用率达到85%。江苏省充分考虑农村资源环境的承载力，提高农业生态系统自净力，促进农业农村环境不断改善，促使农村经济结构和社会结构不断优化，保持人与自然的和谐，推进农业清洁生产、实施农村清洁能源建设、减少农业面源污染，将以农村废弃物资源化利用为重点的农业生态环境建设成为建设现代农业的重要内容。

（七）农业减排工作稳步推进

实施污染减排是党中央、国务院做出的重大决策。从2011年开始，国家把畜禽养殖污染治理列入污染减排目标任务考核。为确保农业减排任务顺利完成，江苏省积极优化项目配置，聚焦农业生态环境保护、太湖流域农业面源污染治理和畜牧生态健康养殖示范创建等工作，整合现有农村清洁能源治理等项目资金，并多渠道积极争取资金支持，对现有减排工程设施不到位的养殖场进行改造、完善。农业减排工作的有力开展为江苏省的农业生态环境建设营造了有利的工作氛围。

四、江苏省农业清洁生产发展现状

清洁生产是可持续农业发展的大趋势。加快发展农业清洁生产，是实现我国可持续发展战略的一个重要组成部分。为此，我们要努力排除面临的一切障碍，开创企业清洁生产的新局面，满足群众生活及轻纺、食品加工业、外贸出口等安全、卫生、可靠农产品不断增长的需求。

（一）主要开展的工作

（1）农作物秸秆综合利用事关农业清洁生产、绿色发展和生态环境保护。2009 年，江苏省人大常委会通过的《关于促进农作物秸秆综合利用的决定》对秸秆综合利用和禁烧目标、地方政府责任、严格奖惩等方面都提出明确要求，明确规定秸秆初加工用电执行农业生产用电电价政策，江苏省每年秸秆初加工企业因此可享受 1 亿元左右的电费减免。2015 年 10 月 10 日，在全国农作物秸秆综合利用暨农机深松整地现场会上，江苏省就全省秸秆综合利用情况做了典型发言。

江苏省设立秸秆综合利用专项资金，2009—2014 年累计投入 16.6 亿元，2015 年省级财政用于秸秆综合利用的补助资金达 9.2 亿元。2014 年全省秸秆综合利用量突破 3 520 万吨，综合利用率达 88%，建成规模化秸秆综合利用及收储项目 129 个。2015 年，江苏省政府提出，到 2017 年全省实现秸秆利用量 150 万吨，综合利用率达 95%以上。在加强收储利用体系建设方面，江苏省构建了“自然村有堆放点，行政村有收储站，乡镇有收储中心和利用企业，县有规模化利用龙头企业”的收储利用体系，全省已有各类秸秆收储站点 2 万多处，年收储利用千吨以上的站点达 2 500 多个。

（2）积极开展生态循环农业示范项目建设。自 2015 年开始，农业部和国家农业综合开发办公室将在全国部分省（市）开展农业综合开发生态循环农业示范项目建设试点。试点选择将以粮食主产区、畜禽养殖大县、水源地等典型区域为主，将从辽宁、山西、江苏等省级行政区选择试点县（市），每省（自治区）1 个，每个安排中央财政资金 1 000 万～1 200 万元。

1）江苏省以减量化、再利用和资源化为原则，重点开展农药、化肥减量施用，养殖废弃物处理和秸秆综合利用等相关建设。通过项目实施，江苏省项目区将构建起资源节约、生产清洁、废物循环利用及产品优质安全的生态循环农业发展路径和生态农业建设指标体系，①有效控制农药、化肥的不合理使用，努力实现农药、化肥“零增长”；②畜禽粪便、秸秆等农业废弃物循环利用率达 90%以上，大田作物使用畜禽粪便和秸秆等有机肥氮替代化肥氮达 30%以上；③生产成本下降 10%～20%，农产品实现增值 10%～15%；④农产品质量安全水平明显提升，农产品优质品率达 90%以上；⑤生态循环农业基地面积达到 1 万亩以上，农民收入增加 10%以上。

2）江苏省选择部分产业基础良好、发展思路清晰、循环模式相对成熟、新型农业经营主体发育良好且推进生态循环农业意愿强烈的典型区域，以提高资源利用效率和实现区域农业废弃物“零排放”“全消纳”为目标，采用种养结合的循环发展方式，以减量化、再利用、资源化为原则，重点开展农药、化肥减量施用，养殖废弃物处理和秸秆综合利用等清洁生产技术的推广应用，促进区域农业生产废弃物生态消纳和循环利用、种植业与养殖业相互融合。

（3）江苏省政府发布的《江苏省“十二五”循环经济发展规划》中明确提出，推进农业清洁生产。应用生态农业和循环经济技术，合理构建贯穿农业生产过程的物质再生循环和能量多级利用的生产模式。在推进种植业减少投入品的同时，重点推进养殖业的清洁生产。

（4）江苏省农业委员会发布的《江苏省 2015 年秋播及 2016 年农业结构调整的指导意见》中提出，积极推行减量化生产和清洁生产技术，实现生产设施、过程和产品标准化。加强生态农业建设，全省秸秆综合利用率和畜禽粪便综合利用率分别达 91%和 90%以上。

（二）江苏省农业清洁生产开展取得的实效

2019 年，江苏省各地突出重点、创新思路、狠抓关键，积极推广农业清洁生产技术，出台一系列创新举措，取得了显著的成果。

（1）稳步推进畜禽粪便综合利用。常州市推进规模畜禽养殖污染治理工程、区域畜禽养殖粪污统一收集处理体系建设和农牧结合的资源循环链条构建。淮安市将生猪标准化规模养殖场（小区）建设项目和省级高效设施农业等项目的实施与示范创建活动有机结合，示范推广发酵床养殖。盐城市要求各县（市、区）确定 1 个生态循环农业示范镇，成功申报了生物天然气试点、沼气工程两个中央预算内投资项目。

（2）全面开展秸秆综合利用。南京市确定高淳区等 20 个县（市、区）为秸秆综合利用示范县。无锡市培育农作物秸秆循环利用单位 20 多家，秸秆收贮体系试点镇 1 个。南通市积极推广宣传海门市油菜秸秆饲料化利用新模式。连云港市全力推进“1+X”模式，夏季秸秆综合利用率达 90%以上，其中秸秆机械化还田率达 87%以上。镇江市大力推广以秸秆为主要原料的固化成型技术，扶持秸秆食用菌应用企业。宿迁市组织全市有秸秆的村居建立秸秆收贮站（点），每个村居不少于1个秸秆收贮站（点），引进企业建立秸秆供热企业，年收购不低于3万吨的秸秆生产秸秆固化成型燃料。昆山市采取秸秆全量还田，已将实施方案报省里备案。沭阳县进一步细化《沭阳县2015年秸秆中小规模多种形式利用项目实施细则》，量化考核各乡镇秸秆综合利用的具体指标。

（3）正式启动生态循环农业示范建设。江苏省首批确定宜兴市等11个县（市、区）开展生态循环农业示范县建设。无锡市建设市级循环农业示范基地40多个，确定了9家企业和合作社为循环农业重点建设对象。徐州市积极扶持高效设施基地实施秸秆大棚生态种植项目。苏州市着力开展生态循环农业示范建设，在张家港市建设1个生态循环农业示范区、2个生态循环农业示范基地、4个生态循环农业示范企业。泰州市在姜堰区创办了生态循环农业示范样板。

（4）严格开展项目督查巡查。南京市开展沼气项目建设及运行三次专项督查。扬州市对近年承担、尚未验收的中央投资农村沼气项目存在的问题进行分析，明确整改措施，并及时更新农业废弃物利用电子台账。南京市组织各区开展畜禽粪便综合利用率核查、户用池建设和调查等四次数据核查统计。泰兴市将秸秆综合利用的省财政补助资金与泰兴财政配套资金实行捆绑使用，目前正对全市夏季秸秆收贮与综合利用数量和台账进行核查。

五、江苏省农业清洁生产管理体系及技术研究

（一）农业清洁生产管理体系研究

20世纪90年代，江苏省率先开展农业清洁生产关键技术体系与管理体系的研究，并进行相关技术的集成与试验示范，为江苏省农业结构的调整和战略转变提供关键技术支持。

（1）在农业清洁生产关键技术体系研究方面，主要包括以下三项内容：

1）制（修）订江苏省主要农产品国家市场无公害农产品品质强制标准与无公害农产品检测标准，并不断追踪国际标准和技术规范。

2）针对农产品品质与监测标准，通过示范基地试验，提出环境（本底）、农（粮、油、菜）、畜（肉、鸡，蛋）、水（淡水鱼）等主要农产品及其加工技术规程，并进行相应的技术规程集成，如水土、肥料、农药、地膜、饲料、添加剂及有毒、有害物质的治理与无公害技术。

3）在示范基地生产清洁农产品的基础上，探索公司（企业）、农户、市场等管理模式，并通过法规法制体系的调整，不断扩大开发规模，使农产品从农田走向市场直到餐桌消费。

农业清洁生产技术与管理结构如图 6-1 所示。

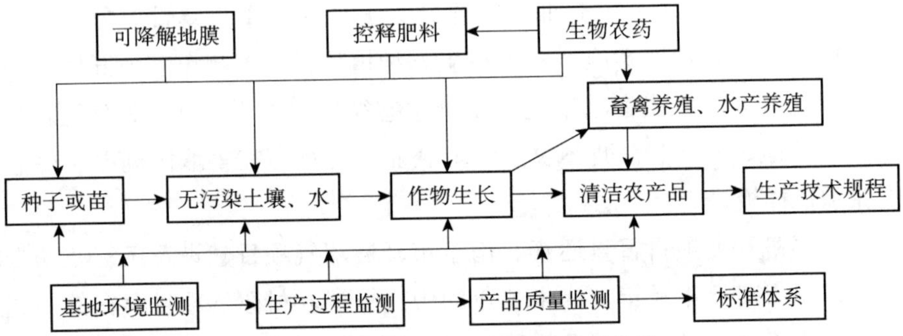

图 6-1　农业清洁生产技术与管理结构

（2）在农业清洁生产管理体系的研究与标准化研究方面，具体包括以下三项内容：

1）农业清洁生产标准体系的建立，在江苏省无公害农产品（食品）地方标准的基础上，研究国际农业清洁生产标准体系，并结合江苏省实际，建立与国际接轨的农业清洁生产标准体系与生产技术规程。

2）农业清洁生产管理体制的研究，比较研究国内外农业生产的现代管理体系，探索建立江苏省农业清洁生产的管理新体制，有效组织农业清洁生产的龙头企业。

3）农业清洁生产农产品服务体系研究，比较研究国际农产品服务体系，探索建立江苏省农业清洁生产的农产品服务体系。

农业清洁生产管理体系的研究与建立采取借鉴国内外成熟经验，结合江苏省实际情况，建立以下五大体系（图 6-2）。

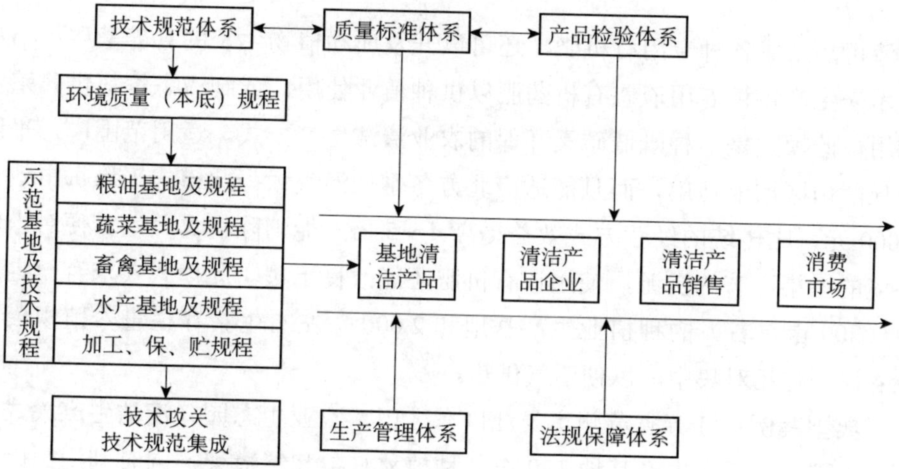

图 6-2　清洁农产品生产技术及经营流程

1）农产品质量安全生产技术规范体系——技术。

2）农产品质量安全标准体系——质量。

3）农产品质量安全监管监测与认证体系——监测。

4）质量安全农产品管理与市场信息体系——管理。

5）农产品质量安全法规与执法体系——法制。

（二）典型清洁生产技术及应用

随着农业生产水平的提高，农药、化肥等农资大量使用，有机肥的施用量不断减少，给农业环境带来许多负面效应：土壤理化性状失衡、水质恶化、农田大气质量下降、农村环境不断恶化。农业清洁生产是有力遏制农业生态环境恶化并改善农村生态环境的有效途径，是实现农业和农村可持续发展的有力保证。本书将江苏省近年来在重点流域面源污染防治的过程中探索出的几种农业清洁生产模式总结如下：

1. 以沼气技术为纽带的农业清洁生产模式

此模式是主要以农业废弃物（特别是畜禽粪便）的资源化利用为导向，通过大型沼气专业化生产，围绕“三沼”（沼气、沼渣、沼液）的综合利用延伸出来的产业生态链体系。沼气可以用于发电，或通过燃烧来取暖供热；

沼渣可加工成各种专用有机肥，还可以开发成动植物生长的营养基质；沼液可用来生产各种专用液态有机药肥以供种植业使用，或制成态饲料供养殖业利用。此模式是一种既低碳又环保的农业清洁生产方式，适用范围广，平原和丘陵山区均能适用，而且能适应北方冬季低温气候。此模式平均每亩效益 7 000 元，比传统的经营方式效益提高 4～5 倍，能消除畜禽养殖粪便对当地环境的污染，节约资源，使用该有机肥还能改良土壤。此模式要求有一定规模（200 亩左右）的种植业生产基地和 2 000 头左右生猪存栏量养殖规模，且农民居住相对集中，以便沼气供热。

典型案例：江苏省苏州市吴江区东之田木农业生态园（清洁生产模式如图 6-3 所示）拥有生产基地 120 亩，种植秋月梨和翠冠梨，同时利用梨园土地种植蔬菜，并为养殖业提供饲料和放养草鸡。生态园采用果园休眠期间种蔬菜，并用蔬菜下脚料喂养猪禽，畜禽粪便发酵产沼气，沼渣再返田作有机肥。2005 年开始，以东之田木农业生态园为龙头，苏州市吴江区成立松陵蔬果专业生产合作社，入社农民 74 户，其中经营果树 45 户，蔬菜 16 户，养猪 13 户，合作社经营土地达到 547 亩。2007 年，生态园生产柑橘和鲜梨 200 万千克，蔬菜 10 万千克，草鸡 20 万羽，鸡蛋 5 万千克，农民人均收入达到 11 000 元。

2. 以腐生食物链为纽带的生态农业模式

此类模式的基本结构是“养殖业粪便+蚯蚓（蝇蛆）养殖+种植业”，即利用畜禽养殖业废弃物（辅以一定的作物秸秆）作为基质养殖蚯蚓，或直接用动物粪便养殖蝇蛆。蚯蚓和蝇蛆均为高蛋白饲料，可以用于养殖和养鱼的营养饵料。同时，养殖蚯蚓和蝇蛆后的剩余残渣是优良的有机肥，可用于大田农作物生产。

此模式需要作物秸秆，适用于有农作物种植的平原地区和丘陵地区，不适用山区。养殖场尽量选择远离村庄的地区，周围要有种植农作物的农田，以便提供农作物秸秆。奶牛养殖规模不少于 200 头，农田规模不少于 200 亩。

典型案例：江苏省扬州市华兴乳业有限公司是一家集奶牛养殖、乳品加工于一体的私营企业（清洁生产模式如图 6-4 所示）。该公司与扬州大学环境

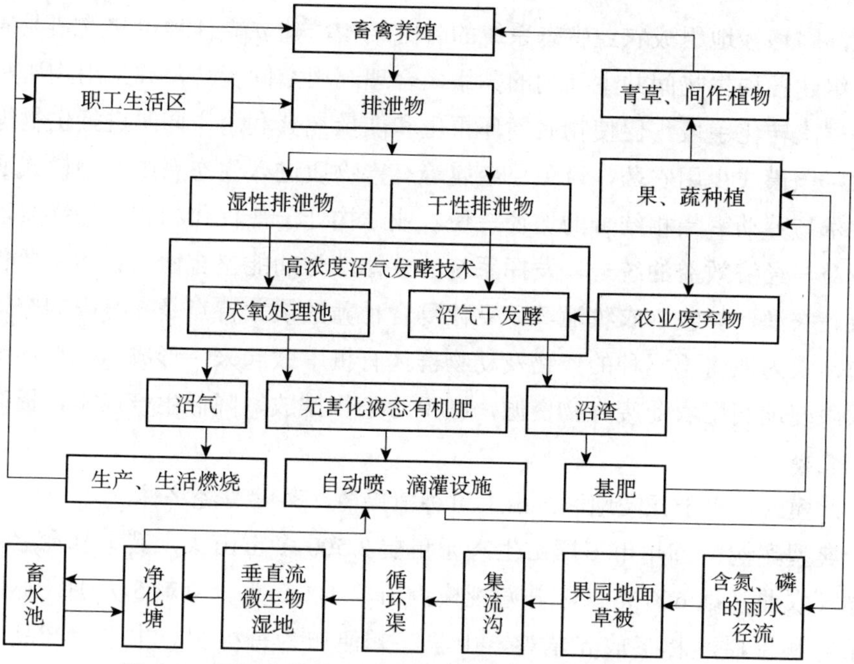

图 6-3　江苏省苏州市吴江区东之田木农业清洁生产模式

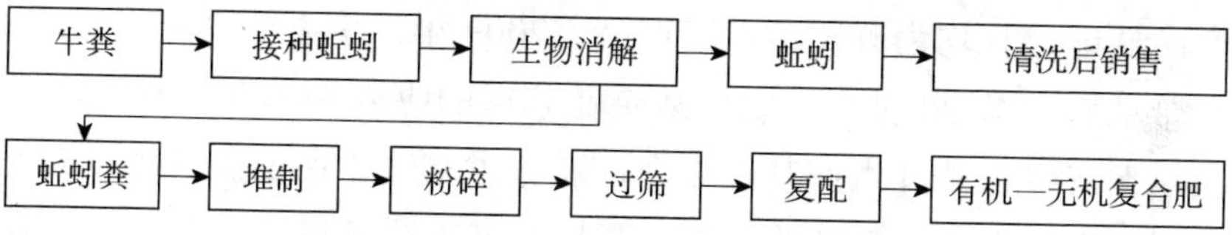

图 6-4　牛粪养殖蚯蚓农业清洁生产模式

研究所合作，实施牛粪养殖蚯蚓示范项目。目前，蚯蚓养殖面积达 10 亩，日处理牛粪 5 吨。同时，牛粪及时送往蚯蚓养殖场，用蚯蚓覆盖畜粪，无异味，无蝇蛆，空气质量明显改善。牛尿及时由蚓粪吸附或除臭，无异味，不乱流，不污染周边环境。蚓粪制成的有机—无机复合肥可提高土壤质量，增加土壤团粒结构，提高保肥和平衡供应营养能力，提高农产品品质。此模式不仅有效地解决了养殖场的粪污处理问题，减少了对环境的污染，保护了农业生态环境，而且实现了资源的再生利用。

3. 立体复合种养农业清洁生产模式

立体复合种养是在半人工或人工环境下模拟自然生态系统原理进行生产

种植，它巧妙地组成农业生态系统的时空结构，建立立体种植和养殖业的格局，组建各种生物间共生互利的关系，合理利用空间资源，并采用物质和能量多层次转化手段，促使物质循环再生和能量充分利用，同时进行生物综合防治，该模式少用农药，避免重金属等有害物质进入生态系统。该模式通过高技术与劳动密集相结合的途径，使农业结构处于最优化状态，最终实现生态效益与经济效益的统一，发挥系统的整体性与功能整合性，具体主要包括农牧、农渔、林牧、农牧渔等。立体复合种养的最大特点是在有限的空间范围内，人为地将不同种的作物及动物群体有机串联起来，形成一个循环链，最大限度地利用农业废弃物资源，减少污染物排放，降低生产成本，提高经济效益。

此模式适用于丘陵地区，山上可种植果树、茶叶等经济林。

典型案例：苏州市玉屏山生态园租赁 3 500 多亩山头，其中林禽立体种养循环农业基地 600 亩，年养殖规模为山羊 1 200 头、草鸡 3 万羽，林地种植茶叶和果树，林下放养草鸡、山羊，粪便作为有机肥。生态园产品东渚“玉屏山”牌白茶和碧螺春茶通过绿色食品认证，草鸡、草鸡蛋已经通过无公害产品认证，且均为苏州市名牌产品。2009 年，生态园销售收入达 1 520 万元，带动农户数 90 多户，农民从企业获得的收入为 100 多万元。目前，生态园已拥有绿色茶叶生产基地 3 个，江苏省畜牧生态健康养殖示范基地 1 个，苏州市现代农业示范基地 1 个，苏州市科普教育基地 1 个。生态园连续三年被评为苏州市农业产业化龙头企业。

4. 林禽渔复合农业清洁生产模式

此模式的基本结构是“林果业+畜牧业+渔业”。此模式通常适用于丘陵山区，在山坡地发展林果业或林草业，在林地或果园里建立畜禽养殖场，在山塘中发展水产养殖业，进而形成“林、果、草生产单元—畜禽养殖单元—水产养殖单元”相互联系的立体生态农业体系。

典型案例：江苏省扬州市江都区渌洋湖农林综合开发土地股份专业合作社是一个以林地、土地、鱼池形式入股的林禽渔结合的合作社。合作社主要经营模式有：①林间套种牧草养鹅。牧草在林间种植，鹅在林间轮放或圈养，用刈割牧草来喂养，鹅在林间放养过程中，采集牧草的同时，也将化肥施在林间，有利于牧草与林间苗木的生长。②鱼鸭混养。将鱼和鸭混合养殖，鸭粪中未被吸收的有机物经转化成为浮游生物，为鱼类提供饵料。鸭能摄食漂浮在鱼塘中的病鱼、死鱼，吞食鱼塘中水蜈蚣等鱼类敌害，清除池塘中生长的青苔、藻类等有害物，达到鸭促鱼、鱼鸭双丰收。③禽粪肥水肥田。除采用林牧结合、渔牧结合外，畜禽粪便垫草及鱼塘塘底还可实现还田、还林，大大减少水产养殖饲料、农药、化肥使用，发展优质稻米生产。合作社 3 000 多亩鱼池每年减少饲料用量近千吨，2 500 亩稻田减少化肥投入 50 多万元，同时提高了稻、麦品质。2009 年，出栏家禽 48 万羽，蛋品加工销售 1 500 吨，综合产值突破 1 亿元，利润 1 200 多万元。

5. 生态健康养殖农业清洁生产模式

此模式（图 6-5）可将养殖废弃物生态净化安全回用、实现畜禽粪便原位降解或生态回用，是一种既生态环保又经济卫生的畜禽养殖方式，是江苏省农林部门根据省情探索实践出的生态农业新模式。

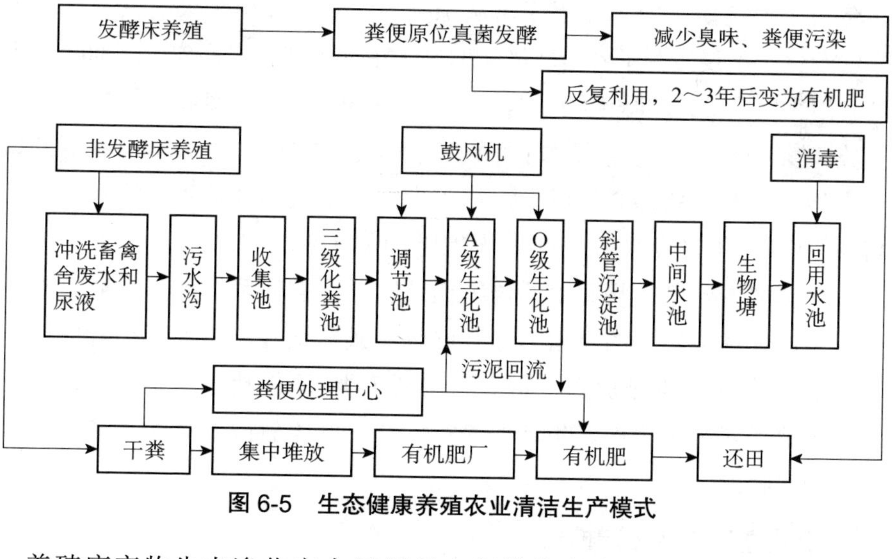

图 6-5　生态健康养殖农业清洁生产模式

养殖废弃物生态净化安全回用是在规模化畜禽养殖过程中实行雨污分流、干湿分离，粪便干物被送往畜禽粪便处理中心统一制作成有机肥，污水通过高效厌氧/好氧生物滤池、生态湿地和消毒等生态生化处理工艺对养殖场废液进行有机物削减和脱氮除磷处理，建立尾水冲洗圈舍回用系统，实现规模养殖场污水零排放；对没有采用发酵床养殖的小型畜禽养殖场则采用分散养殖、集中造肥的方式，统一将粪便送往畜禽粪便处理中心制作成有机肥，达到减少污染、保护环境的目的。

典型案例：江苏省江阴市科达生物牧业有限公司采用此模式。公司总占地面积 253 亩，奶牛存栏 560 头，年产优质鲜奶 2 800 吨。养殖产生的污水、冲洗水必须经过封闭式厌氧发酵工艺无害化处理和资源化利用，经过一段时间的厌氧发酵，总固体分解率达 65%左右，病原菌杀灭率达 96%以上。处理后的牛尿、冲洗水达标后用于苗木园林灌溉，干粪处理后用作有机肥用于 600 亩无公害奶牛饲料基地的施肥。

6. 发酵床养殖畜禽清洁生产模式

发酵床养殖是在经过特殊设计的禽舍里，填入玉米秸秆、锯木屑、米糠和菌种等有机垫料，畜禽生活在这种垫料上，其排泄物被垫料中的微生物迅速降解，免去了冲洗圈舍等清洁程序，从源头上实现了养殖污染的减量化、无害化、资源化，不仅改善了养殖环境，增进了猪健康和畜产品安全，而且不需要额外占用土地来处理猪排泄物，消除了二次污染，达到污染物“零排放”。

典型案例：江苏省阜宁县西湖猪场采用此模式，年生猪出栏量 1.2 万头，肉价高出普通猪肉 8 元以上，每头生猪比传统养殖的生猪增收 120 元。该猪场 2008 年 4 月投产，2009 年就获利 140 万元。

该案例把养殖模式从原来的传统模式转向生态养殖发展，在解决发展畜牧生产和治理环境污染的矛盾方面开辟了一条新途径，在保育和育成猪饲养过程中真正实现“零排放”“零污染”。该猪场促进周边环境改善和水质好转，消除猪场对当地生产、生活的潜在威胁，基本解除了猪场畜禽粪污对周边的污染威胁。

7. 农牧循环清洁生产模式

此模式（图 6-6）的基本结构是“畜禽养殖业+种植业”，基本做法是将畜禽养殖产生的粪便和种植业产生的农业秸秆混合发酵，发酵后的残渣作为蘑菇培养基，种植蘑菇后的菇渣作为有机肥，种植蔬菜和果树。该模式的建成既解决了养殖场固体废物对环境产生的次生污染，又解决了农村因焚烧秸秆带来的环境污染及其他完全隐患问题。

典型案例：江苏省无锡市天蓬生态科技有限公司占地200余亩，固定资产近2 000万元，是一家开展生态养殖发展循环农业经济的奶牛养殖场。公司首创"粪草配方"种植双孢菇，以传统奶牛养殖业为依托，利用集中隧道式发酵技术和科技手段，对奶牛场每年产生的8 000余吨牛粪及周边2.5万余吨秸秆等废弃物进行资源化处理，达到国家规定的养殖场污染物"零排放"的生产目标。为了更好地实现"变废为宝"的生产理念，公司还建设"粪、草→蘑菇→菇渣→有机肥→蔬菜、果树"的示范生产基地，建立生态循环农业发展模式。公司通过发展、刺激、引导，扩大双孢菇种植面积，进一步增加秸秆处理的数量。同时，公司研究利用生态拦截的手段，彻底解决传统厌氧发酵技术带来的二次污染问题，从根本上修复和改善当地的生态环境，形成良好的生态循环，促进种植养殖业的有机结合和发展。公司的发展直接带动1 000余户农民共同致富，年增加农民创收3 000余万元，同时建设和发展了3 600余亩循环农业种植基地。

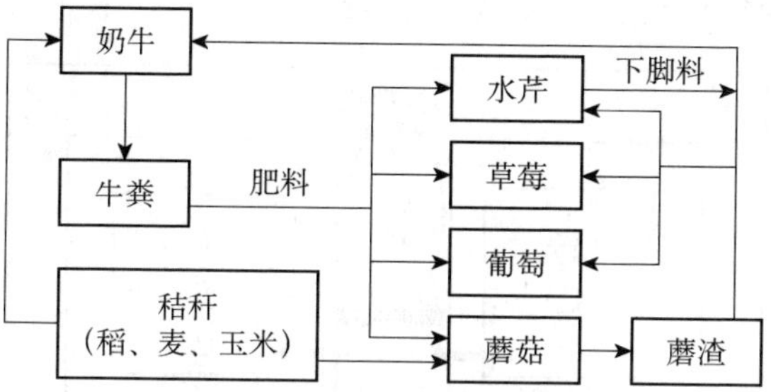

图6-6　农牧循环清洁生产模式

8. 池塘养殖尾水生态净化循环利用清洁生产模式

根据循环经济理论，该模式（图6-7）将养殖塘的进水系统和排水系统完全分开。进水系统采用PVC暗管或明渠供水。排水系统采用生态拦截型沟渠，将养殖区内养殖池塘排放的养殖尾水排放到尾水净化池进行生态拦截。养殖尾水生态净化池总面积占养殖区总面积的10%以上。尾水经过尾水净化池内水生植物（包括挺水植物、浮水植物和沉水植物）的净化，检测达标后，抽到养殖池塘循环利用。

典型案例：江苏省常州市金坛区池塘循环水清洁养殖示范工程将示范区内 190 亩河沟建设为一级净化区，环场 160 亩河沟建设为二级净化区，其余 1 150 亩池塘建设为生态养殖区，一级净化区和二级净化区总面积占项目实施面积的 23.3%。生态养殖区尾水转入一级净化区进行水质净化。一级净化区内栽种黄丝草、苦草、伊乐藻等复合型水生植物，使一级净化区水生植物覆盖率达 40%以上；养殖尾水经过一级处理区相应的综合净化处理后，通过节制闸或水泵提水，转入二级净化区。二级净化区为人工湿地，面积为 160 亩。二级净化区河道边移栽芦苇、中部移植黄草等水生植物，水生植物覆盖率需保证达到 50%，投放白鲢鱼种 1 万尾、花鲢鱼种 3 000 尾，滤食养殖水体中过多的浮游植物，另投放螺蛳 25 吨，滤除水体悬浮物质，提高水体透明度。二级净化区直接供应生态养殖区用水。

生态养殖区常规鱼平均亩产 862 千克，平均亩产值 8 468 元，平均亩效益 1 961 元。养殖尾水净化后，总氮去除率达 27.9%，总磷去除率达 49.4%，氨氮去除率达 34.6%，透明度提高 13 厘米，溶解氧提高 0.9 毫克/升，水质指标符合太湖流域池塘养殖水二级排放标准。

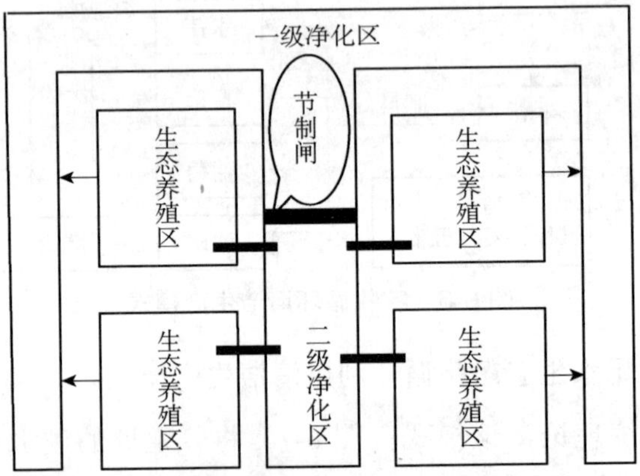

图 6-7　池塘养殖尾水生态净化循环利用模式

9. 农业废弃物循环利用农业清洁生产模式

此模式（图 6-8）的核心技术是对废棉、棉籽壳、稻草、树枝及木屑等农业废弃物的三级循环利用。该模式对农业秸秆进行处理，使其形成草菇生产基质。草菇营养丰富，味道鲜美，价值高，为高温型菇。该模式利用草菇的生长特点，有效利用秸秆中的养分，能实现农业秸秆的一级利用。将草菇菌渣经高温、高压灭菌处理后，接入姬菇、秀珍菇等菌种，利用草菇菌渣的养分生产二茬菇，实现农业秸秆的二级利用。二茬菇生产后的菌渣通过微生物肥料生产技术开发生产生物菌肥，或生产营养基质用于育苗或作物栽培，实现农业秸秆的三级利用。

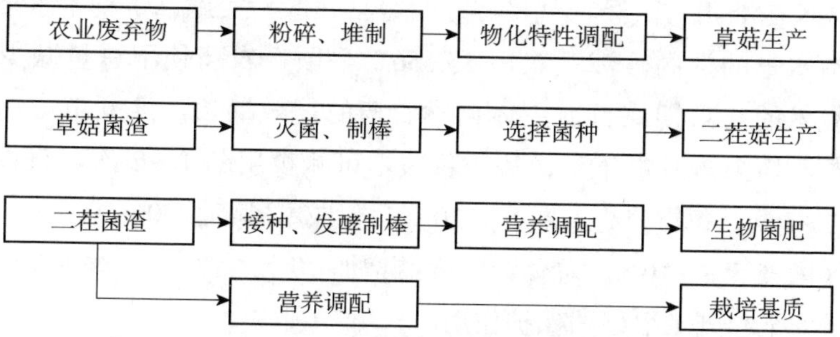

图 6-8　农业废弃物循环利用农业清洁生产模式

典型案例：江苏省丹阳市江南生物科技发展有限公司以食用菌研究所为技术依托，以技术培训中心为阵地，采取“公司+基地+农户”和“订单农业”形式，带动本市及周边地区农民参与食用菌生产，培育地方性主导产业。该公司现已建立配套基地 1 000 余亩，温室菇房 2 500 余间，参与农户 1 200 户。公司通过技术培训，提供菌种、菌棒和培养料，收购菇类产品和菇渣等途径和基地与农户连接，基地农户依托龙头企业种放心菇，赚安稳钱，形成了互利双赢格局。据公司统计，1 吨原料（农业废弃物）经三级循环利用后的产出为 5 360 元，其效益达到 2 099 元。

10. 稻麦化学农药减量农业清洁生产模式

此模式以规范化病虫监测预警体系建设为基础，通过优化防控策略、优选高效低用量化学农药、优先生物防控等化学农药减量控害关键技术，构建农作物化学农药减量控害技术体系，创新农作物重大病虫害专业化统防、统治新模式，创造不利于病虫发生的生态环境，最大限度减少化学农药用量，有效控制病虫草危害。

典型案例：江苏省淮安市结合水稻病虫害发生的新特点探索减少化学农药应用、扩大生物农药使用的技术体系，通过组合用药、总体防治技术的集成创新，减少用药次数，提高防治效益，逐步实现水稻病虫害化学农药减量使用技术的规范化和标准化。该技术体系可大幅减少水稻化学农药使用量，保护农业生产安全、农产品质量安全和农业生态安全。淮安市建立水稻化学农药减量使用技术试验示范工作 4 项，推广低用量、高效、长效、低毒环保型农药和生物农药 4 个，建立技术集成与推广示范区 5 个。2012 年淮安市推广该项技术在淮阴、洪泽、楚州、盱眙等县（区）实施，带动了水稻病虫害生物防治水平的提高，涉及农田 33 666.7 公顷，农药使用总量减少 20%以上，该技术的有效期比目前主体化学农药的药效期长。淮安市应用该模式后，在一般病虫害发生年份，每季移栽稻可减少用药 1～2 次，直播稻可减少用药 2～3 次，每亩节约工本 10～20 元，但成本提高了 20～30 元，每亩比农民自防区增产 5%～10%，总体经济效益增加 70 元/亩左右，对生态环境和农产品质量安全起到了很好的保护作用。

11. 畜禽粪污综合处理农业清洁生产模式

此模式针对规模化养殖场废水污染负荷较高的问题，推广“三分离一净化”治理技术（图 6-9），重点在“雨污分离、干湿分离、固液分离、废水深度净化处理”等关键环节，促进养殖场粪污高效处理和资源化利用，达到近“零排放”的目的。

此模式推广“养殖场预处理—专业化服务收集—资源化综合利用”的服务体系，每个服务体系收集 20～60 个畜禽场，将区域内分散的养殖场（户）废弃物收集后制成商品有机肥出售，或与种植基地对接制成初级发酵肥料直接使用。相关部门已为该技术制定江苏省地方标准《养猪场雨污、粪尿分离技术规程》（DB32/T 2604—2013）、《养殖场污水生物净化处理技术规程》（DB32/T 2603—2013）、《畜禽养殖粪便集中收集处理技术规程》（DB 32/T 2600—2013），有关技术设备已获得农机鉴定和农机成果鉴定。

典型案例：此模式 2012 年在太湖流域建设 27 处示范工程，示范结果表明，雨污分离工艺可实现养殖场雨水和污水分离，雨水经雨水沟渠流入雨水

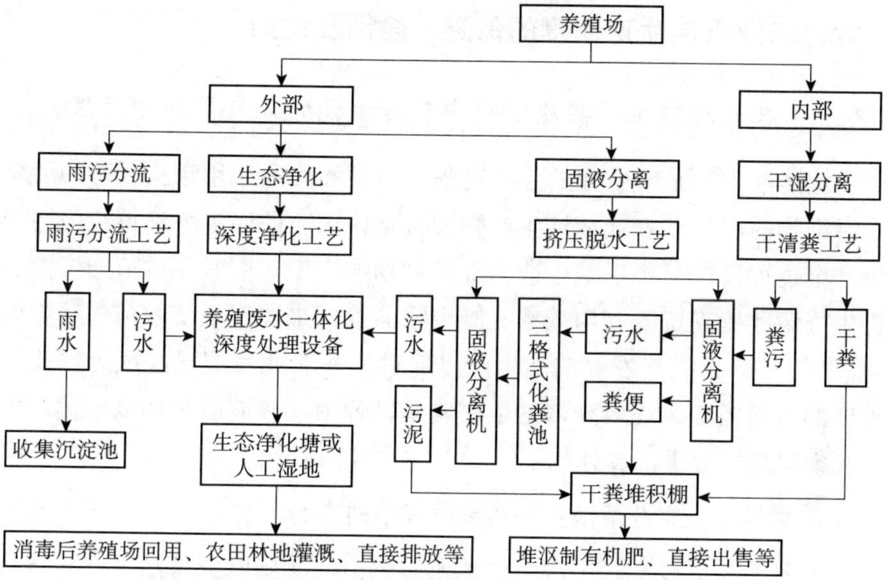

图 6-9　养殖场粪污“三分离一净化”综合处理技术工艺

收集池，养殖尿液及冲洗废水经污水管道排入污水处理系统。工程实施后，有效减少了养殖场污水产生量。工程采用干清粪工艺实现养殖粪便与尿液、污水分离。在猪场示范显示，该工程粪便收集率达 98%以上，与水冲粪工艺比较，可减少水量约 32.8%，污水中化学需氧量、总氮、总磷分别降低 2.5%、24.5%、12.7%。在奶牛场示范显示，该工程收集的粪便含水量较常规工艺降低 8.0%，污水中化学需氧量、氨氮分别降低了 40%和 39.1%。

宜兴市高塍镇陈亮畜禽养殖场示范工程养殖场位于宜兴市高塍镇肖张墅村，占地 2.33 公顷，其中猪舍面积 2 160 米^2，现存栏优质种猪 200 头，年商品猪出栏 3 500 多头。由于没有足够的农田配套，养殖粪污处理利用问题一直困扰着该养殖场的发展。该养殖场实施养殖场粪污“三分离一净化”综合处理工程示范后，实现了养殖粪污无害化处理、资源化利用及养殖废水达标排放，达到了生态养殖的目的，同时为国家畜禽养殖污染减排提供了较好的标杆模式。宜兴市环境监测部门对该工程处理效果进行了多次监测，监测结果显示，后续深度处理阶段化学需氧量和氨氮去除率达 96%以上，总磷去除率达 94%以上。

六、农业清洁生产制度的保障、途径及动力

（一）农业清洁生产实施过程中政府干预的必要性和可行性

农业清洁生产是对农业的生产过程、产品和服务采用污染预防的战略来减少污染物的产生。农业清洁生产强调将整体预防的环境战略持续应用于农业生产全过程及产品中以减少或消除污染物的产生，同时通过节约资源、利用再生资源和提高资源利用效率、减少物能投入来实现经济效益与环境效益“双赢”的目标。推行农业清洁生产以促进生态农业发展已经成为农业可持续发展的迫切需要。在农业清洁生产实施过程中，政府必须加以干预，才能取得较为理想的效果，具体如下。

1. 必要性——农业清洁生产实施过程中的市场

由于我国人口多，底子薄，人地矛盾突出，实施农业清洁生产有其特殊的困难，这是农业清洁生产实施过程中出现的市场失灵现象。农业清洁生产中的市场失灵分为以下两种：①市场条件正常存在的市场失灵。这种失灵仅靠市场本身是无法解决的。农业生产经营者受自身条件的限制，无法获取从事农业清洁生产所必需的全部信息，具有严重的盲目性和从众性，加大了农业清洁生产的市场风险。同时，生产者和消费者之间的信息不对称又阻碍了优质、优价政策的实施，使清洁农产品的价值无法完全实现，因此阻碍了农业清洁生产的顺利实施。②非正常偏离理想条件下的市场失灵。它是由于市场自身的不完善造成市场条件对理想状态的严重偏离，可以通过逐步完善市场机制加以克服，这种市场失灵主要存在于发展中国家和向市场经济转轨的国家。非正常偏离理想条件下的市场失灵在我国农业领域内主要表现为市场主体发育不完全，要克服这种市场失灵，推进我国农业清洁生产的有效实施需要政府的力量发挥作用。

2. 可行性——政府具备的各种优势能够确保政府干预的顺利实施

政府可以集中社会各种资源，办成其他农业企业、农业组织或农户无法办到的大事。其优势主要有：①资金优势。政府可以通过财政收入支持农业清洁生产的实施。②信息优势。政府门类齐全，能够方便快捷地掌握各种农

业清洁生产的新信息，这是一般的农业企业和单个农户做不到的。③成本优势。在有关农业清洁生产的技术引进、交流合作以及清洁农产品贸易等问题上，政府与国外政府和企业进行谈判时，可以使其具有某种垄断性，节省单个农业企业或农户进行这些活动的交易成本。④人才优势。政府部门拥有许多具备农业清洁生产专业知识的各种人才，在农业清洁生产的推行过程中，这项优势为政府做出正确决策打下坚实的基础。⑤强制性。政府在法律范围内通过行政手段可使农业清洁生产得到顺利和有效的推行。

（二）政府在农业清洁生产中应发挥的经济职能

历史和实践证明，没有万能的市场，也没有万能的政府，只有充分发挥市场机制和政府职能两者的作用，才能保证正常的经济秩序，促进农业清洁生产的有效实施。在农业清洁生产中，政府的经济职能主要包括以下五个方面：

（1）为农业清洁生产提供公共服务。所谓公共服务，就是所有成员集体享受的集体消费品，社会全体成员可以同时享用该消费品，而每个人对该消费品的消费都不会减少其他社会成员对该消费品的消费。提供公共服务是政府重要的经济职能，但政府不是提供所有的公共服务，政府提供公共服务应符合一定的条件：①公共性程度高的公共服务。公共性程度的高低可以公共服务受益人或消费者人数的多寡来衡量。②不宜或不应由非政府力量供应的公共服务。③非政府力量不愿意或无力提供且外部性大的公共服务。④非政府力量没有能力提供或虽有能力提供但非竞争性程度高的公共服务。政府提供此类公共服务是使其得到充分供应和充分利用的必要条件。对农业清洁生产而言，政府提供的公共服务主要有农业清洁生产的宣传教育、社会化服务体系，以及交通、水电及市场体系等基础设施建设。

（2）做好农业清洁生产的产业规划。第一，制定科学的农业清洁生产实施战略。①必须注重农产品质量和农业环境之间的和谐统一，努力实现农业增长方式从数量型向质量型和生态型转变。既要提高农产品的质量，满足人们多样化的需求，又要维护农业的可持续发展能力，实行长计划短安排，立足于农业和农村经济的长远发展，强调“质量和生态和谐”的原则，不能再走传统农业生产方式的老路子。②要努力实现农业清洁生产由自给型向商品型转变，将实施农业清洁生产与调整农业生产结构和增加农民收入相结合，大力发展农业清洁生产。按照农产品的清洁程度不同，制定和实施优质优价政策，同时调整农业内部结构，大力发展清洁畜牧业和水产业，调整农村产业结构，加快发展农村第二产业、第三产业，促进农民的非农就业，加快人口城镇化和农业劳动力转移的进程，建立与市场经济相适应的农业清洁生产机制。③在实施农业清洁生产的过程中，要努力实现政府指挥型向政府指导型转变，充分发挥农业生产经营者的主观能动性和积极性。第二，适当调整农业清洁生产的产业政策。产业政策是国家管理经济的基本方式，是连接宏观经济与微观经济的纽带，已成为我国政府的基本经济政策。农业清洁生产的产业政策就是政府为干预农业清洁生产的实施而制订的策略原则和行为准则，具体包括：①调整土地政策；②调整产业税收和补助金政策；③调整产业金融政策；④完善产业技术政策。第三，完善农业清洁生产的实施计划。农业清洁生产的实施计划是体现政府经济规划功能的一个重要方面。各级政府在制订农业清洁生产实施计划时，需避免不同程度地照抄、照搬外地经验，脱离本地实际，盲目追求速度，不以高效为目的的行政强制。为此，一要充分认识农业清洁生产的重要性、紧迫性和艰难性，切实把握好实施农业清洁生产的“度”；二要实事求是，因地制宜，从本地实际情况出发，以区域资源为基础，突出地方特色，优化产品品种，形成具有区域特色的主导产品和支柱产业；三要坚持以市场为导向，以质量为核心，以效益为目的，加快农业清洁生产的有效实施，在培养市场占有额较大的主导型清洁农产品的前提下，引导农民逐步开发新产品，逐步实现清洁农产品的升级换代。

（3）维护农业清洁生产的市场秩序。政府是市场秩序的提供者和维护者。实施农业清洁生产所需要的各种法律法规、规章制度等一系列市场秩序，需由政府提供和维护，保障农业清洁生产的顺利实施、维护市场秩序包括：①清晰界定和保护农业环境产权。产权是市场经济的基础，必须清晰界定农业环境的所有权、使用权等财产权利的归属和流通，并用法律的形式加以监督和保护，以维护市场秩序。②完善农业清洁生产的法制建设。市场经济本质上是法制经济，法律手段是维护市场秩序的基本手段，完善农业清洁生产的法制建设包括两个方面的含义。一方面，应明确规定农业生产经营者在农业清洁生产实施过程中的权利、义务及责任。另一方面，维护良好的市场秩序，推动农业清洁生产的实施，需做到有法可依，有法必依，执法必严，违法必究，规范人们的经济行为，保证有关农业清洁生产的各项法规得以贯彻落实。③加强农业清洁生产的道德建设。只有法律与道德二者相辅相成，才能共同构成市场秩序的两大支柱。加强道德建设，一方面有助于推动法律体系的建设，使人们能够自觉遵纪守法。另一方面，法律并不是万能的，它在规范和约束社会经济生活的某些方面存在局限性，这就需要运用道德规范来弥补。④理顺农业清洁生产的利益关系。利益最大化以及分配合理化是农业清洁生产的生命之源。处理农业清洁生产各经济主体的利益关系，总的原则是平等互利，即各方在地位上是平等的，同时，要坚持公平与效率兼顾的原则。

（4）进行农业清洁生产的制度改革与创新。农业清洁生产的实质就是通过制度创新，使高消耗、高污染、低产出的传统农业生产方式向低消耗、低污染、高产出的农业清洁生产方式转变。因此，有效地进行农业清洁生产的制度创新是一个非常重要的问题。农业清洁生产的制度创新既包括对原有农业制度的调整，也包括新制度的建设，涉及制度的各个环节和方方面面，具体包括：①在宏观方面，要继续深化我国社会主义经济体制改革，推进社会主义市场经济体制的完善和发展，为农业清洁生产创造良好的外部环境。②在中观方面，要以提高农产品的市场竞争力和农业的可持续发展能力为目标，充分考虑农业清洁生产的需要，推动农业产业结构的优化和升级。③在微观方面，要进行产权制度创新，尝试引入农业清洁生产私有产权，以充分调动广大农业生产经营者的积极性和主动性。

（5）对农业清洁生产实施必要的政府经济管制。农业清洁生产的经济管制指的是政府对清洁农产品的价格、质量标准以及农业清洁生产的市场进入和退出条件等所实施的控制，其目的在于管制农业生产经营者的行为，防止龙头企业滥用市场力量，纠正农业环境污染等负外部性问题，矫正农业清洁生产的信息不对称问题。今后政府部门需从以下四个方面改进对农业的经济管制，以提高农业经济效益。①管制立法。立法的总体目标是给政府部门开展管制活动提供法律依据，保证经济管制活动在法律的框架下进行，通过法律的方式限制特定领域的庞大力量，消除农业生产的外部性，以保证广大生产者和消费者的合法权益。②管制执法。在法律上赋予政府部门管制者的执法地位，使其能够通过法律的方式顺利完成自身职责，管制机构只有被赋予执法权，才能维护好市场秩序。③法规的修改与调整。随着农业经济的发展和被管制领域的经济环境和技术环境的变化，管制者需要对原有的管制法规做必要的修改和调整。④放松或解除经济管制。当农业清洁生产实现一定的规模，农业市场结构逐步达到以垄断竞争为特征的有效竞争状态时，需要政府部门放松甚至解除对农业的经济管制，以保证其良性发展。

第四节 江苏省工业清洁生产发展

一、江苏省工业环境发展现状

（一）深入实施生态文明建设工程

2018 年，江苏省节能环保产业增速达 18%以上，规模和产值继续位居全国前列。此外，江苏省全面完成化解过剩产能年度任务，提前完成国家下达淘汰落后产能的“十二五”目标，煤炭消费占比下降到 67.4%，清洁能源占比增长 1 个百分点。

（二）主要污染物总量减排

2014 年，江苏省化学需氧量、氨氮、二氧化硫、氮氧化物排放总量分别为 110 万吨、14.25 万吨、90.47 万吨、123.26 万吨，较 2013 年分别削减 4.25%、3.32%、3.92%、7.88%，均超额完成年度目标，化学需氧量、二氧化硫提前一年完成“十二五”时期需求的减排任务。

2014 年，江苏省工业废水排放 20.49 亿吨，工业污染源化学需氧量排放 20.44 万吨，氨氮排放量 1.37 万吨。全年完成水污染物减排项目 1 435 个，新增城镇污水处理能力 80 万米^3/日，建设污水收集主干管网 2 500 千米，城镇污水处理厂全年实际处理污水量达 38.3 亿米^3。此外，江苏省还建设企业深度治理和再生水回用工程 49 个、沼气治理工程 482 个。

2014 年，江苏省①完成大气主要污染物减排项目 671 个，省级财政共安排火电脱硝资金 3.5 亿元、脱硫资金 1 亿元、机动车淘汰资金 2.6 亿元；②关停小火电机组 65.45 万千瓦，完成电力机组脱硫项目 125 个 1 400 万千瓦、脱硝项目 186 个 1 750 万千瓦；③完成脱硫钢铁烧结机（球团）面积 1 990 米^2、脱硝水泥产能 2 220 万吨/年。

2014 年，江苏省出台《江苏省燃煤发电机组环保电价及环保设施运行监管实施细则》，实施严于国家要求的电价考核标准，促进企业加强环保设施管理，向排放废气企业核发排污许可证，全年核发近 5 000 家企业，国控重点企业基本实现全覆盖。

（三）大气污染防治取得新进展

2014 年，江苏省政府印发《江苏省大气污染防治行动计划实施方案》，分解下达 1 166 个年度重点工程项目。此外，江苏省还开展了以下工作：①严格环境准入，将烟（粉）尘、挥发性有机物“减二增一”作为项目环评审批前置条件；②出台江苏省煤炭消费总量控制和目标责任管理实施方案，建立能源消费强度和消费总量“双控”机制；③完成燃煤机组超低排放示范工程 8 个、火电等企业除尘提标改造项目 343 个、有机废气治理项目 490 个，在 19 家大型石化企业推行泄漏检测与修复技术；④以生态红线区、高污染燃料禁燃区、省级以上开发区为重点，整治燃煤锅炉 4 273 台、8 340 蒸吨。

（四）提高重金属污染防治水平

2014 年，江苏省①认真组织实施国家和省重金属污染综合防治规划，规划重点项目完成率分别达 90.9%、85.7%；②开展江苏省涉及重金属排放污染源调查评估，进一步掌握重金属污染物排放状况；③完成新一轮铅蓄电池和再生铅行业综合整治，江苏省关停淘汰涉铅企业 62 家；④开展苏中、苏北地区电镀企业环保综合整治和全省涉汞企业专项整治。江苏省重金属污染防治国家考核结果在全国 14 个重点防控省级行政区中名列首位。

（五）加大沿海化工园区环保专项整治力度

2014 年，江苏省投入资金 58.5 亿元，关闭化工企业 53 家，淘汰化工项目 86 个，停产整治 199 家企业，限期治理 355 家企业，对 281 家企业实施“一企一管”及明管化改造，完成“三废”改造项目 1 360 个，搬迁环境敏感目标 1 771 户，查处环境违法案件 192 起。

（六）固体废物行业进一步规范

2014 年，江苏省一般工业固体废物产生量 10 916.5 万吨，综合利用量 10 450.3 万吨，处置量 278.9 万吨，贮存量 186.8 万吨，排放量 0.5 吨；危险废物产生量 240.9 万吨，综合利用量 116.5 万吨，处置量 117.6 万吨，贮存量 6.8 万吨。

截至 2014 年年底，江苏省共建有污水处理厂 466 座，实际处理污水量 1 127 万吨/天，日产生污泥量 8 160 吨。江苏省基本形成以焚烧处置方式为主，建材综合利用、填埋、堆肥和土地利用处置方式并存的污泥处置结构。

2014 年，江苏省持危险废物经营许可证的单位数量达到 298 家，年处置利用能力达到 745.4 万吨，共建成危险废物集中处置设施 35 座，其中焚烧处置设施 27 座，焚烧处置能力 23.1 万吨；填埋设施 8 座，填埋处置能力 14.2 万吨，基本建成危险废物综合利用、处理处置网络。废弃电器电子产品处理企业共接收废弃电器电子产品 595.6 万台，拆解 594.2 万台。

二、江苏省工业清洁生产发展现状

（一）政策法规

为更好地推进清洁生产工作，江苏省出台了有关鼓励和规范清洁生产工作的政策、办法，并采取了适合本地区实际情况的具体措施。

1999 年，为引导扶持企业自觉推行清洁生产，江苏省政府批转的省环保、财政等 9 个部门《关于加快清洁生产步伐的若干意见》明确提出，在条件成熟的工业、企业逐步开展清洁生产审核工作，各市应在排污费中安排不小于10%的资金用于试点企业清洁生产工作启动和污染治理项目。江苏省人大和省委、省政府分别于2001年、2003年出台《关于加快生态省建设的决定》《关于加强环境保护和建设的意见》，要求各级党委、政府充分发挥政策推动力，落实相关扶持措施，为促进企业革新工艺和改造设备、实施清洁生产打下了坚实的基础。

2003年1月1日，《中华人民共和国清洁生产促进法》颁布实施，清洁生产逐渐成为各行、各业提高效益、减少污染的重要手段。按照江苏省委、省政府提出的“十五”期间全面完成重点流域和重点工业污染企业的清洁生产审核工作的总体要求，江苏省相关部门制定出台《江苏省“十五”后三年清洁生产实施方案》。依照《中华人民共和国清洁生产促进法》的有关规定，省环境保护厅等部门在全国率先向社会公布270家清洁生产审核合格的企业名单，积极落实扶持清洁生产的政策，明确在地方排污收费中安排不低于10%的资金用于资源综合利用率高、污染物产生量少的清洁生产技术、工艺的推广应用。

2004年10月1日，《清洁生产审核暂行办法》实施，江苏省委、省政府更是将该办法视为促进产业结构调整、优化经济结构的“重要法宝”，先后制定并出台了一系列的促进政策，采取了前所未有的措施加以大力推进，在全省形成了一股开展清洁生产的“热潮”。

2005年8月16日，江苏省环境保护厅发布了《关于切实做好推进循环经济发展的意见》，明确了江苏省发展循环经济的目标，提出要落实《中华人民共和国清洁生产促进法》，重点抓好强制性清洁生产审核工作，并督促企业实施清洁生产审核方案。围绕重点行业、重点区域，以清洁生产审核、环境管理体系认证及环境标志产品认证工作为抓手，培育和壮大一批循环型农业、工业和服务业方面的试点单位。

2006年9月26日，江苏省经济贸易委员会、环境保护厅等6家单位发布了《江苏省清洁生产“十一五”行动纲要》，明确“十一五”清洁生产重点、目标、时序进度和具体措施，要求加快推进结构调整和技术进步、全面推进企业实施清洁生产、完善和落实促进清洁生产的政策、强化清洁生产实施的监督管理，保证江苏省清洁生产有序开展。截至当年的统计数据显示，自 1997 年以来，江苏省围绕太湖、淮河、长江沿线等重点流域，化工、轻工、冶金、建材等重点行业，先后组织 2 000 多家企业开展清洁生产审核，企业清洁生产审核数量在全国名列前茅。江苏省通过清洁生产审核，实施各种改造方案，共节约新鲜水 7 200 万吨，削减废水排放量 5 600 万吨、化学需氧量 6.8 万吨，取得增收节支效益 50 多亿元，企业主要污染物削减幅度在 20%左右。

2007 年 6 月 7 日，为进一步加大节能减排工作力度，江苏省政府印发《江苏省节能减排工作实施意见》，强调化工、冶金、印染、酿造、造纸、电镀等行业要全面推进清洁生产审核，运用清洁生产技术和工艺进行改造，“十一五”期间节能 150 万吨标准煤，削减化学需氧量 5 000 吨。对超标排污的企业和虽然实现达标排放但排污总量仍然较高的企业实行强制性清洁生产审核，并向社会公布。为更好地规范审核咨询机构，提高审核咨询机构的工作质量，江苏省环境保护厅印发了《江苏省清洁生产审核咨询服务机构管理暂行规定》《江苏省清洁生产审核人员管理暂行办法》，这两个文件的公布实施，为全省更好地开展清洁生产工作提供了政策保障。

2008 年 4 月 29 日，为落实环境保护优先的方针，切实加强环境保护和生态建设，促进江苏省经济社会可持续发展，江苏省政府印发了《江苏省“十一五”环境保护和生态建设规划》，强调将全面推进清洁生产作为转变经济发展方式的一项重要措施，并在化工、医药、印染、造纸、冶金、建材等行业创建一批高标准、规范化的清洁生产示范企业。

2013 年以来，江苏省先后出台了《关于加强环境保护　推动生态文明建设的若干意见》《关于进一步加快发展循环经济的意见》《关于加快发展节能环保产业的实施意见》《江苏省大气污染防治行动计划实施方案》等，都对推行清洁生产提出明确的目标和要求，并将清洁生产列入政府年度重点工作之一，加以推进和考核。《江苏省工业清洁生产“十二五”行动纲要》明确了工业清洁生产的重点、目标、时序进度和具体措施，并要求各市每年据此制订落实具体的行动计划，确保全省清洁生产有序开展。

（二）江苏省工业清洁生产开展情况

（1）强力推进审核。江苏省围绕太湖、长江等重点流域和化工、印染、酿造、造纸、电镀、钢铁等重点行业，分批组织企业开展清洁生产审核，具体如下：①年初下达清洁生产审核指导性计划，并层层分解落实到企业，年中开展督促检查，年底组织考核验收。②每年完成 800～1 000 家企业审核工作，累计 1 万多家企业通过审核验收，占规模以上工业企业总数的 16%以上，企业主要污染物平均削减 20%。③为了提高审核质量，相关部门加大清洁生产培训力度，累计培训全省各级经信部门、重点企业骨干和咨询机构审核人员 6 万人次，汇编国家和省清洁生产有关政策、技术标准和评价体系 6 000 余册，印发各市和重点企业。④积极培育清洁生产审核咨询机构，江苏省注册的服务机构已达 123 家，从业人员近千人，为清洁审核咨询提供了有力的支持。

（2）加大先进技术推广应用力度。①实施节能减排工程。突出冶金、化工、建材、纺织、电力等主要耗能行业和重点耗能企业，组织实施电机系统、锅炉及窑炉节能改造、余热余压利用、能量系统优化、企业能源管理中心建设等节能改造工程。2014 年，省级节能专项资金共支持实施节能重点工程项目 330 项，新增节能能力 200 多万吨标准煤。②推动节能环保新技术新产品的推广应用。定期发布重点推广的节能环保新技术新产品目录，目前已发布 8 批《省重点推广应用的新技术新产品指南》，共计节能减排装备技术 20 类 282 项。此外，组织召开节能新技术新产品现场推广会，组织供需双方对接，累计推广应用节能家电 960 万台、节能灯 450 万只。③制定实施严于国家标准的能耗限额地方标准，2014 年编制完成卫生、陶瓷等 11 项产品能耗限额标准，2011—2014 年已累计编制完成 52 项地方标准，其中 35 项已经国家备案后发布施行。④严格执法。以执行产品能耗限额标准、Y 系列电机使用情况、固定资产投资项目节能评估执行情况等为重点，组织全省各级节能监察机构对年综合能耗 3 000 吨标准煤以上的 1 200 多家企业开展全面检查，严厉查处违法用能行为，对逾期不整改的实施惩罚性电价。此外，制订印发《江苏省重点工业行业清洁生产改造实施计划》。2014 年，相关部门运用省级节能、中小科技型企业发展专项引导资金投入 6 180 万元，重点支持了全省 97 项拥有自主知识产权、采用集成技术、行业带动性强的项目实施，在化工、冶金、造纸、水泥等行业形成了一批国内同行业领先水平的清洁生产示范项目。

（3）推动产业结构调整。江苏省把推进产业转型、结构调整作为从宏观层面推行清洁生产的有效措施，切实加以推进，具体如下：①大力发展新兴产业。十大战略性新兴产业增势强劲，年均增速 20%以上，主营业务收入占全省规模以上工业比重达 25%以上。其中节能环保产业 2014 年主营业务收入 7 200 亿元，增长 23%。②加快淘汰落后产能。截至 2013 年，江苏省提前 2 年全面超额完成国家下达的“十二五”重点工业企业淘汰落后任务。③深入开展化工生产企业专项整治。按照省政府关于第三轮化工整治工作要求，紧紧围绕加快行业结构调整步伐，促进化工行业升级，着力提高经济发展质量，推动化工整治工作不断深入。虽然化工生产企业关停难度不断增大，但全省整治力度依然不减。2014 年，全省共关停化工生产企业 677 家，自 2011 年以来，累计关停 7 353 家。

（4）推动清洁生产达标创新。为促进清洁生产整体水平的提高，2011 年，相关部门制定下发《关于开展创建江苏省清洁生产先进企业工作的通知》《关于组织推荐清洁生产先进企业评估机构（第一批）的通知》，在全省工业行业对照国家已颁布的行业清洁生产评价指标体系等，开展清洁生产对标创先活动。第一批备案公布的 11 家清洁生产评估机构，已独立开展清洁生产先进企业申报的评估工作。2013 年，灵谷化工、镇江金东纸业、江山农化 3 家企业被工信部命名为国家级清洁生产示范企业，沙钢集团、常州旭荣、安邦电化等 10 家企业被授予首批省级清洁生产先进企业称号。

三、江苏省重点行业清洁生产推广应用技术

2014 年，为落实《大气污染防治重点工业行业清洁生产技术推行方案》，江苏省印发了《江苏省重点工业行业清洁生产改造实施计划》，推进辖区重点企业实施清洁生产技术改造。该计划提出三方面具体工作措施：一是制定本地重点行业清洁生产改造方案，将清洁生产审核产生的中/高费方案作

为重点，列入清洁生产技术改造方案，并要求每年报送项目实施情况；二是加强政策引导和资金支持，同等条件下省节能专项资金对重点企业清洁生产技术改造项目优先支持；三是创建一批清洁生产先进企业，对完成清洁生产技术改造的重点企业，列入省清洁生产先进企业的创建计划，并优先命名为省清洁生产先进企业，不断提高清洁生产水平。

第五节　江苏省第三产业清洁生产发展

一、江苏省第三产业资源环境发展现状

（一）第三产业发展进程及资源环境现状

2007年以后，江苏省引入外资进入了高速发展的黄金时期。然而，调查显示江苏省服务业发展水平并不高，外资的利用比例比较小，主要依靠第二产业带动江苏省的经济发展。当下江苏省正逐渐形成“以第二产业、服务业为主”的新局面。

随着经济的不断发展和城市化步伐的加快，江苏省第三产业在地区生产总值中的地位不断提高，比重不断加大。与此同时，不容忽视的是第三产业的服务性行业所带来的环境污染日趋严重，且涉及面广，影响程度大，危害性严重，直接影响了人们的正常生活。第三产业的污染形式主要表现为噪声扰民、油烟气污染、餐饮业废水污染、光污染、对旅游资源的破坏等。从污染源来看，既有点源污染又有线源和面源污染，如餐饮娱乐业的点源污染，物流交通业产生的线源污染，旅游景区产生的面源污染，而且污染源数量多，大小不一，分布广，较为分散。与第二产业对环境的污染相比，第三产业对环境的破坏和影响具有无形性、长期性和难以确定性等特点。

近年来，江苏省第三产业发展较快，第三产业内部结构也发生了相应变化，导致其产生的污染物也发生变化，如餐饮业的发展带来的油烟和废水污染，电子信息产业的发展使其带来的高危险性污染物也随之加剧，这些污染物处理后如果得不到专业的回收利用或处理，那么将对环境造成难以估量的

损失。随着经济的发展及产业结构的变化，人们将越来越重视第三产业产生的电磁污染、光声污染、信息垃圾污染等，传统的烟尘污染、水污染、噪声污染等随着排放量的增多也会受到相关部门的重视。

与工业、农业相比，第三产业的发展对环境的破坏强度相对较弱，但其广度与复杂性大大超过第一产业和第二产业，由于第三产业与人们生活密切，第三产业的污染也不容忽视，如不及时加以严格管理和治理，将成为制约第三产业乃至整个国民经济可持续发展的重要因素。随着第三产业在经济发展中地位的不断提高和范畴的不断扩展，第三产业对生态环境的破坏作用也受到人们越来越多的重视。

（二）江苏省第三产业环境污染产生的原因

1. 产业结构问题

近几年来，江苏省第三产业发展速度较快，已成为推动江苏省经济发展的重要力量，但是江苏省第三产业经济增长方式仍然没有完全摆脱旧的粗放型增长模式，集约型的发展模式还未被全行业采纳，具体表现为第三产业污染较为严重的传统产业比重过高，知识技术密集程度低，与第一产业、第二产业的联系弱，产业市场化程度低，资源、能源的使用效率远低于发达国家。

2. 第三产业行业的特征问题

第三产业的行业分类复杂多样，产业规模参差不齐，地域分布错综复杂。第三产业内部的不同行业、企业也因其特性导致资源、能源消耗的多寡，污染排放的强弱，环卫工作的好坏不尽相同。第三产业行业分散的特性导致其无法进行良好的统一集中管理，而且江苏省区间的第三产业结构分工化较为不明确，低水平的过度竞争普遍存在，不但导致企业效益、行业利润率下降，而且会因重复投资导致资源浪费。

3. 城镇规划设计落后

近几年来，江苏省城镇化建设步伐不断加快，但在旧城改造和新城建设过程中，却没有根据功能区要求对第三产业特别是污染严重的餐饮服务业的建设选址做出明确规定，使其只考虑消费市场，不考虑污染影响，出现了选址不当的问题。

4. 对第三产业的环境污染问题缺乏有效的管理机制

有关部门及一些决策和管理者对第三产业环境问题的严重性、危害性缺乏足够的认识，从而造成管理失控。由于服务业环境污染是新形势下出现的一种新形式环境问题，因此人们对这一问题的危害性、影响程度未能充分认识并给予足够的重视，对环境污染防治的重点依旧放在工业污染问题上，而且相应的科学规范管理法规建设相对滞后，致使缺乏有效的管理机制和完善的整治措施，同时地方保护主义以及地方部门的既得利益者单纯追求自身经济效益，忽视社会及公众利益。

5. 缺乏有效的监督和整治措施

由于第三产业环境污染明显区别于工业污染，具有隐性污染的特点，表现为“多、小、散、杂”，给监督和整治带来较大难度，各个管理部门往往疏于监督整治，由第三产业环境污染引发的民事纠纷事件逐年增加，如餐饮服务业等，涉及工商、市容、城管、卫生、环保等多个部门。

二、江苏省第三产业清洁生产发展现状

（一）政策法规

2015 年，江苏省通过培育消费新模式、优化投资结构和对外贸易结构，着力壮大新的经济增长点。统计显示，2015 年，江苏省新兴产业实现销售收入超过 2 万亿元，互联网和相关服务业营业收入增长 58.8%，三大产业比例发生标志性变化，第三产业占比达 48.5%，首次超过第二产业。2015 年，江苏省政府发布的《江苏省政府关于加快发展生产性服务业 促进产业结构调整升级的实施意见》中提出，大力发展节能减排投融资、能源审计、清洁生产审核、工程咨询、节能评估等第三方节能环保服务体系。

（二）清洁生产评价体系

朱国伟等针对第三产业清洁生产评价体系开展研究，结合我国第三产

业的发展状况，选取江苏省内旅游景点、酒店、高校开展清洁生产评价指标体系研究，指出第三产业涉及的行业多，各行业的清洁生产内容也较多，应针对不同行业，建立相应的评价指标，完善评价指标体系具体研究内容如下：

（1）风景旅游景点

1）弥补资源利用的缺陷（如水、电、气、油、纸张等）。

2）治理环境污染（废水与生活污水、废气、垃圾的清运与处理等），加强娱乐性设施的建设与环境影响评价，控制景点的人数，发挥管理职能。

3）发动社区和游客参与清洁生产工作。

4）增加特色旅游（如生态旅游项目）。

5）制定政策（如环保政策、产业政策以及其他政策等）。

6）加大清洁生产力度（如景点绿色标志宣传、员工培训、媒体宣传、知名度与形象价值）。

（2）酒店

1）酒店主管（经理）得到培训，以提高环保、节能、降耗的意识。

2）酒店全员形成“绿色酒店”理念。

3）改进能源和水的使用情况（如电能、煤炭、液化气、空调、用水等）。

4）食品与包装情况（如是否是无公害食品，是否实现保护生物多样性、减量循环再使用、消除白色污染等目标）。

5）环境污染处理情况（如废水、废气、废渣、噪声、电磁、光污染、垃圾等）。

6）绿色客房创建工作（如室内环境的布置、禁烟区划定、用品及用具标识牌、服务方式等）。

7）正面影响消费者行为（如主动参与、积极配合、增加绿色消费等）。

8）渲染酒店外围环境（如绿化、卫生、文明服务、宣传材料、倡导绿色消费标识等）。

（3）高等学校

1）制定校区绿色环境方案。

2）增设绿色教育（环境类）课程。

3）提倡使用清洁能源。

4）降低原材料消耗。

5）学校环境污染治理达标。

6）学校采取清洁生产新技术。

7）无公害食品、蔬菜和无氟冰箱、空调的使用。

8）遵守建设项目环境影响评价。

9）加强环境科学研究和产业开发。

10）激发师生对建设绿色校园的热情。

11）奖励绿色文明校园。

（三）江苏省第三产业清洁生产发展模式

1. 传统第三产业与生态型第三产业

鉴于第三产业在国民经济中的重要地位，各地区都重视发展第三产业，然而长期以来人们对第三产业的认识仅着眼于其社会和经济功能，即扩大就业和增加收入，却忽视了第三产业存在的环境影响。实际上第三产业也会产生很多环境影响，由于第三产业用于执行服务的材料会对环境产生影响，尤其是使用危险或有毒的材料时更是如此，它们通过供应链和流通环节以及执行其服务的方式对环境产生影响。

我们通过对第三产业各行业服务中所使用材料的考察发现，一些行业（清洁、服务站、车辆修理）会使用危险产品并产生废物，因此，可能会产生直接的环境影响；另一些行业（银行业、财务、咨询、保险）可能通过其决策对其他工商企业产生间接的环境影响；还有一些行业（旅游业、教育、零售）可能既有直接的环境影响也有间接的环境影响，通过对传统第三产业（广义的服务业）中一些行业的分析可以发现它们对环境有许多隐性的负面影响（见表 6-1）。我们通过对比分析可以得出，生态示范区建设中选择的生态型第三产业具有传统第三产业不具备的生态性，它从各个角度对第三产业的行业进行优化管理，将对环境的影响降至最低程度，它既具有传统第三产业的优势，能吸收大量的剩余劳动力、增加社会收入、加快国民经济的发展，又能预防传统第三产业带来的环境负面影响，真正将第三产业变为“清洁产业”。

表 6-1 传统第三产业与生态型第三产业的比较

项目	传统第三产业潜在影响	生态型第三产业特点
零售与流通	包装产生的废物或废品；运输过程中产生的污染物排放；所购买商品最终处置所产生的影响；不断增强的消费意识带来的负面影响	绿色、再循环食品；绿色营销；闭合商店废物回路；食品供应链从供应驱动变成需求驱动；生态消费
旅馆、餐馆及食品	食品与包装产生的废物；能源和水利用引起的影响	生态旅馆、餐饮业；生态能源
环境咨询工程	通过影响客户行为而产生的间接影响；项目建设和运行后产生的影响	环境咨询业的环境咨询人员提供环境信息并参与工程的环境设计
设施/建筑物服务	危险产品的使用和处置产生的影响；再循环计划的影响	生态建筑；采用新型材料建设良性循环的人工建筑——自然环境系统
旅游业	设施建设和运行对当地环境的直接影响；水、能源和资源使用所产生的影响；废物处置产生的影响	进行生态设计、生态补偿及提供生态产品；进行生态管理
交通运输业	基础设施——道路、服务中心等产生的影响；车辆运行和保养所需的汽油和危险物质的使用；车辆的尾气排放；噪声、视觉污染	使用太阳能或电能作为能源的交通工具等减少废气、噪声污染
医疗、保健	危险材料的使用与处置；医药和生物学废物处置；放射性材料的使用与处置	医疗垃圾分类回收；绿色有机食品的开发
环境服务（废物和废水的处理、再循环）	废物处置场产生的土壤污染、水污染、大气污染；废物和废水处理所需的能源使用；增加再循环和改善废物管理所产生的潜在影响	ISO 14000 环境管理；再循环处理系统封闭管理；处理过程生命周期分析；环境监督
娱乐、金融、会计、计算机服务、通信、公用事业	危险产品的使用与处置；能源和资源使用产生的影响；通过影响客户行为而产生的间接影响；废物处置产生的影响	生态消费、绿色生活的培养；环境意识的培养；环保型投资的绿色金融业；绿色会计

2. 生态型第三产业的发展思路

（1）基础生态服务业，指对第一产业、第二产业提供服务的行业。如农产品生产之前考虑肥料的投入，生产过程中考虑生态农业园艺的引进服务，生产之后考虑产品的运输、销售、仓储服务等。

（2）特色生态第三产业。第三产业中以水、土、生物景观资源为基础的生态型第三产业的综合开发，如以生态农业为基础的林、果、农立体农业观赏区、农业科技示范区及其相关的产业项目如生态农业观光区农家蔬菜的销售，生态旅游区旅游消费品的生产，生态旅馆、生态饭店、公园、游乐设施的生物多样性保护和可持续利用。

（3）综合环境服务业。环境管理建设是生态型第三产业建设中重要的部分，在生态型第三产业行业建设中该行业是新兴产业，具有先导性，对于整个社会的环境管理和改善非常重要，例如，针对普通建筑业提出生态建筑及生态城镇建设、规划和管理的建议，并付诸实施。

三、江苏省第三产业清洁生产方案的研究

江苏省第三产业在全国列位前 10 名，尤其是进入买方市场以后，第三产业的快速发展更造成了该行业进行清洁生产的紧迫感，因此最终方案应该立足于江苏省的实际情况，结合具体旅游、宾馆、教育的现有实际基础，运用科学、严谨的方法，研究第三产业清洁生产的内涵、实施程序和范围，并制定第三产业清洁生产的标准和规范，以及清洁生产审计的评价指标体系。这是一项跨学科的创新性研究，其成果为即将全面开展的第三产业清洁生产工作提供理论依据和示范模式。清洁生产在第三产业的试点方案应规划好物流、交通流、技术流、资金流等，使其从开始到最后都对环境无污染。

例如，旅游业的清洁生产需要在食、住、行、游、购、娱六个方面进行绿色环境理念服务的研究，包括绿色住房、绿色服务用品、绿色食物结构、厨房清洁生产、无烟餐厅、绿色客房、绿色交通等概念的深化，在调查研究的基础上，针对服务行业的清洁生产，应分两部分进行研究：①间接影响研究。通过发放宣传材料等宣传措施以及制定规章制度，引导、约束旅客和游人的行为，使之自觉配合清洁绿色服务。②直接影响研究。从宾馆、旅游景点本身着手，继续保持常规的清洁生产如节能、降耗、减污、增效等，同时积极发展无公害绿色食品，实施节能措施，正确处置废物，在行业内部管理

中采取绿色管理。

江苏省第三产业清洁生产方案研究分近期目标、远期目标、最终目标，具体如下。

（1）近期目标：通过绿色服务、绿色宾馆、绿色园林、绿色大学等的建设，使该行业在社会上树立“绿色服务信誉”“绿色标志”的形象，为其获得附加营销价值，从而直接推进经济效益。

（2）远期目标：所有的旅游景点、宾馆、大学等行业面对国际通行准则时，应提高竞争能力，增加社会财富，改变行业生产模式和消费模式，贯彻落实可持续性消费，推动社会经济的进一步发展。

（3）最终目标：实现安全、健康、环境达标，削减生产人员，提高营销附加值，真正实现绿色服务。

第七章　江苏省实现绿色发展的政策建议

江苏省正处于经济结构调整转型升级的关键时期，快速的工业化、城镇化发展给自然资源和生态环境带来巨大的压力，土地、能源、污染物排放都已经接近生态环境的最大承载能力。因此，全省必须深刻认清新形势下推进绿色发展的重要性和紧迫性，亟须加快生产方式绿色化转型，改变传统发展模式，不断加快资源、能源集约循环发展，大幅提升生产供给水平，努力将绿色发展打造成为江苏省继续走在前列的鲜明优势和品牌。

第一节　加快推进产业结构转型升级

一、优化能源消费结构，提高资源集约利用水平

（1）严格控制能源和煤炭消费总量。①强化煤炭清洁高效利用，重点削减非电行业煤炭消费总量，探索和建立能源消耗强度与能源消费总量、煤炭消费总量“三控”制度，到 2025 年，全省煤炭消费总量比 2015 年减少 3 200 万吨，电力行业煤炭消费占煤炭消费总量的比重提高到 65%以上。②在热电企业密集地区实施热电整合，2019 年年底前，基本完成大机组供热半径范围内的燃煤小热电和分散锅炉关停整合工作，对热电企业数量多的地区加大整合力度。③对钢铁、水泥行业耗煤项目实行煤炭消费量 2 倍及以上减量替代。④大力发展清洁能源，扩大天然气的使用范围，大力开发风能、太阳能、生物质能、地热能，安全高效发展核电，到 2025 年，非化石能源占一次能源

比重达到 11%。⑤健全节能评估审查制度，推行合同能源管理和项目节能量交易，深入推进工业、建筑、交通运输、公共机构等重点领域节能，到 2025 年，单位工业增加值能耗比 2015 年降低 18%。

（2）提高水资源利用效率。①全面实施最严格的水资源管理制度，强化用水总量控制、用水效率控制、水功能区限制纳污“三条红线”管理制度，实行水资源消耗总量和强度“双控”行动。②以火电、石油化工、造纸、冶金、纺织、建材、食品、机械等行业为重点，加强工业节水。③加快灌区续建配套和节水改造，推进工程节水措施建设，加强农业用水计量，实施生态防渗渠道、管道灌溉以及喷滴灌工程建设，每年新增节水灌溉工程面积 200 万亩，其中高效节水灌溉工程面积 40 万亩，推进农业节水规模化发展。④建立行政区域用水效率考核体系，加强节水考核管理，制定区域以及重点工业、行业、服务业用水效率控制标准和考核办法，作为对各级人民政府和用水单位用水效率考核的依据。

（3）节约集约利用土地资源。①实施最严格的耕地保护制度，加强耕地质量管理，建立耕地保护激励机制。②实施建设用地总量和强度“双控”行动，深入实施节约用地、集约用地“双提升”行动，健全节约用地、集约用地制度体系，进一步加强建设用地全程管理。③积极推进产业用地供给侧结构性改革，实行有保、有控的产业用地政策，重点保障年度重大项目中的先进制造和现代服务业等产业项目用地，着力提高国土资源供给质量和效率。④坚持差别化用地政策，鼓励南北产业转移，土地利用计划向苏北产业承接地倾斜。⑤组织开展工业用地利用情况普查，并开展低效产业用地再开发利用，到 2025 年，确保全省土地开发强度控制在 22%以内，建设用地地均地区生产总值产出增长率比 2015 年增长 38%，单位地区生产总值建设用地占用率下降 27%。

（4）大力发展环保产业。①严格落实国家关于环保市场准入、经营行为的规定，完善环保工程设计、建设、运营等领域招投标管理办法和技术市场。②扶持南京、无锡、苏州、常州、盐城、宜兴六大节能环保产业集聚区建设，形成一批节能环保产业基地，推动低碳循环、治污减排、监测监控等核心环保技术、成套产品、装备设备的研发，加强环保科技创新和成果转化。③重点发展节能装备产品、污染防治装备、固体废物处理与资源化利用装备、环境监测仪器、环保材料和药剂等高端化产品集群，提高节能环保产品附加值和市场占有率。④鼓励环保企业优化组合，尽快形成一批具有竞争力的主导技术、主导产品和节能环保品牌，发展一批具有国际竞争力的大型节能环保企业。⑤鼓励发展包括系统设计、设备成套、工程施工、调试运行、维护管理在内的环保服务总承包模式。⑥加快发展环保服务业，支持鼓励互联网技术与环保服务业融合发展，积极培育环保电商等新业态。

二、有效化解落后过剩产能，大力推进工业转型升级

（1）有效化解落后过剩产能。①全面排查装备水平低、环保设施差的小型工业企业，完成违法、违规建设项目的清理整顿和小型化工、塑料、印染、造纸、电镀等“十小”行业取缔整治工作。②鼓励企业加快技术改造升级和产品换代、换型，提前淘汰相对落后的低端、低效产能。③对长期超标排放、无治理能力且无治理意愿以及达标无望的企业，依法予以关闭淘汰。④实施电力、钢铁、水泥、平板玻璃、修造船等产能过剩行业的产能减量置换，防范过剩和落后产能跨地区转移。⑤逐步搬迁或关闭位于城市主城区的重污染企业。⑥到 2025 年，压减粗钢产能 1 750 万吨、水泥产能 600 万吨、平板玻璃产能 800 万重量箱，化解船舶产能 330 万载重吨，在纺织、印染、电镀、机械等其他传统行业退出一批低端、低效产能。

（2）改造提升传统产业。①深入实施《中国制造 2025 江苏行动纲要》，深化制造业与互联网融合发展，促进制造业高端化、智能化、绿色化、服务化。②构建绿色制造体系，推进产品全生命周期绿色管理，不断优化工业产品结构。③充分运用先进适用技术和现代信息技术，改造提升传统产业，重点支持对传统产业升级带动作用大的重点项目。④钢铁行业以提高资源利用效率为重点，全面应用干熄焦、高炉煤气干式除尘、烧结烟气脱硫、废水再生利用等节能减排技术，加快推进企业兼并重组，推动产品结构、技术结构、工艺装备结构的调整，按照“集中、集聚、集约化”原则发展优势区域、优势企业和优势产品。⑤造纸业通过推广制浆封闭筛选、纸机用水封闭

循环、白水回收、碱回收等技术，改造造纸工艺，加大治理污染的力度，实现绿色化生产。⑥推动化工行业严格行业准入门槛，着力发展高端产能，培育和推广化学工业节能环保技术、节能环保材料、节能环保产品和装备，鼓励建设化工节能环保产业公共技术平台和服务站，打造一批技术先进、配套完整、发展规范的节能环保产业示范基地与服务产业链。⑦加快推进水泥、玻璃行业的产品质量标准建设，加强技术改造，优化产能结构，推广应用更加节能、节水、安全、环保、高效的工艺技术。

（3）培育壮大战略新兴产业。①突出先导性和支柱性，深入实施战略性新兴产业培育发展规划和推进方案，更好发挥产业投资引导基金作用，优先选择培育一批拥有自主核心技术、发展成长性强、代表未来方向的战略性新兴产业集群。②重点发展新一代信息技术、高端装备、海洋工程、航空航天、新材料、节能环保、生物医药和新型医疗器械、新能源和智能电网、新能源汽车、数字创意等产业，细分行业、细分领域，做精、做优、做实一批新兴产业。③加快南京智能电网、无锡传感网、苏州新一代信息技术和高技术服务业、盐城海上风电、泰州和连云港生物医药、常州智能制造等集聚区建设。④抓住国家开展下一代互联网试点城市、新能源汽车推广应用城市、电子商务试点城市、信息惠民试点城市、智能制造试点城市建设等机遇，深入开展新技术、新产品推广示范，到2025年，战略性新兴产业增加值占地区生产总值比重达到15%。

三、加快农业产业结构调整，发展绿色生态农业

（1）加快推进农业供给侧结构性调整。①发展优质粮油业，实施“藏粮于地”“藏粮于技”战略，深入推行粮食稳产提质行动计划，推进粮食高产增效创建和绿色增产模式攻关，优化“粮经饲”品种结构和粮食等重要农产品的生产区域化、专业化布局，完善价格形成机制和收储政策，保证供需平衡、口粮自给。②支持粮食规模化产业基地建设，突出粮食主产区、重点县（市、区）建设，探索建立粮食生产功能区和重要农产品生产保护区。③发展设施园艺业，培育壮大设施蔬菜、应时鲜果、花卉苗木等高效农业产业，

加快推进“菜篮子”工程蔬菜基地和园艺作物标准园建设。④发展规模畜牧业，全面推广生态健康养殖模式，打造一批标准化生产基地。⑤发展特色水产业，推广先进养殖技术，打造品牌优势。⑥推进国家现代农业示范区建设，加快省级现代农业产业园区提档升级。

（2）加强农业面源污染治理。①坚持化肥减量提效、农药减量控害，建立健全激励机制，到 2025 年化肥、农药使用量实现“零增长”。②加强农作物秸秆综合利用，大力推进秸秆机械化还田，积极拓展秸秆能源化、原料化、饲料化、基料化等多种利用方式，引导秸秆综合利用产业化发展，力争到 2025 年秸秆综合利用率达到 95%及以上。③探索开展区域性残膜回收与综合利用。④加快规模畜禽养殖场开展粪便综合利用，探索发展沼气发酵、发酵床生态养殖和生物有机肥生产等畜禽粪污处理利用方式，加快建立畜禽粪污收集处理社会化服务体系，2025 年，规模化养殖场畜禽粪便综合利用粪率达到 98%。

（3）推动发展种养结合的循环农业。①立足种养平衡发展，综合考虑环境承载能力，合理优化种植养殖规模，探索多种形式的种养结合、生态养殖模式，推动传统的“资源—产品—废弃物”生产方式向“资源—产品—废弃物—再生资源”循环利用方式转变，让农业资源自我净化，既为环境减负，又给生态增值。②优化农业产业发展布局，从农业生产源头到农业废弃物资源化利用的全过程实现产业间的种养平衡、资源循环发展和有机耦合，形成农业产业链的循环、持续发展。③根据土地承载能力和农业废弃物消纳半径，合理确定养殖规模，配套建设有机肥生产设施，大力培育农牧结合的复合型家庭农场、合作组织、龙头企业和产业园区，积极发展资源利用节约化、生产过程清洁化、废弃物利用资源化等生态循环农业模式，促进农牧结合、循环发展。

四、稳步提升现代服务业，打造“江苏服务”品牌

（1）顺应消费升级和产业升级趋势，聚焦服务业重点领域和发展短板，强化服务质量、标准、品牌建设，提升服务经济能级，建设现代服务业发展

高地。

（2）突出抓好金融服务、现代物流、科技服务、商务服务、信息技术服务、服务贸易、电子商务、节能环保服务等生产性服务业，着力推进生产性服务业“双百工程”，培育形成100家在全国有较强影响力和示范作用的生产性服务业集聚示范区，以及100家处于行业领先地位、具备显著创新能力的生产性服务业领军企业。

（3）促进生活性服务业高品质、精细化发展，重点发展商贸流通、文化服务、旅游服务、教育培训服务、体育服务、健康服务、家庭服务、养老服务等，支持泰州市开展长江经济带大健康产业集聚发展试点。

（4）积极拓展服务消费、信息消费、绿色消费、时尚消费、农村消费和品质提升型消费六大领域服务供给，推动消费数字化、网络化、智能化发展。

（5）启动实施互联网平台经济“百千万工程”，着力培育壮大100家互联网平台经济重点企业，形成以平台经济为鲜明特征的服务经济产业结构。

（6）推进服务业领域改革，深化省级服务业综合改革试点，探索建立统一高效的跨行业服务业管理机构，完善支持服务业发展政策措施，形成有利于现代服务业发展的体制机制。

（7）到2025年，生产性服务业增加值占服务业增加值比重提高到58%左右，培育形成营业收入超千亿元的现代服务业集聚区5～6家、超500亿元的现代服务业集聚区10～12家。

第二节　加快推进清洁生产

一、制订重点行业清洁生产工作计划

《中华人民共和国清洁生产促进法》第5条指出，县级以上地方人民政府负责领导本行政区域内的清洁生产促进工作。县级以上地方人民政府确定的清洁生产综合协调部门负责组织、协调本行政区域内的清洁生产促进工作。县级以上地方人民政府其他有关部门，按照各自的职责，负责有关的清

洁生产促进工作。

清洁生产综合协调部门应按促进清洁生产需要设置机构和人员，适应清洁生产管理的需要。环境管理部门经过30多年的发展，已经形成了监测、监理、开发、管理、科技、宣传等系统化的管理机构，但仍以末端控制管理模式为主，其职能应进一步完善，以适应清洁生产的促进工作。

实施清洁生产不仅是工业领域的责任，也是国民经济整体战略部署与规划管理，需要各行、各业共同努力；需要各部门（包括工业管理、环境管理部门、科技计划部门、金融财税部门等）通力合作。为此，各有关职能部门应按照清洁生产、循环经济和生态工业建设要求进行机构功能调整及职能完善。

按照《清洁生产审核办法》等文件精神，我们应①摸清需要开展审核的重点企业情况，按年度制订计划，落实“水十条”“大气十条”“土十条”的要求，编制重点企业清洁生产的推进方案。②根据《关于印发〈大气污染防治行动计划实施情况考核办法（试行）实施细则〉的通知》，对化工等重点行业进行清洁生产审核，针对节能减排关键领域和薄弱环节，采用先进适用的技术、工艺和装备，实施清洁生产技术改造。③根据《省政府关于印发江苏省水污染防治工作方案的通知》，形成化工、原料药加工等十大重点行业专项整治方案，建立清洁生产企业清单和清洁化工艺改造项目清单，全面推进清洁化改造。

二、建章立制并完善行业标准

①进一步修改完善清洁生产技术、工艺、设备和产品导向目录，制定配套的审核规章，实现对原料使用、资源消耗、资源综合利用以及污染物产生等全过程的可行性论证，从根本上提升评估验收质量。②制定清洁生产审核专家管理办法，吸纳各类学者、专家和一线技术骨干充实专家库，逐步形成评审专家调用机制。③研究制定清洁生产评估、验收细则，明确验收的标准、流程，增强审核实效，此外，注重清洁生产审核全过程监管，以提高清洁生产审核报告质量和审核企业的实施效果。

三、推进企业尤其是园区层面的清洁生产审核

（一）企业层面的清洁生产审核

①与环保日常执法监管工作相结合，将实施清洁生产审核并通过评估验收作为企业申请上市环保核查和有毒化学品进出口登记的前提条件，作为企业申请各级环保专项资金、节能减排专项资金和污染防治等各方面环保资金支持的重要依据，作为相关部门审批进口固体废物、经营危险废物许可证和新化学物质登记的重要参考条件。②与企业减排管理相结合，逐步将清洁生产审核新增污染物削减量与国家主要污染物减排核查目标和现行环境管理政策挂钩，将实施清洁生产的减污绩效作为核算重点企业主要污染物总量减排数据的重要依据，未通过清洁生产审核评估验收的重点企业，其因实施清洁生产形成的总量减排成果则不予认可。③与淘汰落后产能相结合，对不符合国家准入条件的落后产能，坚决实施限期、按期淘汰，把淘汰落后产能作为企业通过清洁生产验收的前提条件。④与环保创建工作相结合，将完成本辖区内重点企业的清洁生产审核及评估验收作为创建国家环保模范城市以及各类生态创建的前置条件，通过树立一批清洁生产示范企业，倡导清洁生产理念，引导更多企业转变发展思路，实现污染防治从末端治理向源头治理和全过程控制转变。

（二）重点开展园区层面的清洁生产审核

工业园区的建设将相同或相近的高污染企业集中在某个特定的区域内生产经营，管理不当容易发生特征污染物集中污染的情况，因此在工业园区开展清洁生产工作尤为重要。建议根据绿色发展以及“中国制造 2025”要求，全面推行清洁生产，构建绿色制造体系。工业园区通过开展清洁生产不断寻找园区内不利于自身发展和稳定的因素，使得原有产业结构得到优化，进而促使园区整体集群获得上升发展空间。

四、完善扶持政策的制定

清洁生产项目见效慢、建设周期长，特别是一些中/高费项目方案，资金

需求大，必须建立相应的保障机制。①将清洁生产绩效纳入地方政府环保考核体系，督促各级政府在制订和实施重点投资计划时，把提高资源利用率、预防工业污染等清洁生产项目列为重点，加大投资力度。②综合运用行政、税收、金融等调控手段，最大限度调动企业实施清洁生产项目的积极性，鼓励和吸引社会资金及银行贷款投入企业从而实施清洁生产。③加大专项资金投入，鼓励具备条件的新建、改建、扩建项目优先安排清洁生产审核项目，逐步将清洁生产审核从单家企业向园区（集中区）拓展。④建议政府财政划拨专项资金，对重点企业中的清洁生产审核中/高费项目进行补助，提高中/高费项目的实施率。

五、加强监管、跟踪服务指导

①对违反《中华人民共和国清洁生产促进法》的行为依法从重处罚。②加强对各类咨询机构的监管和引导，规范审核市场秩序，避免恶性竞争。加强清洁生产审核专业队伍的培训和考核，对咨询机构、审核人员实行年度考核，淘汰一批达不到要求的咨询机构，提升江苏省清洁生产咨询机构的整体服务质量。③实施重点企业清洁生产审核验收前现场监理工作，对在评估中通过的各类方案实施验收前现场监理，审查方案的污染防治工程设计、污染防治工程内容和工程规模的满足要求情况，审查方案实施后各项污染物的达标排放情况，确保清洁生产审核的实施效果，避免“走过场”。④成立清洁生产信息交换平台，广泛开展国内、国际交流，多渠道、宽领域了解当前国内外先进的清洁生产技术，带动清洁生产项目层次和效益进一步提升。同时，充分利用报刊、广播、电视、网络等宣传舆论工具，广泛深入地开展宣传，使全社会充分认识清洁生产审核在可持续发展中的重要作用。

近年来，江苏省重点企业清洁生产审核数量由以前的每年两三百家增至现在的千余家。对清洁生产工作加强监管、跟踪服务指导不仅是单纯对重点企业清洁生产审核绩效情况进行技术评估考核，更是对咨询机构的专业水平进行评估考核，对地方管理部门该项工作的评估考核，也是对专家业务能力和素质的评估考核。该项工作已成为环境综合管理的新抓手。

第三节　加快完善制度体系建设

一、建立健全空间开发保护制度

（1）实施主体功能区制度。①对不同主体功能区实行差别化财政、投资、产业、土地、人口、环境、考核等政策。②对主体功能区产业实行鼓励发展产业清单引导和负面清单管控，严格产业准入。③未列入清单的产业项目，各功能区依据资源环境承载力适度发展。④依据主体功能区定位，制定环境准入标准和管控要求，建立空间准入、总量准入、项目准入“三位一体”的环境准入制度。

（2）强化生态红线区域管控机制。①优化调整江苏省生态红线保护规划，继续完善省级生态红线监管考核及生态补偿转移支付制度。②探索建立各类生态红线区域建设项目准入负面清单。③研究建立江苏省生态红线区域管理绩效评估指标体系，完善监管考核制度，建成生态红线区域保护地理信息系统。

（3）推动“多规合一”。以主体功能区规划为基础，规范完善生态环境空间管控、生态环境承载力调控、环境质量底线控制、战略环评与规划环评刚性约束等环境引导和管控要求，强化“多规合一”的生态环境支持。

二、推进环境管理制度改革

（1）推进环保机构监测监察执法垂直管理制度建设。①建立健全条块结合、各司其职、权责明确、保障有力、权威高效的地方环保管理体制，确保环境监测监察执法的独立性、权威性、有效性。②设区（市）生态环境局实行以省生态环境厅为主的双重管理体制，县（市、区）级生态环境局调整为设区（市）生态环境局派出分局，由设区（市）生态环境局直接管理。将市、县两级生态环境部门的环境监察职能上收，由省生态环境厅统一行使。③调整环境监测管理体制，实行生态环境质量省级监测、考核，现有市级环境监测机构调整为省生态环境厅驻市环境监测机构。④环境执法重心向市（县）下移，强化属地环境执法。

（2）完善网格化环境监管体系。建立以市、县、乡行政区域为单元的三级网格，在开发区、自然保护区、风景名胜区设置特殊网格，通过“定区域、定任务、定职责”，着力构建党政同责、属地管理、分级负责、全面覆盖、无缝衔接、责任到人的网格化环境监管体系，确保所有排污单位得到有效监管、环境违法行为得到及时查处、突出环境问题得到稳妥解决、环境秩序得到有力维护。

（3）建立健全排污许可“一证式”管理制度。①将排污许可建设成为固定污染源环境管理的核心制度，整合、衔接、优化环境影响评价、总量控制、环保标准、排污收费等管理制度。②确定排污许可证台账管理体系，对排污单位排放种类、浓度、总量、排放去向等排污许可证载明事项进行汇总，禁止无证排污或不按排污许可证规定排污。③积极探索基于环境容量的排污许可证管理。继续开展排污权交易试点。

三、完善环境经济政策

（1）健全资源有偿使用和生态补偿机制。①严格落实差别化的环境价格政策，实施差别化电价、水价和排污收费政策，严格执行新的排污费征收标准，开展总氮、总磷和挥发性有机物排污收费。②完善江苏省水环境资源区域补偿、生态红线区域补偿、基本农田补偿、跨区域危险废物处置补偿等生态补偿制度，加大财政转移支付力度，重点支持生态保护特区和生态保护引领区发展，引导设区市（县）域内开展多种形式的生态补偿工作。

（2）健全绿色金融体系。①完善绿色信贷政策，推进金融机构梳理绿色发展理念，建立环境与社会风险管理体系，加强新的绿色能力建设。②进一步加强生态环境部门与金融机构之间的企业环境信用信息共享，引导金融机构优先支持节约资源技术开发和生态环境保护的产业、企业。③出台扶持政策，鼓励、引导化工、涉重金属、危险废物处置等环境高风险企业投保环境污染责任保险。

（3）完善环境信用体系建设。①构建环境保护“守信激励”“失信惩戒”机制，让失信企业一次违法，处处受限。②完善环保信用信息共享制度，运用信用手段加强事中、事后环境监管，将环保信用与差别水价、差别电价、绿色信贷等挂钩，以信用机制督促企业履行环保法定义务。

（4）推行市场化环境治理机制。①加快环境污染治理市场的全面开放，推行第三方治理。②充分发挥财政资金的引导作用，引导鼓励社会资金以PPP等不同形式参与生态保护与建设，实现投资主体多元化，健全政府、企业、社会共治的环境治理体系。③综合采用财政奖励、投资补助、融资费用补贴、政府付费等方式，完善专项资金使用方式。

四、健全考核及责任追究制度

（1）实施以推进绿色发展为目标的考核制度。①深入落实《生态文明建设目标评价考核办法》，对各设区（市）地区的绿色发展水平实施一年一评估，对生态文明建设目标任务完成情况实施五年一考核，依据考核结果进行责任追究。②根据不同区域主题功能定位，实行差异化绩效评价考核。③逐步对县一级行政区域开展绿色发展评估，逐步扩大评估结果应用范围，启动工业园区绿色发展评估。④建立健全循环经济发展评估制度，开展循环经济统计调查，开展市、县（市、区）及园区循环经济发展评估，全面推动循环经济示范城市（县）创建和园区循环化改造，促进循环经济全面发展。

（2）严格执行《党政领导干部生态环境损害责任追究实施细则》，实行地方党委和政府领导成员生态文明建设“党政同责、一岗双责、终身追责”。①严格落实生态损害问责机制，按照“权责统一、党政同责、失职追责、问责到位”的原则，与现行法律法规及相关规定相衔接，并结合生态红线、生态补偿、生态环境监测核算等相关制度开展生态损害问责工作。②以环境保护安全等重大责任事件和风险为重点，实事求是、因地制宜地制定问责机制，制定具体执行程序和细则，做到显性责任即时惩戒、隐性责任终身追究。

参考文献

[1] 霍艳丽，刘彤. 生态经济建设：我国实现绿色发展的路径选择[J]. 生态经济，2011（10）：63-66.

[2] 郝栋. 绿色发展道路的哲学探析[D]. 北京：中共中央党校，2012.

[3] 于妍. 生态文明建设视域下绿色发展研究[D]. 哈尔滨：哈尔滨理工大学，2014.

[4] 马洪波. 绿色发展的基本内涵及重大意义[J]. 攀登：哲学社会科学版，2011（2）：67-70.

[5] 史忠良，赵立昌. 绿色发展背景下我国产业结构调整[J]. 管理学刊，2011（1）：32-37.

[6] 赵建军，杨发庭. 推进中国绿色发展的必要性及路径[J]. 城市，2011（11）：24-27.

[7] 冯之浚，周荣. 低碳经济：中国实现绿色发展的根本途径[J]. 中国人口・资源与环境，2010（4）：1-8.

[8] 苏荣丽. 基于人与自然辩证关系的绿色发展问题研究[D]. 太原：山西财经大学，2014.

[9] 张治忠. 马克思主义绿色发展观的结构体系[J]. 中南林业科技大学学报（社会科学版），2015（3）：17-24.

[10] 刘蓉，黄钟仪. 我国产业绿色化对策分析[J]. 当代财经，2003（8）：96-98.

[11] 卢现祥. 新制度经济学[M]. 武汉：武汉大学出版社，2004.

[12] 王金南，葛察忠. 中国绿色经济的发展现状与展望[C]. 中国环境科

学学会2009年学术年会论文集（第四卷），2009.

[13] 熊文强，郭孝菊，洪卫. 绿色环保与清洁生产理论[M]. 北京：化学工业出版社，2002.

[14] 余春祥. 绿色经济与云南绿色产业战略选择研究[D]. 武汉：华中科技大学，2004.

[15] 王佳玮. 基于生态城市建设的产业绿色化研究——以上海市为例[D]. 上海：华东师范大学，2008.

[16] 陈文科. 论绿色经济[J]. 经济，2003（1）：20-26.

[17] 朱春红. 绿色产业发展理论分析和中国的战略选择[D]. 天津：南开大学，2011.

[18] 杨建新，王如松，刘晶茹. 产业生态学理论框架与主要方法探析[C]. 全国首届产业生态学与循环经济学术研讨会，2003.

[19] 李毅中. 加快产业结构调整　推进工业节能减排[J]. 自动化博览，2009，7：20-21.

[20] 王岳平. “十二五”时期我国产业结构调整战略与政策研究[J]. 宏观经济研究，2009，11：3-8，30.

[21] 黄亮雄，王鹤，宋凌云. 我国的产业结构调整是绿色的吗?[J]. 南开经济研究，2012，3：110-127.

[22] 王文举，向其凤. 中国产业结构调整及其节能减排潜力评估[J]. 中国工业经济，2014，1：44-56.

[23] 李鹏. 产业结构调整恶化了我国的环境污染吗?[J]. 经济问题探索，2015，6：150-156.

[24] 曹静，方名山. 绿色GDP与我国产业结构调整[J]. 生态经济（学术版），2006，2：288-290，303.

[25] 晁建颖，张毅敏，刘庄，等. 基于产业结构调整的太湖流域江浙部分减排效果分析[J]. 生态与农村环境学报，2010，S1：73-76.

[26] 谢荣辉. 污染减排带动产业结构调整的门槛效应研究[D]. 大连：大连理工大学，2013.

[27] 陈阿文，陈春华. 中国产业碳减排驱动因素分析——基于产业结构

调整[J]. 莆田学院学报，2013，6：36-39.

[28] 张萌萌. 我国产业结构调整中的金融支持问题研究[J]. 知识经济，2015，23：24-26.

[29] 王晓红，陈范红. 新常态下江苏产业结构调整的显著特征与路径选择[J]. 南京社会科学，2015，11：151-156.

[30] 牟永铭，罗丹波. 基于产业结构调整的污染物减排目标分析[A]. 中国环境科学学会. 2011 中国环境科学学会学术年会论文集（第三卷）[C]. 中国环境科学学会，2011：4.

[31] 沙之杰. 低碳经济背景下的中国节能减排发展研究[D]. 成都：西南财经大学，2011.

[32] 王建专. 实现节能减排总体目标　我省力推产业结构调整[N]. 江苏科技报，2007-09-17（A04）.

[33] 李杰. 产业结构演进的一般规律及国际经验比较[J]. 经济问题，2009，6：31-34.

[34] 司桂霞. 长三角地区高技术产业结构优化研究[D]. 上海：华东师范大学，2015.

[35] 郑北雁. 日本产业结构调整的成功经验及对我国的启示[J]. 辽宁经济职业技术学院学报，2010，6：54-57.

[36] 徐冬青. 日韩两国产业结构演进与经验：对苏南地区经济发展的启示[J]. 世界经济与政治论坛，2007，6：100-105.

[37] 武海峰. 产业结构调整的国际经验及其启示[J]. 山东社会科学，2003，6：46-49.

[38] 王海林，何晓宜，张希良. 中美两国 2020 年后减排目标比较[J]. 中国人口・资源与环境，2015，6：23-29.

[39] 张敏. 欧盟的绿色经济：发展路径与前景展望[J]. 人民论坛・学术前沿，2017（4）：79-84.

[40] 崔旭，姚士谋，许刚. 德国生态工业发展对我国较发达地区城市的借鉴——以无锡市为例[C]//2007 中国城市规划年会，2007.

[41] 李清源. 国内外绿色发展的实践与经验启示[J]. 青海环境，2011，21

（4）：178-181.

[42] 卢伟. 绿色经济发展的国际经验及启示[J]. 中国经贸导刊，2012（16）：40-42.

[43] 苏立宁，李放. “全球绿色新政”与我国“绿色经济”政策改革[J]. 科技进步与对策，2011，28（8）：95-99.

[44] 曾建民，陈建武. 新经济的崛起：西方发达国家绿色产业的发展[J]. 电子政务，2002（2）：43-45.

[45] 黄承梁. 生态文明视野下的企业绿色发展研究[D]. 济南：山东大学，2012.

[46] 文俊. 基于清洁生产的区域绿色经济统计研究[D]. 武汉：华中科技大学，2012.

[47] 刘璐. 基于生态文明的中国生态工业园区建设研究[J]. 当代经济，2015（1）：24-26.

[48] 赵愈. 循环经济模式的生态工业园区建设与评价研究[D]. 重庆：重庆大学，2011.

[49] 汤立斌. 关于江苏省农业生态环境建设的调查研究[J]. 农业环境与发展，2013（2）：18-21.

[50] 薛桂芝. 关于推进我国农业清洁生产的研究[J]. 安徽农业科学，2012，40（1）：302-303.

[51] 赵西华. 建立“两型”农业生产体系　推进江苏现代农业发展[J]. 江苏农业科学，2009（1）：1-3.

[52] 赵其国，周建民，董元华. 江苏省农业清洁生产技术与管理体系的研究与试验示范[J]. 土壤，2001（6）：281-285.

[53] 姚於康. 江苏现代农业发展水平与对策研究[J]. 江西农业学报，2011，23（7）：178-181.

[54] 谢晶，张忠潮. 论农业清洁生产法律制度的完善[J]. 广东农业科学，2009（12）：251-253.

[55] 张维理，武淑霞，冀宏杰. 中国农业面源污染形势估计及控制对策[J]. 中国农业科学，2004，37（7）：1008-1017.

[56] 段然，王刚，孙岩. 农业清洁生产现状及对策研究[J]. 中国农学通报，2007，23（3）：494-499.

[57] 邢杨，郭宝东. 农业清洁生产浅议[J]. 循环经济，2009（9）：37-39.

[58] 吕志轩，胡继连，武华光. 信息不对称与农业清洁生产[J]. 中国环境管理，2004（4）：7-11.

[59] 柯紫霞，金永平，陈进红. 农业清洁生产环境管理体系探讨[J]. 环境污染与防治，2008，30（6）：83-84，89.

[60] 刘青松. 农村环境保护[M]. 北京：中国环境科学出版社，2003.

[61] 王勇，张昌楠，陈阳. 农业清洁生产浅析[J]. 辽宁城乡环境科技，2007，27（4）：50-52.

[62] 金书秦，魏珣，王军霞. 发达国家农业面源污染控制经验及借鉴[J]. 环境保护，2009（10）：74-75.

[63] 钱易，唐孝炎. 环境保护与可持续发展[M]. 北京：高等教育出版社，2000.

[64] 刘丽. 现代农业清洁生产评价指标体系的建立与应用[J]. 经济技术协作信息，2008（22）：70-70.

[65] 陈霞，涂香明，黄德辉，等. 江西农业清洁生产的现状与对策[J]. 农业环境与发展，2009（4）：18-20.

[66] 熊文兰. 种植业清洁生产的内涵和技术体系[J]. 农业环境与发展，2003（1）：26-27.

[67] 王坚，陈润羊. 中国农业清洁生产研究[J]. 安徽农业科学，2009，37（8）：3718-3720.

[68] 辛岭，蒋和平. 我国农业现代化发展水平评价指标体系的构建和测算[J]. 农业现代化研究，2010，31（6）：646-650.

[69] 孙永军，施保国. 水稻化学农药减量使用技术探索与实践[J]. 内蒙古农业科技，2013（6）：81-83.

[70] 阳金萍，程培堽，顾金峰，等. 苏州现代农业园区发展的制约因素与对策探讨[J]. 湖北函授大学学报，2015（28）：80-81.

[71] 陈浩，朱亚波，罗列，等. 泰兴市农业清洁生产的现状与对策[J]. 上

海农业科技，2006（6）：11-12.

[72] 刘音，刘佳，王耀勇. 我国农业环境发展现状及对策研究[J]. 杨凌职业技术学院学报，2004，3（4）：18-21.

[73] 刘丽. 现代农业清洁生产评价指标体系的建立与应用[J]. 农林科技，2008（22）：70.

[74] 王子臣，吴昊，管永祥. 养殖场粪污“三分离一净化”综合处理技术集成研究[J]. 农业资源与环境学报，2013，10（5）：63-67.

[75] 黄贤峰. 中国清洁生产现状及发展趋势探析[J]. 环境保护，2015，43（6）：14-15.

[76] 刘学，刘承彦. 我国城市第三产业清洁生产的几个问题[J]. 现代化工，2003，23：5-7.

[77] 藺栋华. 生态环境与第三产业[J]. 生态经济，2001，2：22-26.

[78] 沈萍，朱国伟. 江苏省第三产业发展中的资源环境问题[J]. 中国人口·资源与环境，2011，21（3）：125-128.

[79] 朱国伟，陈锦伦. 第三产业清洁生产指标体系[J]. 污染防治技术，2002，15（1）：31-34.

[80] 刘学，刘剑峰. 第三产业清洁生产的原因、意义和建议[J]. 北京化工大学学报，2011，4：26-29.

[81] 黄瑞婧，桂双林. 湾里生态区生态型第三产业发展初探[J]. 能源研究与管理，2013（3）：10-12.